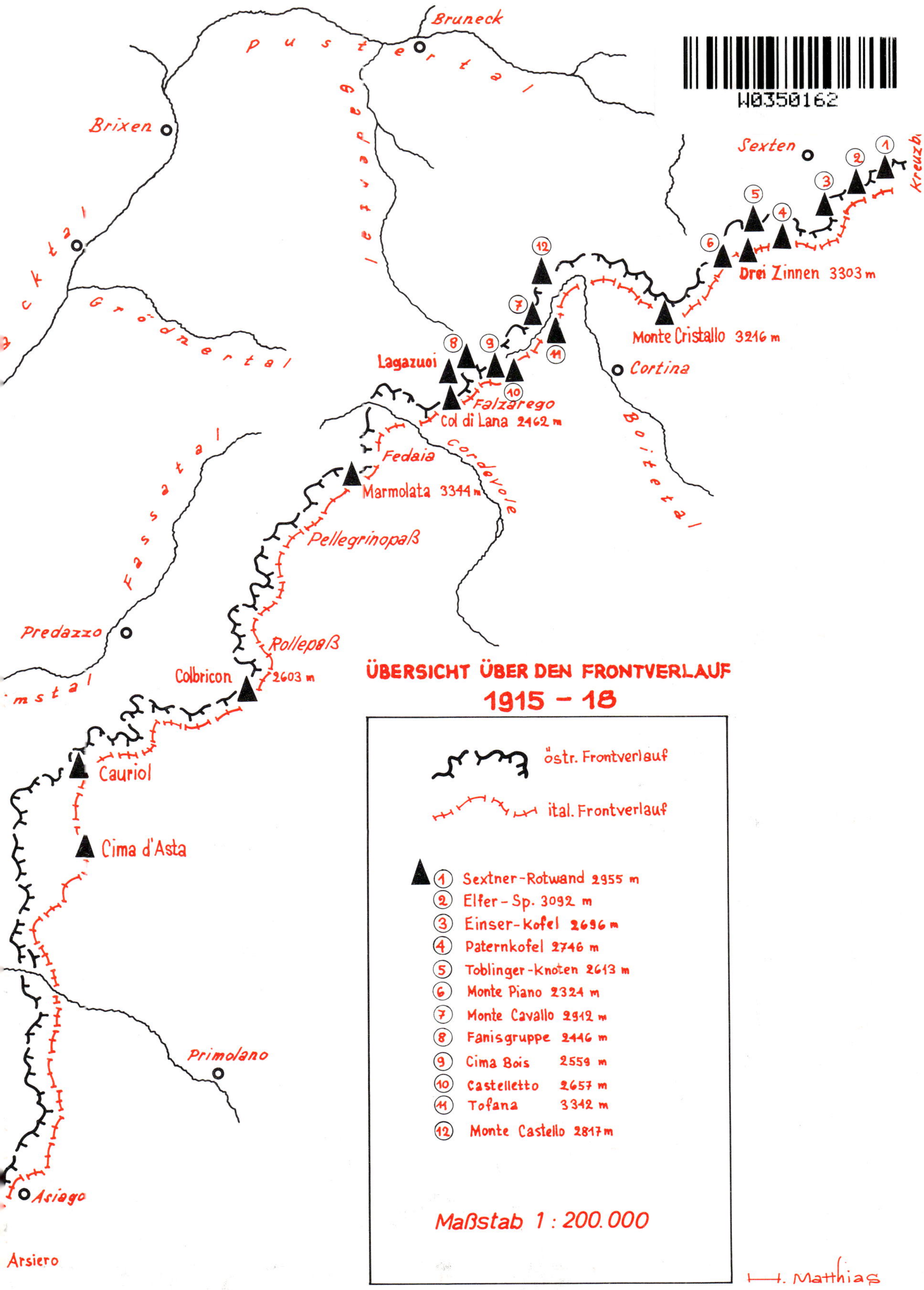
Bruneck
Pustertal
Brixen
Gadertal
Sexten
Kreuzb
Drei Zinnen 3303 m
Monte Cristallo 3216 m
Cortina
Boitetal
Lagazuoi
Falzarego
Col di Lana 2462 m
Fedaia
Cordevole
Marmolata 3344 m
Pellegrinopaß
Grödnertal
Fassatal
Predazzo
Rollepaß
Colbricon 2603 m
Cauriol
Cima d'Asta
Primolano
Asiago
Arsiero
ÜBERSICHT ÜBER DEN FRONTVERLAUF
1915 – 18
östr. Frontverlauf
ital. Frontverlauf
1 Sextner-Rotwand 2955 m
2 Elfer-Sp. 3092 m
3 Einser-Kofel 2696 m
4 Paternkofel 2746 m
5 Toblinger-Knoten 2613 m
6 Monte Piano 2324 m
7 Monte Cavallo 2912 m
8 Fanisgruppe 2446 m
9 Cima Bois 2559 m
10 Castelletto 2657 m
11 Tofana 3342 m
12 Monte Castello 2817 m
Maßstab 1 : 200.000
H. Matthias

DIE FRONT
IN FELS
UND EIS

DIE FRONT IN FELS UND EIS

Der Weltkrieg 1914 - 1918 im Hochgebirge

von

Gunther Langes

Mit einer Übersicht über den heutigen Zustand
des ehemaligen Frontgebietes
von Oberstleutnant Walther Schaumann

Achte Auflage

VERLAGSANSTALT ATHESIA - BOZEN

Umschlagbild: Sonnenuntergang in den Dolomiten
(Aufnahme: Bruno Flaim)

1983

Gesamtherstellung: ATHESIADRUCK, Bozen
ISBN 88-7014-118-7

Zur vierten Auflage der „Front in Fels und Eis"

Als Gunther Langes am 14. April 1972 nach kurzer, schwerer Krankheit aus unserer Mitte gerissen wurde, da lagen auf seinem Schreibtisch die eben fertiggestellten Vorarbeiten für die Neuauflage dieses Buches. Die „Front in Fels und Eis" hat damit ihren Verfasser ein ganzes Leben lang bis zum letzten Tag begleitet, und Langes hat selbst wiederholt gesagt, daß ihm dieses als das wesentlichste unter allen seinen Büchern erscheine. Für ihn war aus dem unmittelbaren Erlebnis des Hochgebirgskrieges im Laufe der Jahre das mit Abstand zu betrachtende historische Ereignis geworden, dessen Darstellung in einem Zeitraum von vierzig Jahren, seit der Erstauflage von 1932, unwandelbare Gültigkeit behalten hatte. Demnach bringt diese Neuauflage den nur in unwesentlichen Kleinigkeiten revidierten Text, dazu teilweise neues und bisher unveröffentlichtes Bild- und Skizzenmaterial sowie einen touristischen Anhang über die Situation des Frontgebietes in unseren Tagen aus der Feder des Oberstleutnants im österreichischen Bundesheer Walther Schaumann.

* * *

Es war eine der letzten großen Freuden für Gunther Langes, als für ihn die Möglichkeit einer neuen Auflage seines Weltkriegsbuches zur Gewißheit wurde. Er durfte darin auch die Bestätigung sehen, daß dieses Buch stets den unbestrittenen Ruf einer historischen Darstellung von unbestechlicher Objektivität genossen hat und als seit langem vergriffenes Standardwerk von vielen Forschern, Bergsteigern und Bücherfreunden schmerzlich vermißt wurde; dieses Urteil kam auch von der Seite der ehemaligen Gegner, die den Namen Gunther Langes in ihrer diesbezüglichen Literatur stets im Tone hoher und ritterlicher Anerkennung nennen.

* * *

Langes wurde 1899 zu Füßen der wildschönen Pala im damals noch österreichischen Primör (Fiera di Primiero) geboren und wuchs im Banne dieser urgewaltigen Dolomitgruppe auf. Als Schüler berühmter Bergführer und der besten Bergsteiger seiner Zeit übertrifft er bald seine Lehrmeister und hat als kühner Felsgeher schon einen glänzenden Ruf, wie er mit 17 Jahren von der Schulbank weg an die Ortlerfront kommt, auf die Marmolata, zum Monte Grappa, in die Sieben Gemeinden und schließlich noch in den Feuerhagel der Westfront; die beiden Silbernen Tapferkeitsmedaillen schmücken des Kaisers Rock und die Offiziersuniform des Zweiten Weltkrieges.

Was dazwischen liegt, gehört vorwiegend den Bergen. In der Pala allein sind es fünfzig Erstbegehungen, darunter die schönste, die unerreichte — die Schleierkante auf die Cima della Madonna; der Skiläufer Langes steckt im Jahre 1935 an der

Marmolata den ersten Riesentorlauf aus und wird bald danach als Ski-Experte in die USA geholt. Die Frucht all dieser Jahre steht in den mehrfach aufgelegten Ski- und Kletterführern, denen sich später Geschichte und allgemeine Topographie anschließen, im originell erdachten „Autorama" und in mehreren Bänden einer groß angelegten Südtiroler Landeskunde; im übrigen arbeitet der Philosophiestudent und promovierte Jurist als Schriftleiter bei bedeutenden deutschen Blättern und zeitweilig auch als Journalist in Bozen. Mehrere Jahre hat er in einem kleinen Haus in Seis unterm Schlern gewohnt und danach auch am Gardasee, den er besonders liebte und der für ihn die Abrundung der landschaftlichen Einheit zwischen Zentralalpen, Ortler und Dolomiten war.

* * *

Auf dem Soldatenfriedhof zu Sankt Jakob bei Bozen haben wir ihn zu Grabe geleitet; sein Sarg ruhte auf alten Eispickeln, die von jungen Bergrettungsdienstmännern getragen wurden, und die Fahne der alten Armee rauschte über die frisch aufgeworfene Erde dieses Landes, das er aus heißem Herzen geliebt und dem er stets die Treue gehalten hat.

Der Leutnant Gunther Langes, der Seilerste an der Schleierkante, der Pionier des Skilaufs, der fruchtbare topographische Schriftsteller — in allen diesen Belangen war er ein Mann, dessen Spur in der Geschichte Südtirols hell aufleuchtet und nicht verblassen wird.

Bozen, im Herbst 1972

Josef Rampold

Geleitwort

Tausendfach verschieden war das Gesicht der Fronten, die im Weltkrieg an die 9000 km lang durch Europa und Asien, vom Strand der Nordsee bis zum Wüstensand Arabiens und in dem Busch der deutschen Kolonien in Afrika lagen.

Keine Front war vielleicht merkwürdiger, als die im weiten Bogen über die Hochgipfel der Alpen gespannte.

Dieses Buch soll vom Leben und Kampf an dieser unwahrscheinlichsten aller Fronten erzählen.

Frei von aller filmischen Verfärbung und Verfälschung bringen die Bilder dieses Buches unwirklich scheinende klare Wirklichkeit, als getreue Zeugen phantastisch scheinender Tatsachen.

Die Bühne des Krieges im Hochgebirge war das Ödland der Alpen, das Land über jener Grenze, an der fast alles Leben erstorben ist, das Land, das allem Leben und auch dem Menschen feindlich ist. Dieses Ödland beginnt dort, wo die Berge über 2000 m allmählich felsig und eisig in den Himmel wachsen. Es war nicht möglich, diese Grenze scharf zu ziehen, es war auch nicht die gestellte Aufgabe, umfassend und chronistisch ein vollständiges Werk über den Hochgebirgskrieg zu schaffen. Dieses Buch sollte nur eine Auswahl bunter, lebendiger Bilder aus dem typischen Krieg in Fels und Eis der Alpen bringen.

Höchster Friede und höchste Gewalt der Natur sind das wunderbare und das furchtbare Merkmal dieser Alpenhöhen. Das eine wurde den Soldaten des Hochgebirges zum versöhnenden Geschenk gegen den Krieg, das andere stellte übermenschliche Anforderungen an ihre Tugend der Pflichterfüllung.

In diesem heldenmütigen Kampf gegen zwei Fronten, gegen den Feind und die Natur, erlebte der Hochgebirgskrieg den Gipfel seiner Eigenart.

Der Krieg ist so alt wie die Liebe und der Hunger. Mit ihnen wird er immer sein und vergehen. Ein Buch, das vom Krieg erzählt, soll nicht künden und werben für zukünftige Kämpfe der Völker, die unaufhaltsam kommen werden. Es soll ein Denkmal sein für das heroische Leid einer Nation, in deren Leben vom Anfang bis zum Ende der Kampf stehen muß, so naturnotwendig wie das Leben und der Tod.

So soll dieses Buch Denkmal und Dank sein für die Kämpfer des Hochgebirges.

Dr. Gunther Langes

... „wenn nicht die bodenständigen, in der heimatlichen Scholle verwurzelten Männer, die von Anbeginn an mit beispielloser Begeisterung zu den Waffen eilten und in hingebungsvollster Treue und Tapferkeit in Fels und Firn dem Eindringling entgegentraten, sich — ihren Ahnen gleich — als unüberwindlich erwiesen hätten." ...

V. Graf Dankl

Vorwort

von Generaloberst Graf **Viktor Dankl von Krasnik**
Österreichischer Armeeführer und Landesverteidigungskommandant von Tirol

Als die Armeen der österreichischen Monarchie 1914 gegen Rußland und Serbien ins Feld zogen, begann der letzte große Heldenkampf Österreich-Ungarns gegen ungeheuere feindliche Übermacht; als dann 1915 auch noch die Südwestgrenze des Reiches in den Alpen verteidigt werden mußte, da erreichte dieser weltgeschichtliche Kampf den Höhepunkt seiner epischen Größe.

Ein Ausschnitt aus diesem zähen Ringen wird in dem vorliegenden Buche geschildert. Es sind die Kämpfe, die um die Fels- und Eisberge des heiligen Landes Tirol geführt wurden, Kämpfe, die im Hinblick auf den Schauplatz, die harten Witterungsunbilden und die lange Dauer, zu den kühnsten und eigenartigsten der Kriegsgeschichte gehören.

Auf den Bergen Tirols war Gott am nächsten Zeuge, wie der österreichische Offizier und Soldat, der Tiroler Schütze und Landsturmmann, getreu ihrer fast tausendjährigen Tradition, heldenhaft bis zum Ende gekämpft haben, ein Ende, das nicht die Waffen entschieden, sondern schicksalhaftes, übermenschliches Geschehen.

Ein Land, das solche Söhne stellen und so furchtbare Opfer ertragen kann, muß Gott wieder zu neuer Größe emporheben!

Innsbruck, 3. Mai 1936.

← Posten in einem Schneegraben im Hochgebirge (Hohe Schneid, Ortlergebiet).

…„Das schöne Land Tirol mit seinen auch uns so lieb gewordenen Bergen — das Land, wo die deutsche Sprache in besonders kernigem Laut erklingt, wo der Bauer frei auf seinen Höhen sitzt und uralte deutsche Kultur aus jedem Winkel uns grüßt — wir betrachten es auch als unser Land.“ …

Konrad Krafft von Dellmensingen

Einleitung zur 1. Auflage dieses Buches

von General der Artillerie a. D. Krafft von Dellmensingen

einst Kommandeur des Deutschen Alpenkorps

Das Hochgebirge galt in den Kriegen früherer Zeiten meist nur als Durchzugsland. Die Kämpfe spielten sich an den Paßstraßen und auf den sie unmittelbar begleitenden Höhen ab. Ein längeres Verweilen inmitten des Gebirges fand selten statt.

In diesen Verhältnissen hat der Weltkrieg gründlich Wandel geschaffen. Einerseits war das Hochgebirge dem allgemeinen Verkehr besser erschlossen oder an den Grenzen durch militärische Weganlagen zugänglicher gemacht worden. Andererseits hatte die Entwicklung des Alpinismus dazu geführt, daß es unzugängliche Stellen selbst in den höchsten, schroffsten und unter ewigem Eis liegenden Gebirgsteilen so gut wie gar nicht mehr gab. Ferner hatte sich auch die militärische Technik und Bewaffnung, vornehmlich bei der Artillerie, in den Staaten, die gebirgige Grenzen besaßen, immer mehr den Bedingungen des Hochgebirges angepaßt. Früher konnten nur ganz leichte Geschütze im Gebirge verwendet werden; jetzt konnte, vermöge der Unabhängigkeit des Schußbeobachters von der Feuerstellung der Geschütze mittels neuer Richt-, Beobachtungs- und Verkehrsmittel, und infolge der Verbesserung des Steilfeuers, auch im Gebirge, auf den Bergen wie vom Tale aus, Artillerie bis zu den schwersten Kalibern und in großer Zahl fast an jeder Stelle zur Wirkung gebracht werden.

Hatte es früher genügt, zum Grenzschutz die wichtigsten Paßstraßen durch Sperrbefestigungen in nächster Umgebung der Straßen zu verrammeln, so konnte nunmehr auch das zwischen den Pässen liegende Hochgebirge keinen genügenden Schutz mehr bieten. Je leichter sich solche Sperren seitwärts umgehen und von dorther unter Feuer nehmen ließen, desto mehr mußte sich der Krieg auch nach der Seite in die früher für unbetretbar erachteten Gebirgsteile ausdehnen und schließlich das ganze Gebirge in seinen Bereich ziehen.

Länder mit gebirgigen Grenzen mußten daher in kommenden Kriegen mit dauernden Kämpfen innerhalb ihrer ganzen Hochgebirge rechnen.

In Österreich-Ungarn hatte man diese Entwicklung für den Fall eines Krieges mit Italien vorausgesehen und sich im allgemeinen, wenn auch nicht vollständig genug, darauf eingerichtet. Tirol mußte im Weltkrieg als Nebenfront gelten, weil zu erwarten war, daß ein italienischer Angriff seine Ziele mehr im Osten und Nordosten suchen werde, und die Benützung Südtirols als österreichisches Ausfalltor gegen Italien zu-

Marmolata. Stollenbrücke über eine Gletscherspalte.
← Der Eingang zum Stollen ist zusammengebrochen.

nächst nicht in Frage stand. Das Land wurde daher im ersten Jahre des Weltkrieges, als Italien noch in der zweifelhaften Neutralität verharrte, von schlagfähigen Truppen fast vollständig entblößt. Man begnügte sich damit, im Laufe dieser Frist längs der Grenze, unter teilweiser Preisgabe eigenen Gebietes, eine durchlaufende befestigte Stellung auszubauen und auch einige rückwärtige Sperrlinien zu schaffen. Alle diese Anlagen erforderten in Fels und Eis die mühevollste Arbeit und waren bis zum Kriegsausbruch mit Italien, da die Arbeitskräfte und -mittel knapp waren, nur bis zu einer einzigen schwachen Grabenlinie gediehen, die an für schwer zugänglich erachteten Stellen noch bedeutende Lücken aufwies. Daneben fehlte es auch ernstlich an Verteidigern. Die hierzu berufenen Söhne des Landes, die Kaiserjäger und Landesschützen (später Kaiserschützen) [1]), verbluteten ferne von der Heimat auf den galizischen Schlachtfeldern. Die Not an Verteidigungstruppen für Tirol und der Waffenmangel waren so groß, daß man schließlich dazu schritt, die Stellungsarbeiter-Bataillone (alte Jahrgänge, Halbtaugliche und Unausgebildete) in Kampfbataillone umzuwandeln und sie mit deutschen Gewehren zu bewaffnen. Trotz dieser Aushilfen standen, als der Krieg vor der Türe war, längs der 500 Kilometer langen Grenze Tirols neben der gut kampffähigen Besatzung der ständigen Grenzsperren nur 22 der obengeschilderten „Landsturmbataillone" und 7½ Ersatzbatterien, alle zweifelhaften Kampfwertes, der erdrückenden Übermacht des sprungbereiten italienischen Heeres gegenüber!

Zur Ergänzung dieses ganz ungenügenden Grenzschutzes verfügte Österreich vorerst nur noch über die sogenannten „Standschützen" [2]), etwa 30 000 Mann — eine Art Tiroler „Letztes Aufgebot", nur ganz junge, noch nicht militärpflichtige und alte, dieser Pflicht längst entwachsene Leute, die flüchtig militärisch organisiert, uniformiert und bewaffnet wurden, aber erst aufgeboten werden mußten. Neben ihrer glühenden Heimatliebe, zornigem Tiroler Kampfesmut und einiger Schießfertigkeit brachten sie ihre Vertrautheit mit dem Gebirge mit. Die Zeiten der ruhmreichen Landesverteidigung Andreas Hofers feierten hierin ihre Auferstehung.

Diesen Umständen war es zuzuschreiben, daß auch Deutschland sich zu einer begrenzten Waffenhilfe für Tirol bereit erklärte, so lange Österreich die geeigneten Verteidiger nicht selbst aus dem Osten heranzuführen vermochte. Dem stand aber die Schwierigkeit im Wege, daß Deutschland keine Gebirgstruppen besaß. Deshalb mußte eine solche Truppe in dem „Deutschen Alpenkorps" erst wenige Tage vor der Kriegserklärung Italiens improvisiert und aus den Schützengräben des Westens beschleunigt nach Tirol geworfen werden. Dieses Korps war aus Elitetruppen zusammengesetzt, zum Teil aus gebirgsvertrauten Bayern, umfaßte daneben aber auch Verbände aus fast allen übrigen süd- und norddeutschen Stämmen, denen das Gebirge etwas ganz Neues war [3]). Es brachte aber eine sehr wertvolle Kampfkraft und die reiche Kriegserfahrung aus den bisherigen Kämpfen des Westens mit. Die Gebirgsausstattung, Gebirgserfahrung und Gebirgsgewandtheit mußte es sich erst aneignen.

Fürs erste gewährte diese Zufuhr der Verteidigung von Tirol den festen Kern und eine, insbesondere auch von der Bevölkerung mit Erleichterung begrüßte moralische Hilfe. Aber diese wäre wohl zu spät gekommen, wenn die Italiener, ihren Vorsprung ausnützend, überraschend mit der Kriegseröffnung auf allen Wegen gleichzeitig nach Tirol einmarschiert wären. Diese hätten dann unschwer schon damals das ganze Land bis zum Brenner in ihre Gewalt bringen können. Hatte doch das Alpenkorps von der

---

1) Den drei Regimentern der Tiroler Landesschützen wurden am 16. Jänner 1917 in Calliano (Trentino) von Kaiser Karl der Ehrentitel „Kaiserschützen" verliehen.

2) Eine altüberlieferte, bis auf die Erzherzogin Claudia, 1632, zurückführende Tiroler Landwehr.

3) Bayr. Inf.-Leib.-Rgt. Bayr. Jäger, ein Rgt. preußische und mecklenburgische Jäger und ein zur Hälfte bayrisches und preußisches Schneeschuh-Jäger-Rgt. mit vielen Maschinengewehrabteilungen und starker Artillerie.

deutschen Heeresleitung zur Vorsorge den ersten Auftrag erhalten, möglichst die Gebirgslinie nördlich des Inns zu behaupten! Aber die Italiener gingen zögernd vor und nach dem Eintreffen des Alpenkorps wurde ihnen überall völlig Halt geboten. So kam es auch im Tiroler Hochgebirge längs der vorbereiteten Abwehrlinie zum langewährenden Stellungskrieg.

Neben dem Heldenmut der österreichischen Verteidiger hat also auch die deutsche Hilfe der Verteidigung Tirols mit über die ersten Schwierigkeiten hinweggeholfen.

Damit war aber diese Hilfeleistung nicht erschöpft. Noch waren die Stellungen sehr unvollständig, die Unterkünfte ganz unzureichend, es galt die deutschen Truppen an das Gebirge zu gewöhnen, die Tiroler Standschützen als Kämpfer auszubilden, das mangelhafte Verkehrsnetz zu erweitern und den Nachschub zu organisieren — neben der Kampflast der Verteidigung war auf allen diesen Gebieten eine Riesenarbeit zu leisten. Hier haben die Deutschen überall mitgeholfen und viele grundlegende Anregungen gegeben.

Die Eigenart des Gebirgskrieges brachte es mit sich, daß einzelne besonders beherrschende und wegesperrende Punkte zu Brennpunkten der Kämpfe wurden (Col di Lana, Tofana-Gebiet, Sextener Berge). Überall dort haben auch die Deutschen an der Ausgestaltung mitgearbeitet und in harten Kämpfen, im brüderlichen Verein mit den stammverwandten Verbündeten, hat mancher deutsche Streiter sein Leben gelassen und schläft dort den langen Schlaf auf einem der poesievollen Kriegerfriedhöfe inmitten der herrlichen Bergwelt oder in vergessenem Winkel. Bald verband die Kämpfer beider Heere die innigste aus der Notgemeinschaft geborene Kameradschaft, aus der jeder dem anderen viel zu geben hatte: der Österreicher dem Deutschen seine langjährige alpine Erfahrung und Organisation für den Gebirgskrieg, der Deutsche dem Österreicher seine kriegerische Zuversicht, seine Kampferfahrung und umsichtige Ordnung der gesamten Führung und aller Einrichtungen zur Erhaltung der Schlagfertigkeit. Das Alpenkorps verkörperte gewissermaßen ganz Deutschland im Kleinen, umschloß Angehörige fast aller deutschen Stämme, die bei dem gemeinsamen Werke das schöne Tiroler Land und sein Volk lieben lernten und die dort verbrachten Monate zu ihren schönsten Kriegserinnerungen zählen. So schlang sich auch ein festes Band um die teilweise so verschiedenen Stämme deutscher Zunge in beiden Heeren und brachte sie einander nahe. Aus dem edlen Wetteifer, dem Feinde keinen Fußbreit von dem verteidigten Tiroler Boden zu überlassen, erwuchs bald das stolze, sieghafte Vertrauen, daß hier dem Gegner n i e m a l s ein wesentlicher Erfolg blühen könne. Gemeinsam wurden, als der Sommer sich neigte, auch noch alle Vorsorgen für den Winter getroffen, die es möglich machen sollten — was bisher unerhört war — auch die höchsten Bergstellungen über den Winter unverändert zu behaupten, und dafür reiche Hilfsmittel aus dem Deutschen Reiche herangezogen.

Bis zum Herbst 1915 war es Österreich möglich geworden, seine eingeborenen Tiroler Truppen von den östlichen Kriegsschauplätzen in die Heimat zurückzuführen und nun konnte, die Landesverteidigung in ihre hierzu am nächsten berufene Hand gelegt, das Alpenkorps herausgezogen werden. Dieses konnte ihnen in dem Dolomitenabschnitt die unversehrte und in jeder Hinsicht verbesserte und für den Winter gut vorbereitete Stellung übergeben, die nun eine sichere Stütze der Verteidigung bildete.

Aber den Landessöhnen allein war es dann beschieden, die Stellungen im Gebirge noch jahrelang halten zu müssen, in dem zermürbenden Einerlei der Verteidigung, durch Sommer und Winter, in Schnee und Eis, unter unsäglichen Anstrengungen, Entbehrungen und Opfern, die freudig dem geliebten Heimatlande dargebracht wurden. Und sie h a b e n die Stellungen gehalten bis im Jahre 1917 die Offensive vom Isonzo her, an der auch wieder Deutsche teilnehmen durften, einen großen Teil der Tiroler

Front aus der Erstarrung befreite. Andere Teile haben treu gehalten bis zum bitteren Ende. Niemals ist es den Italienern gelungen, sich irgendeinen wesentlichen Vorteil im Kampfe zu erobern. Was es bedeutet, daß diese dünn besetzte strategische „Nebenfront“ so unerschütterlich sich behauptet hat, das kann man ermessen, wenn man die Folgen betrachtet, die alsbald eintraten, als mit dem Zerfall des österreichisch-ungarischen Kaiserstaates auch diese Front zerbrach und damit auch die deutsche und österreichische Südflanke aufgerissen wurde!

Wie Unvergleichliches, Unerhörtes, Niedagewesenes in diesen Kämpfen geleistet worden ist, in Fels und Eis, im Ertragen von Mühen und Anstrengungen, im unaufhörlichen Kampf verbunden mit unaufhörlicher schwerster Arbeit, in Hunger und Entbehrung auf den von eisigen Stürmen umtosten Höhen, in all den tausend Gefahren der winterlichen Bergwelt, ja im Bauche der Gletscher, in nieversagender Findigkeit im Kampfe mit der Natur und allen technischen Listen des Gegners — davon geben die in ihrer Schlichtheit so eindrucksvollen Berichte der Mitkämpfer in diesem schönen Buche im Verein mit dem einzigartigen Bildwerk das erhabenste Zeugnis. Sie singen das Lied vom braven, treuen Mann, der das Unmögliche möglich macht — wer hätte vordem es für möglich gehalten, das Menschen es vermocht hätten, selbst auf den höchsten eisumpanzerten Alpengipfeln den todbringenden Winter zu überdauern und dazu zu kämpfen?! — sie richten auch den vielen „unbekannten Soldaten“, die dort oben in Felsklüften und Abgründen, unter der tödlichen Last der Lawinen und im blutigen Heldenkampfe ihr würdigstes, oft unauffindbares Grab gefunden haben, das hehrste Denkmal auf: das Denkmal im Herzen aller Überlebenden, die dort ihren „guten Kameraden“ zurückgelassen haben und bei allen denen, denen diese Blätter beredte Kunde hievon zutragen. Ewige Ehre ihrem Andenken!

München, im Oktober 1932.

Es war einmal ein Schützenfest
Der Himmel hat's gegeben
Tiroler Freiheit war das Best,
Der Einsatz war das Leben.

(Hermann v. Gilm)

Der Krieg im Hochgebirge

Mit dem Ausbruch des Krieges zwischen Österreich und Italien im Mai 1915 wurde der Hochgebirgskrieg geboren. Der militärische Alpinismus in der Vorkriegszeit und in seiner Folge die Verwendung von Truppen in hochalpinen Gebieten nahm eine sehr zögernde Entwicklung. Nur wenig Lehren zog man aus den Fortschritten des zivilen Alpinismus. Die Entwicklung des militärischen Alpinismus blieb immer eine geraume Zeitspanne hinter jenem Punkte zurück, auf dem sie hätte kraft der Pionierarbeit des zivilen Alpinismus stehen können.

Falsche Vorstellungen über das Wesen des modernen Zukunftskrieges und das starre Hängen an überlieferten Kampfarten beengte den Gesichtskreis der für die alpine Ausbildung der Truppen maßgebenden Kommandostellen so sehr, daß vielfach einzelnen verdienstvollen Pionieren im Militäralpinismus in ihren Bestrebungen Einhalt getan wurde, anstatt ihre Absichten kraftvoll zu fördern.

Die prächtigen alpinen Leistungen einzelner Offiziere und Truppenteile des österreichischen Heeres in den letzten Jahren vor dem Kriege fanden aus diesen Gründen fast überhaupt keine Würdigung als Wegbereiter für eine moderne Ausbildung der Truppen im Hochgebirge. Wohl war man stolz auf die alpinen Leistungen von einzelnen Offizieren wie Major Bilgeri, Hauptmann Czant, Oberleutnant Löschner u. a. und ihrer Truppen, aber man wertete die Leistungen nur sportlich und verwertete sie nicht fortschrittlich für die Ausbildung größerer Truppenteile. Sogar rückschrittliche Tendenzen ergaben sich bei höchsten Stellen, so daß man Offiziere für Unfälle, die bei diesen ersten hochalpinen Manövrierversuchen notwendigerweise vorkommen mußten, wegen ihrer Fahrlässigkeit verantwortlich machte.

Groß war das Staunen, als im Winter 1913 eine ganze Kompagnie Kaiserschützen unter Hauptmann Ludwig Scotti den Gipfel der Marmolata, 3309 m, erstieg. Aber noch größer war das Geschrei darüber, daß sich bei dieser kühnen Pioniertat einige Leute der Kompagnie Zehen erfroren hatten, woran vor allem nur die unvollkommene Ausrüstung der Truppe für Vorstöße in die Hochalpen Schuld trug.

Der modernen Strategie war das Hochgebirge fremd geblieben. Man konnte sich nicht vom Grundsatz lösen, daß nur die Ebene und die Täler dazu da seien, um auf ihnen zu kämpfen, bestenfalls die bequemen Übergänge und Pässe bezog man in die notwendige Verteidigungslinie ein.

Der Großteil der hochalpinen Front war bei Kriegsausbruch „militärisch ungangbares Gebiet" und bildete für den Generalstab weiße Flecken auf der Karte. Es mutet merkwürdig an, wenn man hört, daß für die Verteidigung der Ortlergruppe die Besetzung des Stilfser Joches als genügend erachtet wurde, daß der ganze Stock der Tofanen „militärisch ungangbar" und damit nicht verteidigungsnotwendig sei. Schon die ersten Kriegstage zeigten, daß die Besetzung auch dieser Gebiete unumgänglich notwendig war. Der Krieg wurde zu einem strengen Lehrmeister und brachte die Erkenntnis, daß im Sommer und im Winter dort Bataillone kämpfen können, wo man die Ruhe der Adler und Bergdohlen nicht stören zu müssen glaubte. Aus harter Notwendigkeit heraus erzwang der Krieg die rasche Entwicklung des Militäralpinismus und der Kriegführung im Hochgebirge.

Als der Krieg mit Italien ausbrach, stießen zwei Heere an der Alpenfront zusammen. Mehr denn zwei Drittel der Tiroler Front waren auf der einzuhaltenden Verteidigungslinie reinste Hochgebirgsfront in Meereshöhen über 2000 m, Front in Fels und Eis.

Der rechte Flügel der österreichischen Front, der sich an den Schnittpunkt der italienischen, schweizerischen und österreichischen Grenze auf der Dreisprachenspitze, 2841 m, östlich des Stilfser Jochs anlehnte, verlief über die höchsten Berggipfel, die im Kriege umkämpft waren, und selbst der höchste Berg der damaligen österreich-ungarischen Monarchie, der 3905 m hohe Ortler wurde zum Kriegsberg. In einer ununterbrochenen Linie verlief die Front des rechten österreichischen Flügels über die Eiskämme der Ortlerriesen, über die Gletscher und Berge der Adamello- und Presanellagruppe und erreichte erst mit der Überschneidung von Judikarien und des Etschtales eng begrenzte, tiefe Talpunkte. Von der Schweizer Grenze bis zum Abfall der Alpen in die lombardische Tiefebene bildeten die Kampflinien eine fast 100 km lange, geschlossene Eisfront, die fast durchwegs in Höhen von über 3000 m verlief und deren tiefste Punkte Übergänge wie der Tonalepaß mit immerhin noch 1900 m Höhe waren.

Vom tiefsten Punkt der ganzen Alpenfront im Etschtal bei Rovereto sprang die Höhenkurve schon in den Randgebieten des Etschtales wieder auf Höhen von über 2000 m und zeigte hier am 2300 m hohen Pasubio, den am erbittertsten und heftigsten umkämpften Berg der ganzen Alpenfront, daß auch im Hochgebirge der Aufmarsch und Einsatz von großen Truppenformationen, von Brigaden und Divisionen, notwendig und möglich war.

In dem subalpinen Gebiet der Sieben Gemeinden, der Hochflächen von Folgaria und Lavarone, senkte sich die Frontlinie auf eine durchschnittliche Höhe von 1000 bis 1500 m. Auch diese Zone stellte in der schlechten Jahreszeit hochalpine Anforderungen an die Truppen.

Die Urgesteinszone südlich der Dolomiten drückte den Verlauf der Frontlinien wieder über die 2000-m-Grenze; sie erreichten auf dem messerscharfen Kamm der Fleimstaler Berge noch erheblichere Höhen, da fast keiner dieser Berge in seiner schroffen, lawinengefährlichen Wildheit unter 2500 m herabsank. Wie der rechte Flügel der österreichischen Front in Südtirol eine geschlossene Eisfront bildete, war der Frontverlauf durch die Wunderwelt der Dolomiten eine ununterbrochene, kompakte Felsfront. Gipfel auf Gipfel, über welche die roten Linien liefen, sprangen aus der Karte hervor, die Höhenkurve ging fast ständig an die 3000-m-Grenze und dort, wo die feindlichen Armeen sich im Herzen der Dolomiten gegenüberstanden, lagen die höchsten Feldwachen noch einige hundert Meter über 3000. Die Front gipfelte im höchsten Berg der Dolomiten auf der 3344 m hohen Marmolata und blieb auf dem Stock der Tofanen, im Massiv des Cristallo, auf den Bergen der Sextener Dolomiten, den Drei Zinnen, dem Elfer und der Sextener Rotwand ständig auf Dreitausendern. Die umkämpftesten und meistgenanntesten Dolomitberge senkten sich in ihrer Höhe gerade so tief, um den feindlichen Armeen die Möglichkeit zu geben, mit starken Truppenverbänden zu kämpfen: Der Col di Lana auf 2462 m, der Monte Piano auf 2324 m.

Leiteraufstieg zur Feldwache am Monte Cavallo in der Fanis-Gruppe. ➔

Auch der weitere Verlauf der Frontlinie über die Karnischen Grenzkämme sank in der Höhe kaum nennenswert, um erst in seiner scharfen Abbiegung nach Süden in die Voralpen und Niederungen der Isonzofront abzubrechen.

Der höchste Schützengraben des Weltkrieges lag auf dem höchsten Berg der Ostalpen, auf dem Ortler mit 3905 m Höhe. Auch das höchste Geschütz des Weltkrieges stand auf dem Ortlergipfel. Schützengraben und Geschütz waren hier an der Alpenfront so hoch, wie die Front im Flachland kaum die höchsten Flieger über sich sah. Kampfanlagen in einer Höhe, die nur um geringes hinter jener des Ortlers zurückstand, waren auf der Königsspitze, 3860 m, auf der Thurwieserspitze, 3652 m, auf der Trafojer Eiswand, 3553 m, auf dem Monte Cevedale, 3778 m, auf dem Monte Vioz, 3644 m, auf der Punta San Matteo, 3692 m, und auf zahlreichen Gipfeln der Adamello- und Presanellagruppe in Höhen von 3000—3400 m.

Das höchste Geschütz der Dolomitenfront war die berühmte Kanone auf der Marmolata auf fast 3300 m, der die sechs Kanonen der Italiener auf der Tofana di Fuori (III) mit ihrem Standpunkt auf 3237 m wenig nachgaben.

Die Front der Hochalpen, von der man angenommen hatte, daß sie nie Front werden würde, hatte naturgemäß keinen Aufmarsch. Die ersten kühnen Patrouillen schufen sich am Beginn des Krieges in dem schwierigen Gelände ihre Wege selbst, wählten sich nach eigenem Gutdünken den Ort für ihre Stellungen und Stützpunkte und begannen den bewegten Kleinkrieg in Fels und Eis. Ohne Vorbild, Lehrmeister und taktische Befehle waren sie ganz auf sich selbst und die Erfahrungen, die sie sammelten, angewiesen. In diese Zeit zu Beginn des Krieges fiel die größte Bewegung im Hochgebirgskrieg. An vielen Frontteilen, in denen mehr Berge aufragten, als Patrouillen zu ihrem Schutze auf ihnen herumkletterten, war die Weite und der Raum für einen Krieg gegeben, der mehr der kühnen Jagd des Jägers nach einem gefährlichen Wild ähnelte, als einem modernen Krieg des 20. Jahrhunderts. Es war die Zeit der Erkundungen und Vorstöße, der Überfälle und Handstreiche. Erst allmählich wurde die Hochgebirgsfront gefestigter und starrer. Noch viele Monate gingen vorüber, bis die großen Lücken in den Frontlinien geschlossen wurden. Noch der erste Winter baute durch seine unbekannten und gefürchteten Gewalten die neutralen Zonen seiner als unbezwingbar erachteten Flanken und Gipfel in die Linien der Kämpfenden ein. Die Besetzung nur weniger hoher Berge und Gletscher im ersten Kriegswinter zeigt lehrreich, wie rasch die Entwicklung im Hochgebirgskrieg vor sich ging. Fast ausnahmslos alle Berge gegen 3000 m und darüber wurden im ersten Winter von beiden Gegnern geräumt, später alle ausnahmslos besetzt gehalten.

Die Überlegung schien vollkommen richtig zu sein, daß diese Berge in ihrer winterlichen Unnahbarkeit ein unübersteigliches Hindernis für den Gegner bilden würden. Diese Ansicht konnte sich solange halten, bis kühne Patrouillen von Freund und Feind überraschend den Bann der winterlichen Berge brachen und damit den Beweis erbrachten, daß in diesem Krieg in eisigen Regionen vieles möglich sei, was früher als unmöglich und absurd erschienen war. Der stärkste Zwang für die winterliche Besetzung der höchsten Fels- und Eisstellungen war die Tatsache, daß man nie wußte, wann die Gegenseite im Spätwinter oder Frühjahr die Besetzung der Hochstellungen vornehmen würde. Hierin konnten alle Berechnungen und Überlegungen stimmen oder falsch sein. In vielen Fällen, wo man glaubte, mehr denn rechtzeitig an die Besetzung einer im Winter verlassenen Hochstellung gegangen zu sein, wurden die anrückenden Besatzungstruppen von den Schüssen des Gegners empfangen, der oft schon seit vielen Wochen dort oben saß und nun nur mehr durch schwierige Angriffe zu werfen war. Der unsichere Ausgang, den diese Wettläufe oft hatten, weil man nie wußte, wann der Feind starten würde, mußte ausgeschaltet werden. Die Truppen blieben auf den

Bocche. Unterstände des Baons II/92.

Bergen sitzen, gleichgültig, wie hoch sie waren, hielten ihre Stellungen auf den Gletschern, gleichgültig, ob diese gefährlich waren oder nicht, durch 12 Monate im Jahr vom ersten bis zum letzten Tag. Damit blieb die Front in den Hochalpen im zweiten Kriegswinter des Jahres 1916/17 vollkommen geschlossen und feuerbereite Rohre reihten sich vom Ortler in 3905 m Höhe bis zu den blauen Fluten des Gardasees auf 65 Meter Seehöhe, über Gipfel und Gletscher, Grate und Pässe.

Der Krieg im Hochgebirge war in vielem von besonderer Eigenart. Er war ebenso der Krieg Mann gegen Mann, wie der Krieg unter Einsatz großer Truppenmassen. Es wurde schon erwähnt, daß der Kleinkrieg der Patrouillen in den ersten Kriegsmonaten die allein mögliche Kampfhandlung zu sein und zu bleiben schien. Doch auch hierin zeigte die Entwicklung andere Formen, als man vorausgesehen hatte. Mit dem Ausbau der Hochgebirgsfront zu einer starren, stark befestigten Kampflinie änderte sich die Kampfart vollkommen. Die natürlichen Festungen der höchsten Gebirge wurden durch den raffinierten Ausbau der Stellungen mit allen modernen Mitteln zu unerhört starken Bollwerken. Wo man zur Einnahme solcher Bollwerke schreiten wollte, war nur bei höchst gesteigertem Einsatz von Menschen, Kampfmitteln und Material Aussicht auf Erfolg. Der Kleinkrieg der Patrouille und des Einzelkämpfers hatte sich zum großartigen Festungs- und Belagerungskrieg entwickelt. Er brachte mit sich, daß auf räumlich sehr beschränkten Frontabschnitten Truppenmengen eingesetzt wurden, wie sie auch an den Fronten des Flachlandes nur bei Großkämpfen vorgekommen sind. Die Kämpfe am Pasubio und am Col di Lana haben gezeigt, daß auch das Märchen von der Unmöglichkeit des Einsatzes größerer Truppenformationen in den Kämpfen im Hochgebirge eines guten Todes gestorben ist.

Trotzdem blieb der Kampf der Sturmpatrouillen auch im weiteren Verlauf eine der wichtigsten Kampfarten im alpinen Krieg. Die Patrouille blieb der stetig hämmernde Puls der alpinen Front. Der kleine Erfolg, der an anderen Fronten der Patrouille in Kampfhandlungen beschieden war, konnte im Gelände des Hochgebirges, wenn es geschickt ausgenützt zum mächtigen Verbündeten wurde, Kampfergebnisse bringen, die mehr als überraschend waren. Es war keine Seltenheit, daß nur wenige Mann starke Patrouillen Formationen vernichteten oder gefangennahmen, die zehn- und zwanzigfach stärker waren, daß ein lächerlich kleines Häuflein Bataillonen erfolgreich Widerstand entgegensetzen konnte und sie zum Verbluten brachte. Als besonderste Eigenart des Hochgebirgskampfes kann das Handgemenge bezeichnet werden. Die in dem schwierigen Gelände oft sehr geringen Möglichkeiten, das unhandliche Gewehr zu benützen und die oft außerordentlich guten Deckungsmöglichkeiten hinter Felsen zwangen sowohl den Angreifer als auch den Verteidiger, dem Gegner im Handgemenge gegenüberzutreten. Viele Kämpfe sind bekannt, bei denen die Soldaten nach vollkommenem Verbrauch ihrer Munition zu Steinen griffen und damit eine Urform des Kampfes wie vor Tausenden von Jahren wieder aufleben ließen.

In jeder Kampfhandlung, gleich ob mit Einsatz geringer oder größerer Truppenmengen, verlangte das Gelände des Hochgebirges selbständige und entschlossene Kampftätigkeit des einzelnen Mannes. Jeder noch so genau studierte und vorbereitete Kampfplan brachte in den Bergen unvorhergesehene und überraschende Momente durch das Gelände, in der Verteidigungsart des Feindes, in der Wirkung der eigenen Angriffs- und der gegnerischen Abwehrmittel. Nur die Truppe mit selbständig handelnden und entschlossen für sich kämpfenden Soldaten konnte in solchen Lagen Aussicht auf Erfolg haben. Nur Truppen mit höchsten menschlichen und militärischen Tugenden waren diesen schwierigen kämpferischen Anforderungen gewachsen. Die stumme Masse verlor in den Hochregionen ihren militärischen Wert der erdrückenden Wucht und wurde zu einer Hammelherde, die zitternd und ohnmächtig dem Blitz und Donner des Gefechtes auf Gefangennahme oder Untergang ausgesetzt war.

Mehr noch als die Infanterie stand die Artillerie in ihrer Ausbildung bergfremd dem modernen Hochgebirgskrieg gegenüber. Auch die für den Krieg in diesen Regionen geschaffenen spärlichen Formationen der Gebirgsartillerie waren in Hinsicht auf den Kampf im höchsten Gelände der Alpen nur unvollständig geschult. Schon was den Transport der Geschütze betraf, war man in der Annahme stecken geblieben, daß es nie notwendig sein würde, ein Geschütz weiter in die Berge hinaufzubringen, als es die ausdauernden und gewandt steigenden Tragtiere mit den einzelnen Bestandteilen

Vorposten auf der Bocche-Spitze (Rolle).

des Geschützes auf schmalen Gebirgswegen leisten konnten. So dachte man 1914 bei den Armeen hüben und drüben der Alpen. Knapp zwei Jahre später standen Geschütze auf den Eisgipfeln der Ortler-, Adamello- und Presanellafront, schoß ein Geschütz vom 3300 m hohen Gipfelgrat der Marmolata über ihre tausend Meter hohe senkrechte Südwand ins Tal, hatten die Italiener sechs Geschütze auf den Felsgipfeln der Tofanen aufgestellt! Aus glatten Felswänden, aus dem Eis der Gletscher, von Spitzen und Graten der Hochgipfel pfiffen die Granaten gegen den Feind. Und weil der Mensch auf den Bergen nicht das regenwurmgleiche Dasein wie in der Ebene führen mußte, weil scharfe Augen und Gläser durchdringend über Berge und Täler spähten, mußte man sich gar bald in den Schoß der Berge verkriechen. Es bildeten sich jene gefährlichen

Kavernenbatterien, die unsichtbar und unzerstörbar, tief in den Felsen saßen und zum lästigsten und verlustbringendsten Kampfmittel des Hochgebirges wurden, dem man ohnmächtig gegenüberstand. Nicht nur unter den harten Panzer des Felsens verkrochen sich die Batterien, sie bohrten sich auch in das Eis ein und widerstanden in diesen Eiskavernen kaum weniger gut der feindlichen Einwirkung.

Es gab keinen Berg und keine Wand, keinen Gletscher und kein Hochtal, in die man nicht Geschütze hinaufgetragen hätte, wenn dort ein guter Platz war, von dem man dem Feind kräftig entgegenwirken konnte. Eine Unmöglichkeit des Geschütztransportes schien es nicht mehr zu geben. Zu den denkwürdigsten dieser Transporte des alpinen Krieges gehören jene auf die Eisgipfel der Ortlergruppe und besonders jener auf den Gipfel des Ortlers selbst, das Hinaufschaffen von Geschützen auf Kletterberge der Dolomiten, darunter das der Italiener auf die Gipfel der Tofanen. Unter Einsatz von Hunderten von Soldaten wurde jeder einzelne Teil des Ortlergeschützes über die steilen Eis- und Schneehänge emporgeschafft und in — zwei Tagen stand es feuerbereit auf dem Gipfel. Die Italiener befestigten große Flaschenzüge an den Felswänden und hißten daran unzerlegte Feldkanonen auf Dreitausender, die dann oben brav und sicher ihren Dienst taten wie in einem Kornacker.

Der vielleicht schwierigste aller Geschütztransporte war jener auf die Kreilspitze, 3392 m, über deren Nordwand, wobei diese überhaupt zum ersten Male von Menschen bestiegen wurde. Diese Wand hat eine durchschnittliche Neigung von 45 Grad und erreicht in den oberen Teilen eine Steilheit bis zu 60 Grad. Das zerlegte Geschütz wurde auf Schlitten von Sulden zur Schaubachhütte gezogen, von dort über den Suldengletscher in die Firnmulde zwischen Schröterhorn, Kreilspitze und Königsspitze gebracht und von der Mulde durch eine Eisrinne und über die eisige Nordwand der Kreilspitze auf den Gipfel aufgehißt. Von Sulden bis in die halbe Höhe der Nordwand wurden die Geschützteile ausschließlich mit menschlicher Kraft auf Schlitten gezogen, von dort wurden sie durch Drahtseile hochgebracht. Hiebei geschah ein Unglück, das noch guten Ausgang hatte. Zwei ausgezeichnete Bergführer, die mit Steigeisen ausgerüstet waren, sollten von der Kreilspitze das Ende des Drahtseils, damit es sich nicht verfange, über die Nordwand hinunterbringen. Zusammengeseilt waren sie kaum 50 Meter in der Wand abgestiegen, als einer auf dem Eise abglitt und im Sturz den anderen mit sich riß. In grausigem Absturz flogen die beiden Körper, sich überschlagend, über die steilen Eishänge und Felsabstürze fast an die 500 Meter auf den Gletscher hinab. Mit einem gebrochenen Bein der eine und einer tiefen Kopfwunde der andere, beide über und über zerfetzt und zerrissen, konnten sie noch lebend geborgen werden und nach vier Monaten Aufenthalt im Krankenhaus wieder ihren harten Dienst in den Bergen aufnehmen.

Zur Bekämpfung versteckter feindlicher Stützpunkte, Maschinengewehrnester und Batterien mußte häufig ein Standpunkt für Geschütze gewählt werden, der kaum für gute Alpinisten erreichbar schien. Mitten in dem steilen Nordgrat der Marmolata, an die fast senkrecht zum Gletscher abstürzenden Felswände, wurde ein Geschütz geklebt, zu dem der Zugang schon eine hochtouristische Leistung ersten Ranges war.

Italienische Straßenmaskierung in San Martino di Castrozza südlich des Rollepasses (Dolomiten). Im Hintergrund der Colbricon, 2603 m, der hart umkämpft war und mehrmals gesprengt wurde. ➔

Italienisches Geschütz wird über die Felswände in eine Gipfelstellung gebracht.

Italienischer Soldat in voller Hochgebirgs-Winterausrüstung.

In vielen Felsenstellungen wurden Geschütze bis zu den vordersten Feldwachen vorgezogen, um von dort besser gegen den Feind wirken zu können. Auf der Spitze der Punta dei Bois-Castelletto, 2657 m, stand eine kleine Spritze, die zwischen den Felszacken hervor den Italienern auf der Dolomitenstraße heftig zusetzte. Auch die Italiener hatten ein Gebirgsgeschütz zwischen die Kavernen ihrer Feldwachen auf dem Lagazuoiband vorgeschleppt und ließen es von dort aus einträchtig neben Maschinengewehren und Minenwerfern gegen den Feind wirken.

Schwere Artillerie wurde an der Alpenfront viel verwendet. Bis in die entlegensten Hochtäler wurden 30,5-Mörser vorgeschoben, für die oft kilometerlang die schlech-

Hochgebirgsfeldwache in Winterausrüstung.

ten Bergstraßen verbessert und fast immer alle Brücken verstärkt werden mußten. Oberhalb Corvara stand ein solcher Mörser, dem der Schutz des Col di Lana anvertraut war und aus dem Hochtal Fedaja hinter Canazei wirkte einer auf die Gletscherstellungen der Italiener auf der Marmolata.

Eine ungeheure Zusammenballung von Artilleriemassen ergab sich an der Hochgebirgsfront notwendigerweise dort, wo zähe verteidigte, von Natur und Mensch bis zur Vollendung befestigte Bollwerke erstürmt werden sollten. Große Anhäufung von Artillerie war besonders den italienischen Alpentruppen mit ihrem Überschuß an Kampfmitteln möglich. Ein Beispiel hiefür ist die Beschießung des Col di Lana, bei dessen Sprengung 140 Geschütze auf einen Raum wirkten, auf den sich Schulter an Schulter kaum ein Bataillon entwickeln konnte. Die Wirkung des Artilleriegeschosses war im Hochgebirge von erhöhter Wirkung. Die Granaten schlugen aus dem felsigen Boden Gesteinstrümmer, die selbst wieder wie eine Granate wirkten und deren Splitter kaum weniger gefährlich waren. Noch verheerender war die Wirkung der Steine, wenn Granaten in steile Felswände einschlugen, an denen die abgesprengten Felsbrocken zu Steinlawinen anschwellend in die Tiefe rollten und unrettbar alles zerschlugen, was nicht in sicherster Deckung war.

Hingegen milderten die zähe Firndecke der Gletscher und die meterhohen Schneemassen des Winters die Wirkung der Granaten sehr, weil diese in ihrem weichen Brei die Geschosse verschluckten und die Granaten im Schnee förmlich ersoffen.

Ein besonderes Kampfmittel des Hochgebirges waren die Rollbomben. Dies waren Minen, die man über die steilen Felswände abrollen ließ, um damit gegen den in den Felsen eingenisteten Feind wirken und seine Stellungsanlagen zerstören zu können, wenn er für andere Kampfmittel unerreichbar war. Wie große Felsblöcke kollerten die zentnerschweren Rollbomben donnernd über die Wände, rissen riesige Mengen von Steinen mit und explodierten im Sturze durch ihren Zeitzünder.

Mit der Zeit wurden die Stellungen der alpinen Truppen geradezu kunstvoll ausgebaut. Das Gelände des Hochgebirges ermöglichte den Ausbau von Schützengräben, Stützpunkten und Unterständen so, daß diese auch der schwersten Einwirkung der feindlichen Artillerie gut standhalten konnten. Die reiche Deckungsmöglichkeit, die das Gelände bot, wurde mit erfinderischer Geschicklichkeit ausgenützt. In allen Felsenstellungen wurde besonders der Ausbau der in die Felsen gebohrten Kavernen betrieben, welche den sichersten Aufenthalt boten. Nicht nur Geschütze und Maschinengewehre, sondern auch Unterstände, Küchen, Depots und Seilbahnstationen wurden möglichst in die Felsen gelegt. Das Leben in einer solchen Felsenstellung glich dem von Höhlenbewohnern.

Die weite Sicht des Hochgebirges zwang zum besonderen Ausbau der Zugangswege zu den Stellungen, die oft auf weite Strecken beherrschend vom Feinde eingesehen waren. Es wurden Tunnelbauten angelegt, die ganze Felsmassive durchstießen. Vor dem 2477 m hohen Sasso di Stria, nahe dem Falzaregopaß in den Dolomiten, dessen senkrecht nach Süden abfallender Gipfel von den Österreichern besetzt war, wurde eine etwa 200 Meter tiefere Terrasse besetzt gehalten, die feindwärts senkrecht unter der Hauptstellung des Gipfels lag. Mit einem 500 Meter langen Felsstollen wurde der ganze Felskörper des Sasso di Stria durchfahren und so war es möglich, daß die Besatzung sicher und rasch in ihre wie ein Söller gegen den Feind in die Luft hinausragende Stellung gelangte. Die Bohrarbeiten selbst, das Aussprengen von Kavernen und der Bau von Tunnels war außerordentlich mühsam. Nur an wenigen, besonders wichtigen Teilen der Front konnten den Truppen für den rascheren Fortschritt der Arbeiten im Fels Bohrmaschinen zur Verfügung gestellt werden. Meist aber wurden die Arbeiten nur mit Bohrstange und Schlägel bewältigt. Unverdrossen arbeiteten auch die Kampftruppen trotz ihres schweren Dienstes im Schützengraben am Kavernenbau, um sich dadurch sicherere und besser bewohnbare Unterkunftsmöglichkeiten zu schaffen. Die Arbeiten im Fels konnten auch dadurch große Gefährlichkeit erlangen, daß durch zu vieles Anbohren des Felskörpers ganze Teile des Berges zusammenbrachen oder abstürzten. Durch einen solchen Abbruch erlitten die italienischen Truppen außerordentlich schwere Verluste. In den Lorafelsen südlich des Pasubio hatten sie in eine 25 Meter hohe Felswand ein kleines Dörfchen eingebohrt. Durch diese zahlreichen Anbohrungen brach die ganze Felswand in sich zusammen und stürzte in der Nacht, alles mit sich reißend, in die Tiefe. Mehr als 200 Soldaten und Offiziere fanden hiebei den Tod.

Höchstes Geschütz im Rajon II auf dem Presanellagletscher.

Es gibt kaum einen Felsberg an der Alpenfront, der nicht durch zahlreiche Kavernen angebohrt wurde. Aus ihren Felswänden starren heute noch wie die toten Augen des Krieges schwarze Löcher, aus denen durch Jahre Feuer und Verderben spie.

Große Arbeiten waren an jenen Felsbergen nötig, deren steile Felswände nur durch schwere Kletterarbeit zu bezwingen waren, die jedoch ständig von größeren Truppenabteilungen auf ihrem Weg in die Stellungen begangen werden mußten. Auf der Costabella in der südlichen Marmolatagruppe wurde durch die vollkommen glatten, auch

Österreichisches Barackenlager am Sellepaß, 2531 m (südl. Marmolatagruppe, Dolomiten). Links Sandsackstellung. Im Hintergrund die Palagruppe.

für Kletterer kaum bezwingbaren Wände ein Hängesteg angelegt, der es den Soldaten ermöglichte, gegen feindliche Sicht gedeckt rasch und sicher in die Stellungen zu gelangen. Auf dem benachbarten Col Ombert, 2671 m, wurde eine österreichische Feldwache errichtet. Da der Berg auf der österreichischen Seite mit einem sehr steilen Felsgrat abstürzte, war es notwendig, den Zugang zu dieser Feldwache so zu erzwingen, daß man vom Fuß des Berges bis auf den Gipfel eiserne Leitern in den Felsen verankerte, auf denen die Besatzung ihren steilen Weg zum Gipfel nahm. Eine der größten, versicherten Weganlagen schufen die Italiener, auf der sie vom Zebrùgletscher aus den Gipfel der Thurwieserspitze, 3648 m, erreichten. Die Versicherung wurde durch hängende Seile bewirkt, die an manchen Stellen doppelt und dreifach gelegt waren, eine Länge von 3000 m hatten und eine Höhe von über 700 m, von 2900 auf 3648 m, bewältigten. Sehr zu Recht wurde diese Steiganlage, in die auch vielfach Strickleitern eingebaut waren, die „Himmelsleiter" genannt.

Der Fels wird für Jahrtausende die eingebohrten Zeichen des Krieges bewahren. Die Gletscher hingegen, ewig wandernd, werdend und vergehend, hatten ihre unberührte

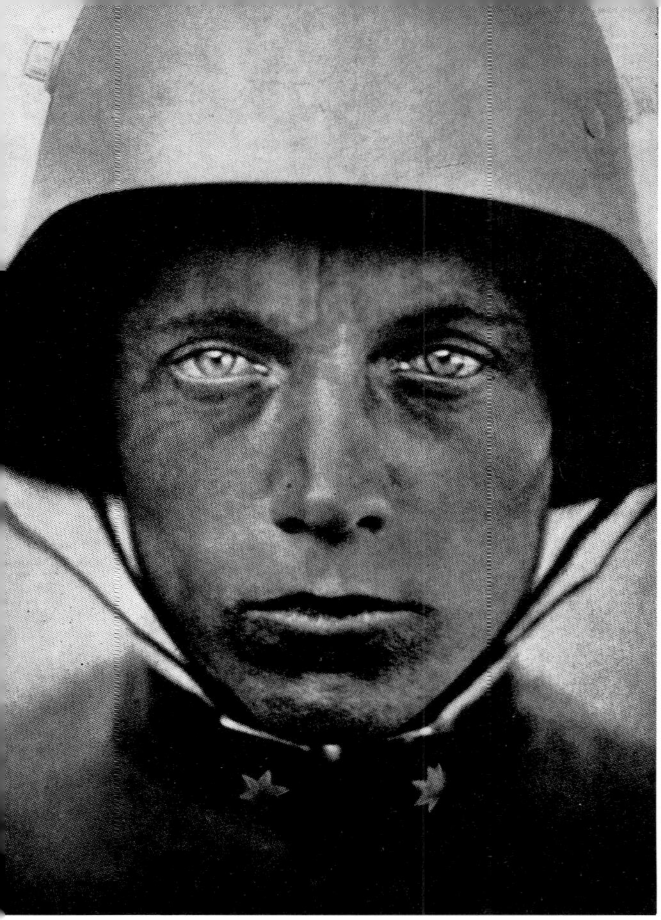 

Soldaten des Hochgebirges: Links Offizier vom Sturmbataillon der Tiroler Kaiserjäger, rechts Oberjäger der Tiroler Standschützen, der bereits im Jahre 1866 im Kriege gegen Italien die Goldene Tapferkeitsmedaille erworben hatte und bei Ausbruch des Krieges 1915 wieder ins Feld zog.

Reinheit wieder gewonnen, kaum daß der Mensch in den Frieden der Täler zurückgekehrt war. Hundertmal mehr noch als im Fels wurde im Eis gebohrt und gebaut. Die Bohrarbeit im Eis war unverhältnismäßig leichter und rascher zu bewältigen. Die vollkommene Deckungslosigkeit der weiten Gletscher und Schneeflächen zwang die Truppen noch früher und noch mehr als im Fels, ihr Leben und Treiben in das Eis zu versenken. Erstaunlich großartig sind die unterirdischen Stellungen, Unterstände, Zugangs- und Verbindungswege, die unter dem Eise angelegt wurden.

Mehr als 8 km Stollengänge unter dem Eis durchzogen kreuz und quer den Gletscher der Marmolata. Horchposten, Stützpunkte und Feldwachen lagen an den Tunnelausgängen dem Feind gegenüber. Es war buchstäblich eine im Eis versenkte Front, über der als einziges Zeichen menschlicher Anwesenheit die glitzernden Drahtseile der Seilbahnen liefen. Aber nur die Seile und die surrenden Wägelchen liefen durch die Luft, die Stationen waren wie die Bahnhöfe einer Untergrundbahn tief im Fels und Eis versenkt. Geschützt von den Felsen des Dodici, 2720 m, entstand im eisigen Körper der Marmolata eine „Eisstadt", die Unterkünfte und Depots für größere Truppenabteilungen enthielt.

Italienische Infanterie im Angriff im Adamellogebiet.

Die „Himmelsleiter". Strickleiteraufstieg der Italiener zu den Stellungen auf einem Eisgrat in der Ortlergruppe (etwa 3600 m).

In größtem Maßstabe wurden von beiden Gegnern die Eisbauten in den Gletschern der Ortler- und Adamellogruppe betrieben. Hier ist besonders der Bau eines italienischen Zugangsstollens von allein über 6 km Länge zu erwähnen. In diesen reinen Eisbergen dienten die Stollenbohrungen im Eis jedoch nicht allein für den Ausbau der Stellungen, sondern wurden auch benützt, um den Angriff gegen den Feind vorzutragen. Durch den Bau von kilometerlangen Eistunnels wurden die Stellungen der Italiener auf dem Gipfel der Hohen Schneid, 3431 m, und auf der Trafojer Eiswand, 3568 m, erstürmt.

Die Natur des Hochgebirges ist ein ewig lauernder Feind des Menschen. An keiner der ungeheuren Fronten des Weltkrieges stand die Natur als Feind so furchtbar gegen den kämpfenden Menschen auf wie an der Hochalpenfront. Der Soldat des Hochgebirges hatte täglich und stündlich mit dem Kampf gegen zwei Feinde zu rechnen, seinen Gegner und die wilden Elementarereignisse der Hochgebirgsregionen. Dieser zweite Feind konnte weitaus gefährlicher sein, als die feindlichen Kugeln, weil er überall lauerte, unberechenbar und allzeitig und in Wucht und Stärke so furchtbar, daß jedes Beginnen, sich gegen ihn zu schützen, klein und nichtig wurde.

Das große Kapitel der Leiden, welche die Truppen im Hochgebirge, in Fels und Eis, ertrugen, wird für immer einen besonderen Platz in der Geschichte der kämpfenden Völker einnehmen.

Wenn die Sonne lachte und die klare Bergluft um die Gipfel strich, dann war das Leben des Hochgebirgskämpfers ein herrliches Sein, in das der Krieg nur wie ein böser Traum spukte. Wenn aber alle Gewalten des Hochgebirges mit elementarer Wucht auf die Besatzungen losbrachen, dann wurde der Aufenthalt zu einer furchtbaren Hölle, die oft mehr Opfer forderte, als schwere Kampfhandlungen gegen den Feind.

In den ersten Monaten des Krieges waren die Truppen in den nur wenig ausgebauten Stellungen besonders stark der Unbill und der Gefährlichkeit der Witterung ausgesetzt. Ohne Stellungsbauten, ohne genügende Ausrüstung, verbrachten Patrouillen in Sturm und Wetter viele Nächte auf den höchsten Graten und Gipfeln. Mit einem Schlage veränderte der Einbruch schlechten Wetters die Gefährlichkeit des hochalpinen Geländes. Wege und Steige, deren Begehung bei gutem Wetter für geübte Leute keine allzugroße Schwierigkeit bedeutete, wurden bei Sturm, Regen, Kälte, Schneefall und Vereisung lebensgefährlich und oft ungangbar. Der Zwang, diese schwierigen Wege zu jeder Zeit und bei jeder Witterung zu begehen, führte zu zahlreichen Unglücken und Abstürzen im Fels. Die gleichen Tücken wiesen die Gletscherwege auf, bei denen eine Verbesserung durch künstliche Hilfsmittel noch schwieriger zu bewerkstelligen war. Der Gletschertod durch Spaltensturz hielt reiche Ernte. Sturm und Nebel konnten innerhalb weniger Minuten auf Gletscher- und Schneefeldern jede Spur eines Weges verwischen. Der sichere Untergang durch Erschöpfung und Erfrieren traf jene Soldaten, die sich in solchem Unwetter ihren Weg bahnen mußten.

Unsäglich waren die Leiden in den Hochstellungen durch Kälte. Es erscheint fast unglaubwürdig, daß Truppen bei 40 Grad Kälte ihr Leben fristen konnten, ihren Dienst versahen und kampfbereit waren. Alle Schutzmittel versagten gegen das Übermaß an Kälte, das von Posten auf 3000 m Höhe und mehr in Sturm, Nacht und Winter beim Wachdienst ertragen werden mußte. Die Abgänge bei den Truppen wegen Erfrierungen erreichten eine erschreckende Anzahl. Dies besserte sich erst, als der Ausbau der Stellungen so weit fortgeschritten war, daß den Leuten das Schlafen und Wohnen in warmen Unterständen ermöglicht werden konnte. Besonders gefährlich wurde die große Kälte durch den Umstand, daß die Schußwaffen durch sie unbrauchbar wurden. Oft kam es vor, daß die Verschlüsse der Gewehre einer Besatzung, die in Erwartung eines gegnerischen Angriffes im Graben lag, einfroren und die Leute nur mehr mit Handgranaten kämpfen konnten.

Der furchtbarste, allgegenwärtige Feind des Soldaten im Hochgebirge war die Lawine. Auch Alpinisten und Schiläufer, die dieser Gefahr mit genauester Überlegung und Berechnung begegnen können, werden immer wieder, solange es Berge und Bergsteiger gibt, den Lawinen zum Opfer fallen. Dem Hochgebirgssoldaten, der für den Schutz seines Lebens erst in zweiter Linie besorgt sein durfte, dessen oberste Pflicht die Erfüllung seines Dienstes war, wurden die Lawinen zum furchtbaren Verhängnis. Von diesem tückischen Feind wurden alle betroffen, von vordersten Posten bis zum Mann in der Etappe. Es wird sich nie feststellen lassen, wer dem „Weißen Tod" mehr Opfer gebracht hat, die Kampftruppe, der der Schützengraben zum Schneegrab wurde, oder die endlosen Trägerkolonnen, die ohne Rücksicht auf die drohende Gefahr in Erfüllung ihres schweren Dienstes den Weg in den sicheren Tod gehen mußten.

Die Wucht der Lawinen zerstörte alles, Unterstände, Baracken, Seilbahnen; riß Menschen und Material, Geschütze und Bemannung in die Tiefe. Im Lagazuoiabschnitt wurde einer feuernden Batterie ein Geschütz samt der Bemannung aus der Stellung weggespült. Als die Italiener ihre Stellungen bis zum untersten Rand des Fontana-Negra-Kares vorgeschoben hatten, flog eines Tages in einer Lawine ein Unterstand mit seinen Insassen über die Felswand, mit der das Kar in das Travenanzestal abbricht, in die österreichischen Stellungen hinunter. Zahlreich sind die Fälle, in denen einzelne Leute mit Lawinen Hunderte von Metern tief hinabgerissen wurden und durch ein wunderbares Geschick heil entkamen. Zu einem furchtbaren Hexenkessel wurde die Talstellung im Gemärk südlich Schluderbach, auf die von beiden Seiten über die steilen Bergwände Lawinen wie Wasserfälle herabtosten. Es gab für die Besatzung der feindlichen und eigenen Linien keine andere Rettung vor diesem Toben der Elemente, als die Gräben zu verlassen und sich in die Mitte des Tales zu flüchten. Dort standen nun die Soldaten in dichten Haufen gedrängt, Freund und Feind, offen und ungedeckt wie auf einem Kirchplatz, und starrten mit Entsetzen dem Toben der Lawinen entgegen. Der Krieg war für Stunden neutralisiert, es gab für beide Seiten nur einen Feind, vor dem man flüchtete.

Der Winter 1915/16 hatte an der Alpenfront beiden Gegnern außerordentlich starke Verluste durch Lawinen gebracht. Aus großer Unerfahrenheit hatte man Unterstände vielfach in lawinengefährlichem Gelände angelegt, beging Wege, die von Lawinen bestrichen waren und lief so der Gefahr geradewegs in den Rachen.

Zu einer noch größeren Katastrophe wurde der Winter 1916/17, der Schneemassen brachte, wie man sie seit Menschengedenken nicht gesehen hatte. Schon im Nov./Dez. fiel durch Tage und Wochen der Schnee ununterbrochen, Meter auf Meter wuchs die weiße Decke, unter der alles Leben und aller Kampf wie erstorben schien. Auf beiden Seiten mußte man die gewaltigsten Anstrengungen machen, um das Ersticken der Front unter dieser Sintflut von Schnee, das Verhungern und Erfrieren ganzer Abschnitte, zu denen niemand vordringen konnte, zu verhindern. Alle Kraft bei Freund und Feind vereinigte sich nur mehr auf die Rettung der bedrohten Kameraden. Schon diese Schneemassen hatten die Fronten in eine sehr gefährliche Lage gebracht. Da ging im ganzen Alpengebiet der Schneefall plötzlich in tauiges Föhnwetter über und verwandelte die gefallenen Schneemassen in eine breiig flüssige Masse. Die ganze Front kam ins Rutschen. Wo seit Menschengedenken keine Lawinen abgegangen waren, flossen Ströme von Schnee. Dort, wo man nie eine Lawinengefahr für möglich gehalten hätte, geschahen große Unglücke. Dieser entsetzliche Tag, der allein mehr Opfer forderte als der ganze Winter des vorhergehenden Jahres, war der 13. Dezember 1916, ein Freitag.

An diesem Tage geschah die große Lawinenkatastrophe an der Marmolata, die größte des Krieges und aller Zeiten. Vom Gipfel ab brach die viele Meter hohe Schneedecke los und donnerte, alles unter sich begrabend, zu Tal. Das große Lager auf Gran Poz wurde vollkommen verschüttet. Unter ungeheuren Anstrengungen und in rasender Eile begannen die Bergungsmannschaften, selbst von nachfolgenden Lawinen ständig bedroht, die Ausgrabungsarbeiten. Nur wenige von den Unglücklichen konnten gerettet werden, dem „Weißen Tod" waren mit einem einzigen Schlag an die 300 Opfer zugefallen. Noch im Mai des nächsten Jahres barg man Leichen aus den Lawinenresten im Tal.

Eine der besondersten Eigenheiten der Kriegführung im Hochgebirge war der Minenkrieg. Gegen Berge, die schon von Natur aus durch das unwegsame Gelände ihrer Flanken fast unangreifbare Bollwerke waren und die durch den mit allen erdenklichen Mitteln geförderten, festungsartigen Ausbau im wahrsten Sinne uneinnehmbar wurden, versagten alle, auch die modernsten Kampfmittel, versagte auch die größte Übermacht an Kampftruppen.

Um diese Ungetüme von Festungen in die Hand zu bekommen, begann man den Maulwurfskrieg unter der Oberfläche in Fels und Schnee und Eis. Die Felsberge der Dolomiten waren mehr denn anderswo das Gebiet, in dem der Minenkrieg zu größter Entwicklung kam. Mit zäher Energie ging man von beiden Seiten daran, sich Meter um Meter in unsagbar ermüdender, schwieriger und gefährlicher Arbeit im Leib des Felsens bis unter den Gegner vorzuarbeiten. Außerordentlich lange Stollengänge mußten oft vorgetrieben werden; die längsten Bohrungen machten die Italiener an der Punta dei Bois-Castelletto mit 507 m und an der Vorkuppe des Kleinen Lagazuoi mit 1110 m reinen Felsstollens. Diese Arbeiten erforderten viele Monate, ja bis zu einem halben Jahr und mehr und den Einsatz von Arbeitskräften in der Höhe von vielen hundert Mann.

Gewaltige Mengen Sprengstoff waren notwendig, um die Gipfel aus kompaktem Fels in die Luft zu sprengen. Nach der größten Mine des Weltkrieges, jener der Österreicher am Pasubio mit 55 000 kg Sprengstoff, war die der Italiener am Castelletto mit 35 000 kg Sprenggelatine die mächtigste. Zahlreich sind die Minen, deren Sprengladung zwischen 10 und 20 Tonnen lag, und ungezählt jene vielen Sprengungen an der ganzen Hochgebirgsfront, die von einigen hundert Kilogramm Dynamit aufwärts geladen waren.

Die Arbeit an den Sprengstollen blieb dem Feinde fast nie verborgen und führte zu der einzig wirksamen Gegenmaßnahme, dem bohrenden Gegner Stollen entgegenzutreiben und ihm durch Sprengung der eigenen Stollen den Weg unter der Erde zu versperren. Es kam zu regelrechten Kämpfen im Innern der Erde gegen den wühlenden, unsichtbaren Feind, dessen Herannahen man nur unbestimmt und ungefähr an den dumpfen Geräuschen in den Eingeweiden der Berge ahnte. Man wußte nie, ob man dem gegnerischen Stollen richtig entgegenbohrte und wie weit man von ihm noch entfernt sei. Wer das Glück hatte, früher und in richtiger Entfernung zu zünden, zerstörte mit einem Schlag die Arbeit vieler Monate beim Feinde.

Die größte Mine des Weltkrieges wurde von den Österreichern am Pasubio zur Entzündung gebracht. Unzählige kleinere Minen waren vordem von beiden Seiten gelegt

Der Winter 1916/17 brachte Schneefälle von sintflutähnlichen Ausmaßen. Die Lawinenkatastrophe im Lager Gran Poz an der Marmolata am 13. Dezember 1916 legt davon fürchterliches Zeugnis ab. Über 500 Mann wurden dort von einer ungeheuren Lawine verschüttet, an die 300 konnten nur mehr als Leichen geborgen werden. — Rechts: Bild oben: Barackenlager vorher; Bild unten rechts: dasselbe Lager nach der Katastrophe; links: ein Unterstand, aus 6 m hohen Schneemauern freigeschaufelt. ➔

worden. Am 13. März 1918, um 8 Uhr früh, sollte eine mit 13 000 kg Sprenggelatine geladene italienische Mine, die vom italienischen Pasubiokopf unter die österreichische Platte vorgetrieben worden war, gezündet werden. Am gleichen Tage stand die österreichische Riesenmine sprengbereit, die genau unter den italienischen Stellungen auf dem Pasubiokopf lag und mit der ungeheuren Menge von 55 000 kg Dynamit geladen war. Die Österreicher kamen den Italienern zuvor. Im Morgendunkel des 13. März riß die Riesenmine den feindlichen Pasubiokopf in Fetzen. Die Wirkung war ungeheuer. Die Flammengewalt der Sprengung war urgewaltig und durchdrang den Felskörper des Berges in allen seinen Ritzen und Fugen, so daß selbst aus weit entfernten Stollen Stichflammen schlugen.

*
* *

In den entlegenen Hochstellungen der Alpen, wohin sich nur selten ein Tourist verirrt, starren noch immer, nur wenig verfallen, die Überreste aus den wilden Kampfjahren in den blauen Friedenshimmel der Berge. Jahrzehnte werden vergehen müssen, bis auch diese letzten Spuren des Krieges vergangen sein werden. Heute noch sind sie Zeugen eines grauenvollen Krieges, der aus den Niederungen bis zu den höchsten und reinsten Bergspitzen emporstieg, Zeugen des Heldentums jener Männer, die in Erfüllung ihrer Pflicht auf diesen Bergen kämpften und starben.

Soldatenfriedhof in Canazei, Fassatal (Aufnahme 1916). Der Friedhof wurde aufgelassen, und die kleine Kapelle aus Holz abgetragen. Die Toten wurden im Ehrenmal am Pordoijoch beigesetzt.

Die Front im Fels

Der Paternkofel, 2746 m (links), und die Gruppe der Drei Zinnen in den Sextener Dolomiten. Auf dem Gipfel des Paternkofels fiel bei der Erstürmung der berühmte Bergführer Sepp Innerkofler am 4. Juli 1915. Ganz rechts im Bilde die Ruinen der alten Dreizinnenhütte.

⌒↑ = italienischer Scheinwerfer

•ᛘ• = italienisches Geschütz

+++++++ = italienische Linien bei Kriegsbeginn

〰〰 = Kletterweg der Patrouille des Bergführers Sepp Innerkofler bei der Erstürmung

†• = Stelle, wo Sepp Innerkofler fiel

Der Heldentod des Bergführers Sepp Innerkofler

Als am 24. Mai 1915 der Krieg mit Italien ausbrach, da standen in den Dolomitenbergen um Sexten kaum so viele Männer mit der Waffe in der Hand auf der bedrohten Grenze ihrer Heimat, wie an einem sommerschönen Tage Touristen in den Wänden dieser Berge geklettert und über die Pässe gewandert waren.

Aber der Kern dieser kleinen Trupps waren Leute besonderen Schlages, waren die Herren dieser Felswüsten mit ihren kirchturmglatten Wänden: Die Bergführer.

Sexten war die Heimat einer Bergführergilde, die zu den kühnsten und berühmtesten der ganzen Alpen zählte. In einem besonders allen anderen noch voraus: Die großen Meister des Kletterns.

Es war nicht anders denkbar, als daß dieses Tal, über dem die Dolomiten in fast unwirklich kühnen Formen aufragen, Männer hatte, die ihre Meisterschaft im Klettern zu einer Höhe entwickelten, daß sie Bezwinger und Besteiger ihrer Berge werden konnten.

Der Beste unter ihnen war Sepp Innerkofler. Er war ein Mensch, in dem mit ungewöhnlicher Vollkommenheit die großen Tugenden des Mannes und Bergbewohners vereint waren. Eine fast beispiellose Führerlaufbahn lag hinter dem Fünfundvierzigjährigen, als er den Stutzen umschnallte und die Hand an die Felsen legte, um seine geliebte Bergheimat zu verteidigen.

Die allerschwersten Kletterwege seiner Heimatberge hatte Sepp Innerkofler als erster begangen, durch die abschreckendsten Wände der Dolomiten kämpfte er sich zum Gipfel, da andere schon in Gedanken daran erschauerten.

Als er im Jahre 1890 die Nordwand der Kleinen Zinne zum erstenmal durchkletterte, jene Kirchturmmauer, die in ihrer schauerlichen Steilheit auf die Schuttreißen herabzustürzen scheint, da stand er als Könner und Pionier des Alpinismus wie nur wenige auf einsamer Höhe über Entwicklung und Allgemeinheit.

Kühnheit, Mut, Entschlossenheit und die Liebe zu den Bergen Gottes haben aus Sepp Innerkofler einen der berühmtesten Bergführer aller Zeiten gemacht. Maßlos verwegene Verachtung der Gefahr und des Todes, die Liebe zu seiner bedrohten Bergheimat, das im Herzen brennende Pflichtbewußtsein: Für Gott, Kaiser und Vaterland, schufen aus ihm einen der größten Kämpfer, die unsere Berge sahen. —

Der 24. Mai war gekommen und der Krieg. Der Gegner stand hinter den wuchtigen Felsmassiven der Sextener Dolomiten.

Man wußte nichts von diesem Gegner. Man kannte seine Stärke nicht und seine Absichten.

Man wußte nur, daß man selbst über lächerlich geringe, bunt zusammengewürfelte Truppenkräfte verfügte, die kaum auslangten, um eine schüttere Schützenlinie über die wichtigsten Pässe zu ziehen.

Da wurde der Sepp Innerkofler zur Seele dieser ersten Abwehrkämpfe, zum stillen Befehlshaber und Retter.

Sepp Innerkofler, nach einem heroischen Zweikampf am Gipfelgrat des Paternkofels am 4. Juli 1915 gefallen. — Er wurde von der italienischen Besatzung am Gipfel des Paternkofels provisorisch beigesetzt.

Als Kommandant der „Fliegenden Patrouille“ begann er einen Kleinkrieg in den noch tief verschneiten Sextener Bergen, hartnäckig und verbissen, dem Gegner, auf den er unerwartet und überraschend wie der Teufel aus den Bergen losbrach, ein Schrecken.

Die „Fliegende Patrouille“ erkundete, täuschte, kämpfte. Sepp Innerkofler machte sich nicht viel Gedanken darüber, ob man den Krieg auch auf die Gipfel der Berge tragen könne, die sonst nur den gewiegten Alpinisten als Lösung einer großen, sportlichen Aufgabe zufielen. Er und seine Leute waren in den Eisrinnen und Schluchten, in den Rissen und Kaminen, in den Wänden und auf den Graten ihrer Berge daheim. Sie erkletterten die Gipfel über die allerschwersten Routen, wachten die kalten Nächte auf den Graten, durchforschten aufmerksam die sonnigen Frühlingstäler südlich der Berge, wo der Gegner sich sammelte und die Felsfront abtastete.

Paternkofel. Italienische Vorposten auf der Gamsscharte im Juli 1915 nach der Einnahme des Paternkofels. Erster von links im Bilde Angelo Loschi, der im österreichischen Gewehrfeuer abstieg um die Leiche Innerkoflers zu bergen.

Toblinger Knoten (Drei-Zinnen-Gebiet) mit Leiteraufstieg zum Artilleriebeobachtungsstand auf seinem Gipfel, zu dem auch eine kleine Seilbahn führte. ➔

Wenn es gut kam, dann pfiffen die ersten Grüße zu den schwarzhaarigen Alpini hinunter, die ersten Kriegsgrüße aus den Bergen Tirols.

Sepp Innerkofler strich unentwegt mit seiner Patrouille durch die Berge. Von den Drei Zinnen bis zum Kreuzbergsattel war er überall, tauchte überraschend auf den höchsten Gipfeln auf, schlich um die hohen Felsenscharten, beobachtete, beunruhigte, schoß.

Die Drei Zinnen lagen ihm besonders am Herzen. Dort war für den Gegner das flachste Tor zum Durchbrechen, der Paternsattel, 2457 m. Dort stand, im Norden der Drei Zinnen, auf dem Toblinger Riedel, 2438 m, seine Hütte, um die er bangte. Auch den Italienern schien der Paternsattel der geeignetste Punkt, um die Österreicher zu überrennen und in das Sextener Tal vorzudringen.

Den Paternsattel selbst konnten die österreichischen Truppen nicht halten. Fast einen Kilometer hätten sie vom Toblinger Riedel bis zum Sattel unter den Schüssen der Alpini, die auf den Zinnen saßen und auf dem Paßportenkopf, im freien, ungedeckten Gelände zurücklegen müssen. Auf dem Toblinger Riedel jedoch, wo die Hütte stand, zwischen dem zerrissenen Felsgerüst des Paternkofel, 2746 m, und dem klotzigen Sextner Stein, konnte man jedem Ansturm standhalten. Wenn die österreichische Stellung dort verlief, mußte der Gegner den weiten, offenen Zugang vom Paternsattel herüber unter den Gewehren der Österreicher machen.

Drohend stand der Paternkofel über der Zinnenhütte. So nahe, daß man von der Hütte aus mit bloßem Auge jeden Mann in seinen Felsen klettern sehen konnte. Wenn er österreichisch blieb, war er ein Pfeiler, unter dem kein Feind durchkonnte. Wenn aber der Gegner sich dort oben einnisten würde, dann sah es schlecht aus für den Verteidiger unten auf dem Sattel. Das erkannte der Sepp Innerkofler vom ersten Morgen an, den der Krieg geboren hatten. Der Paternkofel war die Felsburg, unter deren Schutz das Heimattal stand, er war die Felsbastion, an der sich Regimenter zuschanden stürmen konnten.

Das war die feste Überzeugung des Sepp und seiner Bergführer. Deshalb baten sie ihren Kommandanten, den Paternkofel halten zu dürfen. Der bergfremde Hauptmann aber war nicht allzuviel von der Wichtigkeit des Kofels überzeugt.

Wohl durfte der Sepp mit seiner Patrouille hinauf auf die Spitze. Er brachte die Meldung heim, daß der Kofel noch vom Feinde unbesetzt sei, er erzählte dem Hauptmann, wie frei und unbeschränkt man von der Spitze des Kofels aus den Feind niederhalten könne, wie nur wenige Männer von dort oben mehr wirken könnten, als eine ganze Kompagnie auf dem Sattel.

Der Hauptmann ließ sich nicht überzeugen und befahl, den Paternkofel zu räumen. Da wußte der Sepp, daß dieser Berg einmal schwere Stunden für die Verteidiger bringen würde. Er wußte, daß drüben unter den Alpinis die Führer aus dem Auronzo waren, die wußten, wie hoch und beherrschend der Kofel über den österreichischen Stellungen stand und wie weit man von ihm ins Tiroler Land hineinblicken könne, das sie erobern wollten.

Ohne Murren fügte sich der Sepp. Schon damals mag in ihm ohne Erschauern der Gedanke geworden sein, den Paternkofel zu stürmen, wenn es an der Zeit wäre und man bei den Kommanden erkannt hatte, daß ohne den Kofel die ganze Verteidigungslinie nicht zu halten sei.

Die ersten Kämpfe flatterten auf, die ersten Toten lagen als unheimlich schwarze Punkte auf den glitzernd grauen Schuttströmen unter den gigantischen Drei Zinnen und

Panzerkuppelgeschütz in den Sextener Dolomiten. Im Hintergrund von links: Sextener Rotwand, 2955 m, Elfer, 3092 m, Zwölfer, 3094 m, Forcella Giralba, 2433 m, und Einser, 2696 m.

unter dem Kofel. Zähe und brav verteidigten die Sextener jeden Fußbreit ihrer kahlen Bergheimat. Die „Fliegende Patrouille“ des Sepp Innerkofler geisterte weiter durch die Sextener Dolomiten, spähte dem Gegner bis in die geheimsten Bergwinkel nach, beunruhigte ihn und überfiel seine Patrouillen.

Am 2. Juni erkletterte Sepp Innerkofler mit seinen Leuten den Elfer, 3092 m. Mit Schrecken sah der Gegner, daß nunmehr auch die höchsten und ungangbaren dieser Felsfestungen von den Österreichern besetzt worden waren.

Fünf Tage später stand er auf der 3045 m hohen Hochbrunnerschneid, von der man durch die Täler hinaussah bis fast in die Ebene am Meer. Der Gegner mußte erkennen, daß sich die Front auf den Dreitausendern zu einem uneinnehmbaren Ring schloß.

Am 18. Juni durchkletterte die „Fliegende Patrouille" noch einmal die gefährlichen Eisrinnen und Wände des Elfer, erzwang einen vorher noch nie begangenen Abstieg durch seine Felsflanken und über den Hängegletscher, um näher an die feindlichen Alpinipatrouillen heranzukommen, die sich von Süden in die Berge vorgeschoben hatten. Mit zwei tollkühnen Feuerüberfällen aus den Felswänden heraus verjagte der Sepp die eingenisteten Patrouillen.

Nach seiner Rückkehr nach Sexten wurde ihm der erste Lohn für seine Taten: Er wurde befördert und der Oberstleutnant heftete ihm die Silberne Tapferkeitsmedaille zweiter Klasse an den Rock. Sein Heimattal war stolz auf ihn und voller Bewunderung.

Noch einmal machte der Sepp mit seiner Patrouille den Weg auf den Elfer, da es hieß, feindliche Patrouillen seien bis auf das Giralbajoch, 2433 m, vorgedrungen. Es kam zu scharfen Feuergefechten mit den Alpini, denen die Kugeln der „Fliegenden Patrouille" wie Blitze aus heiterem Himmel aus den Felsen auf die Köpfe hinabpfiffen.

Für diese schneidige Tat wurde ihm die »Große Silberne« verliehen.

Auch über die Gipfel des östlichen Riesen der Sextener, die 2955 m hohe Rotwand, streifte die Patrouille des Sepp und sah, wie die Italiener hinter dem Kreuzbergsattel große Truppenmengen zusammenzogen.

*
* *

Dann aber brauchte man ihn wieder in seiner engsten Felsheimat, bei den Drei Zinnen.

Was der Sepp befürchtet hatte, war eingetroffen. Droben auf dem Gipfel des Paternkofel wuchs eines Tages eine kleine Brustwehr aus den Felsen, und bald darauf krachten die ersten Schüsse auf die Verteidiger auf dem Toblinger Riedel herunter: Der Paternkofel war vom Gegner besetzt.

Lästig und gefährlich lagen die Augen und Gewehre der italienischen Feldwache auf dem Kofel, jede helle Minute des Tages auf den Stellungen der Österreicher.

Es kam zu dem, was nie notwendig gewesen wäre, hätte man auf den Sepp und seine Leute gehört.

Der Paternkofel mußte erstürmt werden.

*
* *

In der Nacht zum 4. Juli 1915 kletterte Sepp Innerkofler an der Spitze seiner Patrouille den schwierigen Nordwestgrat auf den Paternkofel hinauf.

Wie Geister, lautlos auf den weichen Sohlen der Kletterschuhe, schoben sich die verwegenen Männer an den unheimlich steilen Felsen des starr im fahlen Nachthimmel stehenden Grates empor.

Kein Steinchen fiel, kein Laut drang aus den Wänden zu den Kameraden unten in der Stellung, die mit bangenden Herzen dem Ausgange dieses tollkühnen Unternehmens entgegenharrten.

Als das erste Morgengrauen des 4. Juli um die Berge wob, fielen die österreichischen Batterien bellend über die Gipfelfelsen des Paternkofels her und die Garben der Maschinengewehre drängten sich pfeifend in die Flugbahn der Granaten.

Österreichisches Barackenlager unter dem Toblinger Knoten, 2613 m (Drei Zinnen). ➔

Hoch oben unter dem Gipfelgrat klebten dicht an die Felsen gepreßt die Männer der „Fliegenden Patrouille", warteten sprungbereit, daß der Schein im Osten heller werde. Die ersten goldenen Strahlen der Sonne sollten wieder um den österreichischen Paternkofel spielen.

Die Minuten vergingen, eine gelbe Fahne flog aus den dunklen Felsen und schlug in raschem Halbkreis herum.

Mit einem Schlage schwiegen Geschütze und Maschinengewehre, tödliche Stille lag wieder über den Bergen. Tausende von Augenpaaren, Freund und Feind, von allen Scharten und Pässen und Bergen ringsum, starrten zum Gipfel des Kofels empor, der hellumrissen im grauen Morgenhimmel stand.

Da löste sich eine dunkle Gestalt aus dem Felsen, richtete sich hoch auf und stand scharf abgezeichnet auf dem Grat. Mit weiten, ruhigen Kletterschritten stieg der Mann über die Felsen dem Gipfel zu.

Wenige Schritte vor dem höchsten Punkt sah man ihn halten und den Arm heben. In weitem Bogen flog eine Handgranate hinter das Mäuerchen der italienischen Feldwache. Dann eine zweite und dritte. Kein Krachen erschütterte die Luft, Stille war ringsum, als hätte der Fels die Handgranaten verschluckt. Und plötzlich sah man über der Mauer noch höher im Himmel die Umrisse einer anderen Gestalt, groß und stark.

Kein Kampfplatz hat je einen unheimlicheren Kampf gesehen. Der zweite Mann schwang mit mächtiger Wucht mit beiden Fäusten einen Felsblock über den Kopf und schmetterte den Feind in die Tiefe.

So endete dieser Zweikampf, der urgewaltig wie ein Sinnbild des ewigen Kampfes Mensch gegen Mensch aus grauer Vorzeit in den modernen Krieg des 20. Jahrhunderts hereingeleuchtet hatte.

So fiel Sepp Innerkofler als einer der Tapfersten für Gott, Kaiser und Vaterland. Der Paternkofel blieb italienisch.

*
* *

Der Kaiser verlieh dem großen Helden der Dolomiten, der aus seinen Bergen nicht mehr zurückgekehrt war, die Goldene Tapferkeitsmedaille.

Die italienischen Soldaten seilten unter unsäglichen Mühen die Leiche ihres großen Gegners aus den Felswänden auf die Spitze hinauf.

Auf dem Gipfel des Paternkofel wurde dem Sepp Innerkofler von den Italienern ein Felsengrab gesprengt, auf dem der Feind in ehrerbietigen Worten des Feindes gedachte.

In seinem Grab auf der Spitze seines Todesberges lag Sepp Innerkofler zwei Jahre, bis sie ihn heimholten in die geweihte Erde seines Heimatdorfes.

Die Darstellung, die der Verfasser Gunther Langes hier vom Tod des großen Sepp Innerkofler gibt, richtet sich vor allem nach den Aussagen von Antonio Berti („Guerra in Ampezzo e Cadore"). Diese Darstellung ist jedoch nicht unwidersprochen geblieben, da sich die Aussagen mehrerer Augenzeugen durchaus nicht decken. So hat vor allem der noch lebende Sohn Sepp Innerkoflers eine Darstellung gegeben („Schlern", Bozen, Jg. 1975, Heft 11), laut der Sepp Innerkofler vermutlich einem fehlgeleiteten Deckungsfeuer eigener Maschinengewehre zum Opfer gefallen wäre. Endgültige Klarheit wird sich hier wohl nie mehr schaffen lassen, doch sei auf die Arbeit von Josef Anton Mayr im Jahrbuch des Österr. und Deutschen Alpenvereins, Jg. 1976, S. 104, verwiesen, die alle Möglichkeiten mit wissenschaftlicher Korrektheit untersucht. Der Verlag

Oberstlt. a. D. Weiser

Die Erstürmung des Monte Piano am 7. Juni 1915

Die Inbesitznahme des Monte Piano ist zwar keine ausschließliche Tat der Kaiserschützen, doch hatten sie an der Erstürmung dieses Eckpfeilers der Schluderbacher Dolomitenfront so wesentlichen Anteil, daß sie mit Recht ein Ruhmesblatt in der Geschichte der Kaiserschützen bildet.

Bei Kriegserklärung Italiens am 23. Mai 1915 war die Tiroler Grenze nur schwach gegen feindliche Einbrüche geschützt, verstärkt durch einzelne schon ganz veraltete Festungswerke. Der Mangel an Truppen hatte zur Zeit ein defensives Verhalten zur Folge, was sich auch dahin auswirkte, daß auf die Inbesitznahme sonst sehr wichtiger Punkte außerhalb der Verteidigungslinie verzichtet werden mußte. Ein solcher Punkt war der Monte Piano, dem insofern besondere Bedeutung zukam, als er als italienischer Grenzberg nur 12 km vom Pustertal entfernt lag, das mit seiner Eisenbahn die Grundlage jeder Verteidigung Südtirols bildete. In diesem Grenzabschnitt war die Verteidigung durch zwei unbedeutende Festungswerke — im Tal das Werk Landro, auf den Höhen das Werk Plätzwiese — gestützt.

Der Monte Piano, 2325 m, erhebt sich jenseits der Dolomitenstraße, im Westen durch das Val Popena, im Osten durch das Rienztal von seinen vielzackigen Nachbarn getrennt, als ausgesprochenes Hochplateau, wie schon der Name sagt. Das Hochplateau ist durch eine Einschnürung ausgeprägt in einen nördlichen und südlichen Teil gegliedert. Nach drei Seiten wild zerklüftet abstürzend, sind nur die südseitigen Hänge in der Richtung Italiens sanft abfallend. Über diesen Stock verlief die Reichsgrenze so, daß nur der äußerste nordwestliche Plateaurand zu Österreich gehörte. Der taktischen Bedeutung des Berges entsprechend, hatten die Italiener schon im Frieden von Misurina aus eine Zufahrtsstraße für schwere Geschütze gebaut, während die Pioniere des Landesschützenregiments Innichen Nr. III in die gegen Österreich abfallenden Steilhänge nur zwei gut gangbare Fußsteige herstellen konnten.

Bei Kriegsausbruch besetzten starke italienische Alpiniabteilungen mit Artillerie das Plateau; die dortige schwache österreichische Grenzpatrouille mußte sich unter Zerstörung der zwei Fußsteige ins Tal zurückziehen.

Am 5. Juni 1915 übernahm Feldmarschalleutnant Ludwig Goiginger das Kommando über die Pustertaldivision und faßte schon am 6. Juni den Entschluß, den Monte Piano durch einen Handstreich zu nehmen und in die Verteidigungslinie einzubeziehen. An diesem Tage wurde die Division dem Kommando des in Brixen eingetroffenen „Deutschen Alpenkorps" mit Generalleutnant Konrad Krafft von Dellmensingen unterstellt. Der Korpskommandant lehnte zunächst grundsätzlich alle Offensivbewegungen der ihm unterstellten Truppen ab und versagte auch in einer Depesche, die bei der Division um 6 Uhr 30 Minuten nachmittags eintraf, seine Zustimmung. Erst auf neuerliche, dringende Vorstellungen Feldmarschalleutnant Goigingers wurde dem Antrag stattgegeben. Mit der Durchführung des Angriffes wurde der Unterabschnittskommandant 10a (Plätzwiese) betraut, und zwar mit dem speziellen Auftrage, den Angriff in zwei Gruppen gleichzeitig von Landro und Schluderbach in der Nacht vom 6. auf den 7. Juni durchzuführen. Wie dürftig damals die Frontmittel waren, beweist, daß die Anforderung von vier deutschen Gebirgsgeschützen aus zwingenden Gründen versagt werden mußte, so daß nur mit den zwei österreichischen gerechnet werden konnte.

Die wilde Felsbühne des Monte Piano, 2324 m (Dolomiten - Höhlensteintal), auf dessen Gipfelhochfläche durch zwei Jahre erbitterte Nahkämpfe stattfanden.

= Österr. Stellungen
xxxxxxxx = Italien. Stellungen
= Geschütze
-o-o-o-o- = Seilbahn
= Österr. Reservelager
= Italien. Reservelager

Nach Eintreffen des Angriffsbefehls wurde sofort die Sturmtruppe zusammengestellt, die aus drei Offizieren und 180 Mann bestand, die sich ausschließlich freiwillig gemeldet hatten; diese hatten sich in der Dunkelheit in der Sperre Landro zu sammeln. Ein recht bunt zusammengewürfeltes Detachement, bestehend aus Standschützen, die der Feuertaufe entgegengingen, Landstürmern, Landesschützen, Festungsartilleristen und ruthenischen Ziviltrügern, fand sich zur bestimmten Stunde im Werk ein und wurde in zwei Gruppen geteilt. Die eine unter Kommando des Werkskommandanten von Plätzwiese, einem Leutnant des Landesschützenregiments Innichen Nr. III — der ein paar Wochen später im Cristallogebiet den Heldentod fand — für den Angriff von Schluderbach aus, die zweite unter Kommando eines Landsturmoberleutnants, dem Fähnrich Alteneder des Landesschützenregiments Nr. I zugeteilt war, zum Einstieg

Detail aus der Monte-Piano-Stellung (Höhlensteintal, Dolomiten). ➔

von Landro aus. Beide Gruppen hatten zu trachten, das Pianoplateau vor Tagesanbruch zu erreichen und möglichst gleichzeitig anzugreifen. Dadurch, daß jede Verbindungsmöglichkeit mit Rücksicht auf die Terrainverhältnisse unter Wahrung des Überraschungsmomentes ausgeschlossen war, hatte jede Abteilung allein anzugreifen, wenn die andere nicht rechtzeitig das Ziel erreichen konnte. Die Gruppe Schluderbach führte ein griechisches Maschinengewehr mit, an Nahkampfmittel standen nur ein paar Handgranaten zur Verfügung. Beiden Gruppenkommandanten war es klar, daß nur eine Überrumpelung des Gegners zum Ziele führen konnte.

Der nächtliche Anstieg gestaltete sich infolge der Dunkelheit und lautlosen Vorwärtsbewegung äußerst schwierig; dazu kam noch, daß auf den teilweise abgerissenen Steigen eine Menge Hindernisse überwunden werden mußten, was einer schwer bepackten Truppe selbst bei Tageslicht viel Mühe und Zeit gekostet hätte. Der von

Munitionstransport auf den Monte Piano.

Paternkofel, 2746 m Drei Zinnen, 2999 m

Monte Piano, 2324 m, von Westen. Darüber die Spitzen der Drei Zinnen, 2999 m, und des Paternkofels, 2746 m.

= Österr. Stellungen
xxxxx = Italien. Stellungen
= Geschütze
-o-o-o- = Seilbahn
········ = Zugangswege
= Ital. Artilleriebeobachter

Landro ausgehenden Truppe, die mit besonderen Schwierigkeiten rechnen mußte, wurden die ruthenischen Zivilträger beigegeben, welche Pfosten und Kanthölzer und sonstiges Material zur behelfsmäßigen Ausbesserung der zerstörten Überbrückungen so weit als möglich hinaufschleppen sollten. Hiezu mußten die Träger wegen der Ausbesserungen in die Kolonne eingereiht werden, wodurch das Aufstiegstempo in besorgniserregender Weise verzögert wurde. Nur die Spitze unter Kommando des Fähnrichs Alteneder kam verhältnismäßig rascher vorwärts. Als der Abstand zum Haupttrupp immer größer wurde, entschloß sich derselbe, selbständig vorzugehen, um wenigstens seine bescheidenen Kräfte rechtzeitig an den Feind zu bringen. Etwas besser ging es der Schluderbacher Gruppe, die allerdings auch erst bei Tagesanbruch durch Überrumpelung des italienischen Postens das Plateau erreichte.

Die Alpini schienen mit einem Angriff der Österreicher gegen ihre uneinnehmbaren Stellungen nicht gerechnet und deshalb auf einen ausgiebigen Sicherungsdienst keinen Wert gelegt zu haben; sie begnügten sich damit, nur einen Posten aufzustellen, der allerdings gerade an der Stelle stand, wo der Steig von Schluderbach den Plateaurand erreichte. Beim Herannahen wurde er an der Alarmierung der Besatzung durch eine Handgranate verhindert und fiel dabei. Wohl wurden die Italiener durch den Knall der Handgranate aus dem Schlaf geschreckt, doch es war schon zu spät für sie. Der größte Teil der Kolonne Landro hatte schon das Plateau erreicht und nützte die bei den Alpini entstandene Verwirrung gehörig im sofortigen Angriff aus. Erst bei dem schon im Frieden für den Dichter Carducci errichteten Obelisk leisteten sie Widerstand, angefeuert durch das geradezu heroische Beispiel ihres Kommandanten, der bis zum letzten Augenblick die Situation zu retten trachtete und gerade unter dem Feuer zusammenbrach, als er die letzte Handgranate auf unsere vordersten Stürmer schleudern wollte. Die sich nunmehr auf die Südkuppe zurückziehenden Italiener wurden durch die von Schluderbach eingetroffene Gruppe in der Flanke gefaßt, um sie in gemeinsamem Angriff vom Plateau abzudrängen. Nur mehr 50 Schritt von den Alpini entfernt, gerieten die Angreifer in das wütende Feuer der italienischen Batterien vom Paternsattel, das den Angriff zum Stehen brachte. Aber auch die Batterien des Werkes Plätzwiese begannen zu sprechen, und ihr zielsicheres Feuer zwang die Alpini zum schleunigen Rückzug in Richtung auf Misurina.

Der Monte Piano, der Würger des Pustertales, war zur Gänze in unserem Besitz.

An den gefallenen und gefangenen Italienern konnte festgestellt werden, daß sie dem 7. Alpiniregiment angehörten. Ihr Kommandant war ein venezianischer Aristokrat, ein hervorragend tapferer Offizier; es wurde Vorsorge getroffen, daß Brieftasche und Wertsachen durch das Rote Kreuz den Angehörigen übermittelt wurden.

Die eigenen Verluste in diesen Kämpfen und den darauffolgenden Artilleriebeschießungen in den nächsten Tagen waren verhältnismäßig gering, 12 Tote und 20 Verwundete. Da man auf der Südkuppe dem italienischen Feuer deckungslos ausgesetzt war, wurde eine Stellung auf der mehr geschützten Nordkuppe bezogen, welche auch einen weiteren Ausbau der Infanterie- und Artilleriestellungen verhinderte.

Alle späteren Versuche der Italiener, sich immer wieder des Plateaus, das für sie ungeheure Wichtigkeit hatte, zu bemächtigen, scheiterten in für sie äußerst verlustreichen Angriffen; am 18. Juli 1915 eroberten die Italiener die vielumstrittene Popenastellung und schlugen drei Kompagnien des Landesschützenregimentes Nr. III und Infanterieregimentes Nr. 14. zurück. In der Nacht vom 18. auf den 19. Juli 1915 hat die Kompagnie 2/9 des Landesschützenregimentes Nr. III unter Kommando des Oberleutnants V. von Tepser die Stellung wieder zurückerobert. Doch auch die Verteidiger des Monte Piano beklagten viele Opfer des schweren Artilleriefeuers, deren Grabkreuze vornehmlich als heldenmütig unbezwingbare Verteidiger die Regimentsnummern der 14er „Hessen“, 59er „Rainer“, „Kaiserschützen“ als Opfer treuester Pflichterfüllung auf pietätvoll betreuten Gräbern aufzeigten.

Die Himmelfahrt des „Col di Sangue"

Dum sanctis patriae, legibus obsequimur.

Von den wuchtigen Felsmassiven der Marmolata, Boè und Settsass umstanden, liegt der Col di Lana wie ein felsiger Keil im Talschluß des Val Cordevole. An seinem Fuße kleben an den Steilhängen die kleinen Orte des ladinischen Buchensteiner Landes, durch welche die Dolomitenstraße vom Pordoijoch zum Falzaregopaß zieht. Unscheinbar und unbeachtet lag der Col di Lana neben seinen großen und schönen Nachbarn, bis er im Weltkrieg berühmter und berüchtigter wurde als alle Berge der Dolomiten, bis er zum „Col di Sangue", zum „Blutberg" der Dolomiten wurde.

* * *

Im winterlichen Morgendunkel des 16. Dezember 1915 zerschellten die letzten großen Angriffe der Italiener in diesem Jahre gegen den Col di Lana, 2462 m, die mit Einsatz von 12 Infanterie- und 14 Alpinikompagnien und heftiger Wucht geführt worden waren.

Die furchtbaren Verluste der Truppen, die unter übermenschlichen Anstrengungen durch meterhohen Schnee über die Steilhänge den Angriff vorzutragen versuchten, führten beim italienischen Kommando zur Einsicht, daß der Col di Lana für normale Angriffsarten uneinnehmbar sei.

Damals erhielt der Col di Lana von den italienischen Soldaten den Namen: „Col di Sangue", der „Blutberg".

Generalleutnant Rossi, der Kommandant des am Col di Lana operierenden Corps, erstattete an seinen Armeekommandanten General di Robilant die Meldung, daß er wegen der Hartnäckigkeit des Gegners und Unbilden der Witterung darauf verzichten müsse, den Col di Lana mit lebender Kraft zu nehmen.

Die Lawinen forderten im steilen Gehänge die ersten Opfer. In eineinhalb Monaten verloren die italienischen Truppen am Col di Lana durch Lawinenstürze 278 Mann an Toten, 97 Verwundete, 63 Mann blieben vermißt.

Ein italienischer Leutnant, Ingenieur Caetani, dem der Ausbau der italienischen Stellungen mit Kavernen und unterirdischen Verbindungs- und Zugangsgräben übertragen war, kam auf den Gedanken, in den Wintermonaten einen Stollen bis unter die österreichischen Stellungen vorzutreiben und den Gipfel des Berges in die Luft zu sprengen. In seiner Denkschrift hierüber an sein vorgesetztes Kommando legte er dar, daß wohl auch nach der Schneeschmelze im Frühjahr kaum eine Möglichkeit bestehen würde, den Col di Lana zu erstürmen, weil gegen den schmalen Gipfel zu die Entwicklung einer größeren Truppenmacht nicht möglich sei. Außerdem sei damit zu rechnen, daß die Gipfelstellung von den Österreichern in der Zwischenzeit noch mehr befestigt und ausgebaut würde.

Der Plan des Leutnants Caetani fand die Zustimmung der italienischen Kommanden. Noch im Dezember begannen unter seiner Leitung die Arbeiten am Stollen.

Mit großer Umsicht wurden die Arbeiten gefördert. Es galt vor allem die Arbeiten so geheim durchzuführen, damit man beim Gegner auch nicht das Geringste von der Absicht der Italiener merke. Man war sich darüber klar, daß das Bekanntwerden der Sprengungsabsicht bei den Österreichern sofort Gegenarbeiten auslösen würde, die den Plan der Italiener leicht vereiteln konnten.

Wegen der ungeheuren Transportschwierigkeiten im winterlichen Berggelände und des Motorengeräusches, das leicht hätte zum Verräter werden können, wurde keine Bohrmaschine eingesetzt, sondern die Arbeiten nur mit der Handbohrmaschine und mit Bohrstange und Schlägel bewältigt.

Zwei Mann nur arbeiteten jeweils in dem schmalen, dumpfen Gang; in rascher Folge wurden die Leute in ihrer schweren Arbeit abgelöst. Ohne Unterbrechung wurde Tag und Nacht gebohrt. In braver Pflichterfüllung, angespornt von dem Wunsche, diesen furchtbaren Berg ohne Verluste durch die Sprengung zu nehmen und nicht mehr über seine steilen Flanken in den sicheren Tod stürmen zu müssen, belohnt durch eine tägliche Lohnzulage, taten die italienischen Mineure ihren harten Dienst.

Mit besonderem Geschick verschleierte Leutnant Caetani die tägliche Sprengung der Bohrlöcher. Auf die Sekunde genau legte die italienische Artillerie gleichzeitig mit der Sprengung Feuer auf den Gipfel, Handgranaten wurden geworfen. Und die Österreicher oben auf dem Gipfel überhörten neben dem Krachen der Granaten um sie die kurzen, leise und dumpf klingenden Sprengungen der Bohrlöcher tief im Innern des Berges.

In mühsamer Arbeit wurde der Stollen täglich um einen Meter vorgetrieben. Die bei der Arbeit beschäftigte Mannschaft und die kommandierenden Offiziere waren unter Ehrenwort verpflichtet, auch ihren Kameraden gegenüber strengstes Stillschweigen über die Arbeiten am Stollen zu bewahren. Die Berichte an das Kommando wurden von den Offizieren nur mündlich überbracht.

Anfangs März war der Stollen bis in die Mitte zwischen den beiden Drahtverhauen vorgetrieben worden.

***

Trotz aller Verschleierung wurde man aber auf der österreichischen Seite bald gewahr, daß sich in der vordersten italienischen Stellung unter dem Gipfel des Col di Lana etwas Außergewöhnliches vorbereite. Schon Anfang Januar 1916 meldete ein Artilleriebeobachter vom Pordoijoch, der von der Flanke guten Einblick in die italienischen Stellungen hatte, daß unter diesen große Schuttablagerungen zu sehen seien. Und schon auf diese Meldung hin besorgte man bei den österreichischen Kommanden die Möglichkeit der Unterminierung des Gipfels des Col di Lana. Der ungeheure Auswurf aus dem Berge, der die steilen Schneehänge verunzierte, konnte unmöglich nur vom Bau von Kavernen stammen. Sofort setzten auf dem Gipfel des Col di Lana genaue Untersuchungen über die Mineurtätigkeit der Italiener ein. Die angestellten Beobachtungen und Abhorchungen brachten jedoch kein festes Ergebnis. Man stellte zwar schwache Bohrgeräusche fest, doch schien es noch immer möglich, daß diese nur von einem größeren Kavernenbau stammten.

Wolkenkreuz über dem Col di Lana, 2462 m, dem heiß umkämpften Dolomitenberg.
Die große Sprengung erfolgte am 17. April 1916, um 23 Uhr 30 Min....
Die Italiener nennen den Berg „Col di Sangue" (Blutberg). ➜

op 1887

Die Daten für die Eingabe ... mittels Typendruckapparates ... Telegramme ... 1. den Namen des Aufgabebeamten, 2. die Aufgabenummer, 3. die Wortzahl (eventuell in Briefform), 4. den Monatstag und 5. die Stunde und Minute der Aufgabe.

Gattung: | Eingangsnummer: 1304

Die Telegraphenverwaltung übernimmt hinsichtlich der Ihr zur Beförderung oder Bestellung übergebenen Telegramme keine wie immer geartete Verantwortung.

= hochgunst =

K. u. k. 11. ... Kommando
Präs. Nr. 1887
... 24/4 1916
Blg.

Dienstliche Angaben:

Telegramm aus

Aufgenommen von ... auf Ltg.-Nr. ...
am 24/4 um 8 10 V
durch:

hochgunst fr-hochdrall op no 2123/24 23/4 8/10-' n Mittag.

corriera della sera berichtet :- ital . minenlegung unterhalb gipfels col di lana sei weihnachten begonnen und tag und nacht unablaessig ausgearbeitet worden .- erst maerz habe oesterr ung besatzung anscheinend tunnelbohrung ital . bohrmaschine wahrgenommen und ihrerseits mit anlage gegentunnels begonnen .- hierauf haben die italiener aeusserste anstrengungen gemacht , um zuvor zu kommen .- ital . tunnel habe 75 m laenge gehabt und ladung etwa 100 doppelzentner

S. Nr. 769. (Auflage 1915.)

1887 op.

explosivstoffs erhalten .-25 freiwillige bereitstanden ersten vordraengen nach explosion , welche 11 uhr 25 nach erfolgte , wurden jedoch zunaechst durch explosionen feindl. gegenminen , welche ital . explosion folgte , zurueckgeworfen . schliesslich konnten sie und truppengros beguenstigt von hellgewordenem monde vorstuermen , fanden indessen noch widerstand bei kaiserjaegern .- oesterr - ung . telefone funktionierten nicht mehr , wesbalb eingreifen artillerie und verstaerkung ausblieb um ehemoeglichste verlautbarung an die 1 j rgter sowie speziell an jene truppen , die den raum kennen , wird ersucht

= op nro 2123/24 hochdrall =

24/4

An k.u.k. ... Kuske ...
(Aus Inland) ... zu verlautbaren ...
an jene Truppen, die den Raum kennen
Hochgunst op 1887

24/4

Hochdrall ...
Dortiges op 2123/24 wird verlautbart.
Hochgunst op 1887

Abzweigungen betrug 105 m. Am äußersten Ende des Stollens waren zwei Zweige in U-Form gegen die beiden Gipfel des Col di Lana gebohrt worden. Auch der Zweigstollen „Trieste", der in der Mitte unter den Drahtverhauen vom Hauptstollen abzweigend 30 m nach der Seite und gegen die Oberfläche vorgetrieben war, war beendet. Nach der Sprengung sollte die dünne Decke dieses Stollens zur Oberfläche gesprengt werden und durch die Öffnung zwei Kompagnien zum Sturm auf den Trichter ansetzen.

Die Ladung der beiden Minenkammern begann. 5000 kg Nitrogelatine wurden in die Minenkammern getragen, jede von ihnen erhielt 100 Rollen Schießbaumwolle und 100 Sprengkapseln, um eine sichere Zündung zu ermöglichen. In einer einzigen Nacht — vom 15. auf den 16. April — wurde das Einstauen der Sprengmittel bewerkstelligt, trotzdem die Leute in den engen Stollen durch die giftigen Ausströmungen der Nitrogelatine sehr litten und vielfach von Übelkeit befallen wurden.

Ansicht des Col di Lana, 2462 m, von den Italienern „Col di Sangue" (Blutberg) genannt. Der dunkle Streifen ist ein Schuttstrom, der Auswurf vom Bau der österreichischen Kavernen.

Der Col di Lana (vgl. nebenan) nach der Sprengung. Der ganze Berg ist vom Schutt der Sprengung dunkel gefärbt. Rechts der Monte Sief, 2425 m, und der Siefsattel.

Das Panzerkabel für eine doppelte elektrische Zündung wurde gelegt und die Verdämmung der beiden Minenkammern durch Sandsäcke und Eisentraversen durchgeführt.

Am Abend des 17. April erging an das italienische Kommando die Meldung, daß die Mine sprengbereit sei. Die Bereitstellung der Sturmtruppen erfolgte.

Zwei Bataillone bezogen die gedeckten Galerien am Beginn des Sprengstollens.

Um 22 Uhr begann die Zurückziehung der vordersten Truppen in die Kavernen.

Die mitwirkende italienische Artillerie bestand aus 111 Geschützen mittleren und 28 schweren Kalibers. Von diesen 139 Geschützen schoß der Großteil auf die Spitze des Col di Lana, auf ein Flächenausmaß, auf dem kaum ein größeres Haus Platz hatte. Schon seit 14 Tagen schossen sich alle diese Batterien auf ihr Ziel ein und zerstörten hiebei mehrmals bis auf den Grund die immer wieder errichteten Grabenbefestigungen der Verteidiger.

Dicht gedrängt und auf ihre Waffen gestützt warteten die italienischen Soldaten in den Kavernen und Galerien auf den Augenblick der Sprengung und des Vorbrechens. Es herrschte jene unheimliche, erwartungsvolle Ruhe vor dem Sturm, in der man in Beklemmung das Herz schlagen hört . . .

Die Sprengung war für 23 Uhr 30 Min. des 17. April 1916 festgesetzt.

Die Himmelfahrt des verfluchten „Col di Sangue“ konnte beginnen.

Schlag 23 Uhr 30 Min. des 17. April 1916 näherte sich ein leicht bebender Finger des Leutnants Caetani dem elektrischen Taster . . .

„Wir zählen zu den Besten,
Solang' die Treu besteht."

Kaiserjägerlied

Auf diesem Berge, so himmelnahe, wurden die letzten Tage vor der Sprengung zur furchtbarsten Hölle. Das Bohren im Innern des Berges hatte aufgehört. Nun wußte jeder einzelne der österreichischen Besatzung auf dem Col di Lana, daß die letzten Stunden geschlagen hatten. Solange man den Italiener noch bohren, hämmern und sprengen hörte, war immer noch eine Rettung möglich, man konnte noch immer auf ein unerwartetes Ereignis hoffen, das vielleicht noch im letzten Augenblick die entsetzlichen Absichten des Gegners zuschanden machen würde.

Die Stunden, die Minuten der Hoffnung bröckelten immer rascher ab, wie das Geröll, das die feindlichen Granaten aus den zerwühlten Felsen des Gipfels fetzten und in hohen Fontänen über die Steilhänge des Berges warfen.

Und die Herzen dieser armen Menschen auf dem Gipfel wurden dumpf und schwer.

Die Geräusche im Innern des Berges waren einem unbeschreiblich gewaltigen Höllenkonzert gewichen, das nunmehr von allen Seiten auf den Col di Lana und seine angrenzenden Stellungen niederging.

In verschärftem Ausmaße hagelten die eineinhalbhundert Geschütze ihre Geschosse auf den Berg. In den letzten drei Tagen vor der Sprengung, am 15., 16. und 17. April erreichte die Beschießung eine vernichtende Heftigkeit. Täglich sausten aus einem Halbkreis an die 2000 Geschosse — davon ein Gutteil schweren Kalibers — über die tiefen Täler gegen den Felskörper des Col di Lana.

Alle Stellungen waren an diesen drei Tagen abends immer wieder zu einem Trümmerhaufen zusammengeschossen. Der Kampfgraben, der eine Tiefe von 2 Metern hatte, war eingedeckt und ebenerdig.

Die Besatzung, welche abwechselnd sechs Stunden Dienst und sechs Stunden Rast hatte, arbeitete rastlos im Verein mit einer Anzahl von Pionieren und Sappeuren die Nächte hindurch an der Wiederherstellung der Kampfanlagen. Abend für Abend mußten sie von neuem die Spaten in den gleichen Trümmerhaufen stoßen und unverzagt die Arbeit von vorne beginnen.

In der Nacht vom 16. auf den 17. April wurde die vollkommen erschöpfte 5. Kompagnie des 2. Regiments der Tiroler Kaiserjäger unter ihrem Kommandanten Hauptmann Adalbert Homa abgelöst. Die Ablösung ging wunderbarerweise glücklich vonstatten.

Oberleutnant Toni von Tschurtschenthaler, Kommandant der 6. Kompagnie, kroch mit seinen Gefechtsordonnanzen über den Felsgrat vom Monte Sief vor.

Die Begrüßung zwischen den befreundeten Offizieren, die im Laufe des Krieges viele schwere Stunden gemeinsam bastanden hatten, war von freudigster Herzlichkeit. Hauptmann Homa wunderte sich, daß die Ablösung stattfand, nachdem er das Abschnittskommando gebeten hatte, die Ablösung zu verschieben, denn ein Feuerüberfall, wie ihn die Italiener in den letzten Tagen oft in den kürzesten Zeitabständen unternommen hatten, könnte die ablösende Kompagnie zerschlagen. Oberleutnant von Tschurtschenthaler wunderte sich und erklärte, beim Kommando sei keine Meldung eingetroffen. Erst später stellte sich heraus, daß der Meldegänger verwundet wurde und vom Grat abstürzte.

Wie es hier stehe, erkundigte sich der Oberleutnant in begreiflicher Spannung, und Hauptmann Homa berichtete, daß seit dem 14. abends keine Bohrgeräusche mehr zu hören seien. Schätzungsweise dauere das Laden der Mine mindestens 48 Stunden, dann könne der Tanz jeden Augenblick losgehen, aber noch seien keine Anzeichen vorhanden.

Italienisches Barackenlager am Col di Lana im November 1917.

Die beiden Offiziere blickten sich ernst in die Augen und tauschten einen stummen Händedruck. „Es wird wohl dich treffen, Toni“, sagte Hauptmann Homa bewegt. „Laß nur, Berto, es wird schon nicht so arg werden“, wehrte Oberleutnant von Tschurtschenthaler ab.

Einzeln, Mann für Mann, ging die abgelöste Kompagnie über den vereisten Grat zurück. Beim Kommando des Kampfabschnittes konnte Hauptmann Homa jetzt mündlich und ausführlich über die verzweifelte Lage auf dem Gipfel des Col di Lana Bericht erstatten. Die Meldung ging sofort an die höheren Kommandostellen weiter. Noch am gleichen Tage traf vom Divisionskommando der bündige und inhaltsschwere Befehl ein: *„Der Col di Lana ist unter allen Umständen zu halten!"*

Jetzt saß die 6. Kompagnie desselben Regiments unter Oberleutnant Toni von Tschurtschenthaler auf dem Gipfel, 10 m unter sich 5000 kg Sprenggelatine, rings um sich auf allen Höhen 140 speiende Geschützrohre.

Am 17. begann das italienische Artilleriefeuer mit großer Heftigkeit schon in den frühesten Morgenstunden. Schon der erste Schuß aus Kaliber 21 cm explodierte im Zentrum der Stellung. Die Beschießung nahm stetig an Heftigkeit zu, unter die in regelmäßigen Zeitabständen krepierenden 21er mengten sich Granaten und Schrapnells aller Kaliber. In den Vormittagsstunden trommelte die italienische Artillerie, was aus den Rohren herausging.

Der Kommandant verfügte die Räumung aller Unterstände, die gesamte Mannschaft, die nicht im Dienst war, begab sich in die große Kaverne der Reservestellung.

Die Posten der Stellung wurden auf die geringste Anzahl, die möglich war, vermindert, die übrige Mannschaft war mit den Waffen in der Hand bereit, bei einem Angriff der Italiener in die Kampfgräben zu eilen.

Gegen 9 Uhr vormittag krepierte eine schwere Granate knapp vor dem großen Holzunterstand, gleich darauf zertrümmerte eine zweite durch einen Volltreffer die Alarmstiege, den wichtigsten Zugang zu den Kampfgräben. Gegen 11 Uhr erreichte eine Granate den Kaverneneingang und zerschellte knapp oberhalb an den Felsen, wodurch der Kaverneneingang mit Balken, Felsblöcken und abrutschendem Material vollkommen verlegt wurde. Der Durchgang konnte zwar bald wieder hergestellt werden, doch wurde einem Übel abgeholfen, einem anderen, schlimmeren aber Vorschub geleistet. Durch die vor der Kaverne erfolgte Explosion drangen die Pulvergase in das Innere der Kaverne, die nicht ventilierbar war, und erfüllte den Raum derart, daß die Atmung fast unmöglich wurde. Mehrere Leute fielen in Ohnmacht. Es mußten dringend andere Verhältnisse geschaffen werden, um das Unglück nicht größer werden zu lassen. Ein Teil der 100 Mann, die in der Kaverne untergebracht waren, mußte in andere, allerdings weit weniger sichere Unterstände beordert werden.

Durch fortgesetztes Schwingen großer Decken konnte ein geringer, etwas befreiender Luftwechsel geschaffen werden, der das Atmen wieder erleichterte. Wegen der immer wieder eindringenden Gase neuer Explosionen mußte diese mühevolle Arbeit bis in die Nacht fortgesetzt werden.

Kaum war ein Teil der Mannschaft in den anderen Unterständen untergebracht, verschüttete ein Volltreffer wiederum den Eingang zur Kaverne und schuf die gleichen Verhältnisse wie früher.

Den ganzen Nachmittag über hielt die Beschießung in verstärktem Maße an. Pflichttreu und aufopfernd tat die Besatzung ihren schweren Dienst. Die Verluste an Toten und Verwundeten, die nicht fortgebracht werden konnten und mit der übrigen Mannschaft in diesem grausigen Käfig gefangen saßen, drückten schwer auf die Stimmung der Leute.

Das Gefühl unbedingter Ohnmacht wich erst, als um 21 Uhr der letzte Schuß fiel. Endlich war auf das Höllenfeuer während des ganzen Tages Ruhe, wohltuende und verdächtige Ruhe eingetreten.

Die gesamte Mannschaft ging mit den Sappeuren und Pionieren unverzüglich an die Arbeit, um aus dem zusammengeschossenen Trümmerhaufen ein stellungsähnliches Provisorium zu schaffen, und Angriffe in der Nacht bestehen zu können.

Die telefonische Verbindung zum Kampfabschnitts-Kommando im Lager Alpenrose war seit dem frühen Morgen unterbrochen.

Der vorderste Graben auf dem Col di Lana, 2462 m. In elf Schritte Entfernung der feindliche Graben. Die Drahtverhaue sind durch meterhohen Schnee fast ganz zugedeckt. Im Hintergrund die Civetta, 3218 m, darunter das Cordevoletal.

Am späten Abend langt durch einen Meldegänger, der von einer Granate verschüttet worden war, die erste schriftliche Meldung von der Col-di-Lana-Spitze beim Kommando ein:

„K. u. k. Baonskommando:

Von 5 Uhr früh bis 9 Uhr vormittag leichte Beschießung aus mittleren Kalibern, ab 9 Uhr Trommelfeuer aus schweren Kalibern.

Die Stellung ist vollkommen zerschossen! Die Reservestellung ist ebenfalls vollkommen zerschossen, die Sappe, die Alarmstiege, der Weg zum Tunnel sind ein Trümmerhaufen. Offiziers- und Mannschaftsunterstände durch Volltreffer vollkommen zerstört und unbrauchbar. Der Aufenthalt in den Kavernen wird wegen schlechter Luft allmählich unmöglich. Telefonverbindung seit früh unterbrochen.

Die Lage ist furchtbar, ich weiß keinen Rat mehr!

Im Falle eines feindlichen Angriffes werden wir Möglichstes leisten, doch sind alle Zugänge zu den Kampfgräben nahezu unpassierbar.

Erbitte Sanität für Abtransport der Verwundeten.

Die Meldung ist nicht im Zustand großer Aufregung verfaßt, alles entspricht traurigst den Tatsachen.

Im Falle Unterstände nicht hergerichtet werden können, wird morgen bereits Ablösung dringend notwendig.

Ich bitte sofort um Hilfe!

v. Tschurtschenthaler, Oberleutnant.“

Bald darauf konnte die telefonische Verbindung wieder hergestellt werden. Oberleutnant von Tschurtschenthaler meldete sich beim Kommando und referierte nochmals über den Verlauf des Tages. Er erhielt die Zusicherung, daß ihm Unterstützung in weitgehendstem Maße zukommen werde.

Um 22 Uhr 30 Min. erstattete ein Unteroffizier aus dem Kampfgraben durch Zuruf die Meldung: „Die Italiener kriechen vor!"

Alarm! Die ganze Mannschaft kletterte, in einer Hand das Gewehr, in der anderen Handgranaten, in die Gräben. In wenigen Augenblicken war die Stellung dicht besetzt. Kopf an Kopf erwartete hinter Trümmern und Felsblöcken, zwischen Erdschollen und zerschossenen Hindernissen die Besatzung den italienischen Angriff, der endlich die Entspannung auf das tagelange, zermürbende Warten bringen sollte.

An das Abschnittskommando erging die telefonische Meldung: „Die Sache wird ernst, es bereitet sich etwas vor."

Dieses gab an die Artilleriekommanden die Weisung, ihre Batterien bereitzuhalten.

Die ganze Front war alarmiert, von der Spitze der Marmolata bis zum Falzaregopaß lagen die Grabenbesatzungen hinter den schußbereiten Gewehren, neben sich Stapel von Handgranaten, die Reserven lehnten dicht gedrängt in den Sappen, die Kanoniere saßen an den geladenen Rohren, die Telefonisten hingen mit gesenkten Köpfen an den Kopfhörern, Hunderte von Beobachteraugen versuchten die finstere Nacht zu durchdringen, dorthin, wo wie ein ungeheures Raubtier, von schmutzigen Schneeflekken und schwarzen Einschlägen getigert, der Col di Lana, der „Col di Sangue", der Vulkan . . .

Hüben wie drüben, Freund und Feind, der ganze Frontabschnitt wartete und lauerte.

Die Nacht war finster wie ein Schlund. Voll Vertrauen und Kraft, ja voll froher Hoffnung lag die Besatzung auf dem Col di Lana in dem aufgewühlten, gefrorenen Dreck ihrer Trümmerstellung.

Es war beißend kalt. Mit leisem Knacken schoben zeitweilig die Leute den Verschluß ihrer Gewehre auf, um zu verhindern, daß er einfriere.

Totenstille herrschte im ganzen Frontabschnitt, die unheimliche Ruhe vor dem Sturm.

Plötzlich begannen die italienischen Scheinwerfer aufzuleuchten. In leichtem Spiel tanzten die grellen Kegel über den Leib des Berges, über schwarzschmutzige Granatfelder, über weiße Schneefelder und vereiste, glitzernde Felsgrate. Von allen Bergspitzen quollen neue Lichter auf, spielten und tanzten um den unheimlichen, schwarzen Berg . . .

Die Totenlichter des „Col di Sangue" . . .

Der Kommandant oben auf der Spitze wußte nun, daß im Licht der Scheinwerfer kaum ein feindlicher Angriff vorgetragen würde. Wohl aber befürchtete er einen Artillerieüberfall, der für die dichtgedrängten Verteidiger auf der Spitze von unheilvollen Folgen sein mußte.

Die Hälfte der Grabenbesatzung wurde in die Kavernen zurückbefohlen. Zwei Züge der Kompagnie mit ihren Offizieren blieben in der Stellung.

Noch ein kurzes Telefongespräch zum Kampfabschnittskommando und dessen Versicherung, daß die gesamte Artillerie des Abschnitts nur auf den Schußbefehl vom Col di Lana warte.

Dann begab sich auch der Kommandant der Stellung in die große Kaverne.

Die unheimliche Ruhe dauerte weiter an, die Scheinwerfer spielten, die Front wartete.

Eine Hand drückte auf einen elektrischen Taster . . .

Es war 23 Uhr 30 Min.

*
* *

Da öffnete sich der unheimliche Berg, eine ungeheure, grellgelbe Flamme schoß hinauf zu den kaltglitzernden Sternen des Dolomitenhimmels, 10 000 Tonnen Felsblöcke wirbelten durch die Luft, zerfetzte Menschenleiber mitten drin und 140 Geschütze donnerten auf einen Schlag ihren Granathagel über die österreichischen Schützengräben.

Das war die Himmelfahrt des „Col di Sangue".

Wie von einer Riesenfaust gerüttelt flogen die Leute in der großen Kaverne durcheinander, ein furchtbarer Krach erfolgte, der Berg erzitterte, als wollte er in sich selbst zusammenstürzen.

Alles sprang auf und drängte in wilder Hast zum Ausgang der Kaverne. Aber es gab keinen Ausgang mehr, die Kaverne war durch Felsblöcke und Gestein verrammelt, ihre Insassen im Berg gefangen.

Durch einen schmalen Schlitz drangen in das Innere der Kaverne die teuflischen Laute der Hölle auf diesem Berg: Steinlawinen donnerten mit dem Trommelfeuer um die Wette, die Hilferufe gräßlich Verstümmelter aus der Siefschlucht durchrissen in abgehackten Schreien das Toben dieses Hexenkessels.

Fieberhaft wurde an der Freilegung des Kavernenausganges gearbeitet. Als es aber endlich so weit war, da konnte kein Mann nur einen Fuß hinaussetzen, so fürchterlich lag das Trommelfeuer auf jedem Quadratfuß Boden. Über 80 Geschütze hielten den 100 m breiten Trichter, der jetzt auf der Spitze war, die Zugänge zum Berg und die Kaverneneingänge unter rasendem Feuer.

Da mengte sich plötzlich unter das dumpfe Krachen helles Gewehrfeuer. Die Feldwachen des linken Flügels, die von der Sprengung verschont geblieben waren, kämpften einen letzten verzweifelten Kampf gegen die anspringenden italienischen Sturmtruppen.

Für die Italiener war es leicht, diese wenigen Männer zu überrennen.

Mit einem Schlag verstummte das Artilleriefeuer und blitzschnell flutete die erste Angriffswelle des Feindes über den Berg herein. Nun hielt der Gegner mit leichter Mühe durch Gewehrschüsse und Handgranaten von oben herab alles nieder, was sich in der Reservestellung rührte.

Die ersten Gewehrschüsse begannen in die Kaverne zu krachen. Die Sturmtrupps hatten bereits den der Kaverne gegenüberliegenden Zugangstunnel erreicht und die dort befindlichen Reste der Besatzung ausgehoben.

Die Hoffnung auf Hilfe war für die Besatzung geschwunden, sie mußte sich auf das Ernsteste gefaßt machen. Und für diese braven Soldaten folgten nun die schwersten Momente, die ein Mensch durchleben kann.

Ihre Lage hatte den furchtbarsten Höhepunkt erreicht. In bebender Erregung befürchtete die Mannschaft, daß der vor der Falle stehende Feind Sprengpatronen oder Handgranaten durch den schmalen Eingang in die überfüllte Kaverne werfen würde.

Das Gewehrfeuer in die Kaverne wurde stärker, die Erregung steigerte sich aufs höchste. Vom Eingang bis in den hintersten Winkel der Kaverne begann ein wildes Hin- und Herwogen, Jammern tönte von den schwarzen Wänden dieser Felsenfalle zurück, lautes Gedenken an Frauen und Kinder wurde hörbar. Die Offiziere boten alles auf, die Gemüter zu beruhigen.

Die Luft in der Kaverne wurde immer schlechter. Noch mehr als an den vorhergehenden Tagen hatten die Gase der explodierenden Geschosse den Raum erfüllt. Die Atmung wurde immer schwieriger, die Kerzenflammen wurden immer kleiner und erloschen endlich ganz.

Die Finsternis wirkte entsetzlich.

Jetzt stand der Kommandant vor der Wahl: Ersticken oder Übergabe!

Vorsichtig wagten sich italienische Soldaten bis zum Kaverneneingang heran und forderten die Besatzung auf, die Kaverne zu verlassen.

Tiefes Schweigen erfüllte den Raum. Nach einem stummen Händedruck verließen zuerst die Mannschaft, dann die Offiziere den letzten Flecken österreichischen Bodens am Col di Lana, der, überwältigt von unwiderstehlicher Macht, dem Gegner überlassen werden mußte.

Nach dem Austritt aus der Kaverne schleuderte jeder — Mann für Mann — seine Waffen über die steilen Wände in die tiefe Siefschlucht, dann stiegen sie schweren Herzens zur Spitze empor und wurden vom Kampfplatz abgeführt.

Die alte Verteidigungsstellung war bis zur Unkenntlichkeit entstellt. Dort, wo die braven Kaiserjäger und Sappeure bis zum letzten Augenblick heldenhaft ihre Pflicht getan hatten, klaffte ein tiefer Krater, der im Bruchteil einer Sekunde an die 200 Männer verschlungen hatte.

Nur ein Mann der Besatzung entging dem Tod und der Gefangenschaft: Hunderte von Metern weit flog er durch den Luftdruck der Mine in die Siefschlucht hinab und kämpfte sich in unsäglicher Mühe in fast zweitägigem Kriechen bis in die eigenen Linien zurück.

Aber er konnte nichts berichten, denn der Schrecken hatte ihm die Sprache genommen.

Col di Lana. Unterkünfte hinter der Gipfelstellung. Die 5. Kompagnie unter Hauptmann Homa und die 6. Kompagnie unter Oberleutnant v. Tschurtschenthaler standen abwechselnd je drei Tage als Gipfelbesatzung im Einsatz. Von links: Hauptmann Homa, Oberleutnant Toni v. Tschurtschenthaler und Oberleutnant Kreissl.

Hubert Mumelter

In Felsen und Feuer

Ich erinnere mich noch, daß es mörderisch schneite, als wir Ende Februar 1916 aus dem Pustertal durch das Gadertal nach St. Kassian hinaufzogen. Es geschah schon das viertemal in diesem Winter, daß sich unsere Kaiserjäger-Streifkompagnie auf der Wanderschaft in neue, wildfremde Frontabschnitte der Dolomiten befand. Diesmal sollten wir irgendwo im Travenanzes eingesetzt werden, jenseits der Fanisscharte, in jenem einsamen Hochtal, das von den wildzerrissenen Dolomitengrupen der Fanis, der Tofanen und Lagazuoiberge umstanden wird. Wir konnten immerhin heilfroh sein, daß es nicht gerade der Col di Lana war, wo man uns hinschickte, denn dessen baldige Himmelfahrt durch Sprengung lag damals schon in der Luft. In mühseligen Schneemärschen erreichten wir das 1500 Meter hohe Dörfchen, halb versunken in Schnee und Felsen.

Wir kamen gerade zurecht, um eine von einer Lawine zertrümmerte Drahtseilbahnstation oberhalb des Dorfes auszuschaufeln. Dann verschob sich von einem Tag zum anderen unser Weitermarsch in die Stellungen. Es schneite und schneite, von vorne kamen Berichte von Lawinenunglücken, verschütteten Trägerkolonnen, abgeschnittenen Stellungen, keine Telefonverbindungen funktionierten mehr, man merkte die nervöse Ratlosigkeit der Kommanden diesen ungeahnten Teufeleien des Hochgebirgskrieges gegenüber, die Brigade spuckte Befehle, die niemand erreichten, und die Schneemassen wuchsen. Aber endlich ließ die Schneeflut doch nach und als man uns schließlich über die Fanisscharte schickte, faßten wir als letzte Errungenschaft schöne rote Lawinenschnüre samt Gebrauchsanweisung. Alsbald aber hatte die Mannschaft erkannt, daß deren einzige Verwendbarkeit unter Lebenden in schmucken und dauerhaften Schuhriemen bestand.

Die Fanisscharte ist 2700 m hoch, eingeschnitten in die Felsmauer des Großen Lagazuoi, 2803 m, und der Fanisspitzen, 2810 m. Ich erinnere mich noch, daß man uns die große aufgebauchte Lawine im Grunde des Steilkares zeigte, unter der noch 30 Mann einer Trägerabteilung lagen. Ganz oben in den Felsen hing die Kopfstation der Drahtseilbahn und die Unterstände. Dahinter sollte das verrufene Travenanzes beginnen. Ein kalter Tag ging zu Ende, als wir zum erstenmal von der Schartenhöhe in jenen Bergraum schauten, der uns durch beinahe zwei Jahre nicht mehr losließ und so vertraut wurde wie einem Jäger sein Revier. Die Tofanen tauchten gigantisch und geisterhaft im Abendlicht aus der Schneedämmerung der ungeheuren Einöde, die sich vor uns in die steile Tiefe des Tales zu auftat. Die Gewalt dieses Anblickes war beklemmend. Nun sollten wir dort irgendwo hinunter in die Nacht, in eine Stellung, von der wir keine Ahnung hatten. Man sagte uns, wo dort drüben die Punta dei Bois sei, die Fontana Negra, sagenhafte Namen wie „Dickschädel" und „Nemesis" wurden genannt. Wir aber sahen vorläufig nur Wüsten von Fels und Schnee.

Das Travenanzes ist eines der großartigsten und wildesten Täler der Dolomiten, aber die österreichischen Stellungen darin waren von bemerkenswertester Ungunst: sie hatten nämlich alle den Gegner auch irgendwie im Rücken. Von den Gipfeln der Drei

Tofanen schauten die Italiener aus der schönsten Vogelschau von hinten in unsere Stellungen im oberen Travenanzes zwischen Lagazuoischarte und Punta dei Bois. Von der anderen Seite übersah die Cima di Falzarego unser Treiben im unteren Travenanzes und auf „Dickschädel" und „Nemesis", die Flankenstützpunkte der Fontana-Negra-Stellung. Diese selbst kauerte und fristete, umgürtet von den Tofanen, ein kümmerliches und sehr fragwürdiges Dasein. Wir hielten die Innenseite einer im rechten Winkel abgebogenen Front, waren vom Gegner von 100 bis 1000 m überall überhöht und im ganzen Bereich eingesehen. Wir saßen auf dem tiefsten Punkt eines riesenhaften Felstrichters und fürchteten, im Sommer erst noch unsere Wunder zu erleben, wenn größere Angriffe der Italiener kommen würden. Den Angelpunkt und zugleich die vorspringendste und isolierteste Stellung dieser notdürftigen Anlage bildete die Punta dei Bois, 2657 m. Die Möglichkeit, von derselben unsererseits die Bewegungen des Gegners auf der Dolomitenstraße, am Falzaregopaß und in der Forcella dei Bois zu beobachten und zu stören, mußten ihn reizen, sie zu nehmen.

Unsere Kompagnie wurde auf wichtige Punkte verteilt und zu verschiedenen Patrouillenunternehmungen verwendet. Übermäßig viel war nicht los, die Front hielt im großen und ganzen noch ihren gottgefälligen Winterschlaf. Man lebte ganz gut in 2 bis 3 m Schnee vergraben, selbst Granaten ersoffen in diesen Schneemassen ohne zu krepieren. Man konnte sogar schön sonnenbaden, wenn man den Fahrplan der üblichen Beschießungen kannte und einhielt. Dazwischen schneite es oft und oft, dick und dünn. Es war ein Leben, bewegungslos und auf Warten, wenn man nicht das Pech hatte, einen Kopfschuß oder eine Mine aufs Dach zu bekommen.

Aber Ende März 1916 begann es auf der Punta zu „stinken". Leutnant Call meldete verdächtige Geräusche, leise vernehmbare Detonationen im Innern des Berges, unter den Füßen des Sattels, der die Puntazacken von der Tofanawand scheidet. Call lag mit einem unserer Züge dort oben. Bald darauf erhielt auch ich Befehl, zu ihm hinaufzuziehen. Durch einen schmalen Felsdurchlaß oberhalb der zum „Dreieckigen Felsen" herabziehenden Kare, gelangte man in die steile, trichterförmige Mulde, die Tofana-Westwand und Puntazacken umschlossen. Es lag noch tief Schnee. Ich traf Call mit einem scheußlichen Stirnhöhlenkatarrh behaftet, was seine Eindrucksfähigkeit für die unheimlichen Geräusche unter uns noch verstärkte. Am deutlichsten hörten wir das unterirdische Pochen in unserem Unterstand hinter dem großen quadratischen Felsen unterhalb der Scharte. Wir verbrachten Tag und Nacht mit Horchen, um Anhaltspunkte zu gewinnen, und konnten bald nicht mehr im Zweifel sein, daß wir angebohrt wurden. Mit der Zeit, zumal in der Nacht, stellten wir fest, daß ungefähr alle 4 Stunden 20 Sprengschüsse fielen. Sie mußten es eilig haben und mit vielen Bohrmaschinen arbeiten. Uns blieb vorläufig wenigstens die Beruhigung, daß, solange sie am Stollen arbeiteten, nichts geschehen würde. Aber ein angenehmes Gefühl war es auch nicht, zumal man sich auf der Punta recht gottverlassen und weit draußen vorkam, wie auf einem umzingelten Vorwerk, obwohl wir auch die Vorteile einer festen und nicht so leicht angreifbaren Felsburg anderen Stellungen voraus hatten. Die Italiener hießen sie den „Castelletto", was so viel wie „Schlößchen" heißt. Der Posten auf der Scharte alarmierte uns alle Augenblicke. In der Nacht vernahm man dort allerhand merkwürdige Geräusche, ein fortwährendes Bröckeln und Rollen von Schutt, manchmal den Klang von Eisengerät, senkrecht unter uns im Kamin, vielleicht nicht 70 m tiefer. Jede Nacht kletterten wir vor, um beim Schein von Leuchtraketen Genaueres zu ermitteln und den

Geschützstellung, 15-cm-Mörser, mit Fanisspitzen. ➔

Stolleneingang festzusetzen, aber nirgends sahen wir recht zu. Jede Nacht schossen wir Minen, wälzten riesige Rollbomben und alles mögliche da hinunter, aber nichts half. Das Pochen unter uns ging pünktlich weiter. Allmählich spürte man sogar die Erschütterungen im Unterstand, wir schliefen schlecht, wenn wir überhaupt schliefen. Sonst blieb es auf der Punta merkwürdig still. Wir hatten Tage, in denen bei uns heroben kein Schuß fiel, und die Märzsonne aus blauestem Himmel über uns herbrannte. Oft lagen wir nachmittags lang auf dem Felsgrat draußen und schauten den Italienern auf der Falzaregostraße zu, oder wie sie auf der Cima di Falzarego Schnee schaufelten, oder wir starrten, auf dem Rücken liegend, hinauf in die Riesenwandflucht der Tofana über unseren Häuptern, über die von Zeit zu Zeit, Wasserfällen gleich, Lawinen, von der prallen Sonne gelöst, stürzten. Uns gegenüber, südlich, ins magische Blau dieser Tage getaucht, ragten Civetta und Pelmo, und weither die Schneekrone der Marmolata. Es klang fast wie Spielerei, wenn in dieser sausenden Sonnenstille der großen Höhen Schüsse aufgellten. Zu einem Tun von Kindern wurde der Krieg in dieser Natur.

Nur wenn wir mit unseren Rollbomben zu großes Theater machten, hieben die Averaugeschütze herüber. Selbst der „August", der italienische Posten in der Tofana-Südwand draußen, rührte sich kaum. Wenn wir, seiner lautlosen Gegenwart in unserer Flanke nach Möglichkeit ausweichend, vorsichtig in die Puntazacken hinauskletterten, sahen wir senkrecht über uns die verschneiten Spanischen Reiter auf dem Tofana-di-Roces-Gipfel friedlich gegen uns gerichtet, und konnten senkrecht unter uns auf die italienischen Unterstände hinter den Felsen im Col dei Bois spucken. Zuweilen erschreckten wir sie auch, wenn sie gerade in der Sonne Siesta hielten. Aber es tat uns nicht gut, denn dann vollführte „August" und die Tofana denselben Spaß mit uns und überdies bekamen wir ganze Lagen Granaten aufs Dach.

Die Nächte waren zumeist peinlich still, erfüllt vom Rollen des Trommelfeuers am Col di Lana drüben, der in diesen Tagen fiel. Spät in der Nacht langten die Träger ein, sie hatten vier Stunden Weg von der Fanisscharte herüber. Sie brachten hauptsächlich Unterstandsmaterial und immer wieder Rollbomben. Der Bedrohung im Sattel begegneten wir wenigstens dadurch, daß wir die Sattelstellung von Unterständen räumten und dieselben mehr hinaus in die Felsen der Punta und zur Tofanawand hinverlegten. Leutnant Seyfried kam eines Nachts mit einem lächerlich kleinen, alten Gebirgsgeschütz angerückt. Doch schoß es ganz tapfer, sogar, als es schließlich nur mehr auf einem Rad stand. Endlich traf auch der längst und mit Ungestüm angeforderte Bohrzug ein, aber bis die für den umständlichen Nachttransport in zahllose Teile aufgelöste Maschine in Ordnung kam, verging wiederum zu viel Zeit, dann fehlte bald dies, bald das. Dies Ärgernis erregende Ungeheuer reichte schließlich gerade für eine Kaverne in der Tofanawand. Unter unseren Füßen ging das Gewühle ohne Unterlaß weiter, das unheimlich sich Vorbereitende drohte näher von Tag zu Tag. Die Erschütterungen erschienen bald stärker, bald schwächer. Wir konnten uns kein rechtes Bild mehr machen. Lagen wir mit dem Ohr am Boden draußen umher, schien es zuweilen, als ob die Detonationen jetzt bei der Tofanawand stärker seien. Auch beim „August" drüben hörten wir seit neuem arbeiten und sprengen. Und „August" begann wieder häufiger zu schießen. Wir hatten einige Verluste durch ihn, denn er konnte uns jetzt noch besser in die Weichteile sehen, seit wir in die Zacken der Punta hinausgerückt waren. Des Nachts gondelten häufig Leuchtraketen vom Tofanagipfel herab. Eines Nachts strahlte von dort ein Scheinwerfer über uns hinweg. Bald darauf warf ein anderer vom Gipfel der Tofana III seine Lichtkegel gegen die Fanisscharte und in den Rücken der Col-dei-Bois-Stellungen. Eines Tages begann sogar ein Geschütz vom Gipfel der Tofana I zu schießen. Es braute sich etwas zusammen. Wir entdeckten auch immer mehr Batteriestellungen drüben bei den Cinque Torri und in den Nuvolaubergen, die sich auf den

Fontana-Negra-Scharte und Kar mit den Stellungslinien nach den verschiedenen unglücklichen Kämpfen.

⌒⌒ = Österr. Stellg.
++++++ = Italien. Stellg.

ganzen Abschnitt einschossen. Unser Zugang vom „Dreieckigen Felsen" herauf lag des Nachts häufig unter Streufeuer. Verluste bei den Trägern.

Eines Nachts geriet das ganze Travenanzestal hinter uns in wüsten Aufruhr. Die Front in der Fontana Negra tobte, die Bergwände rauschten von Maschinengewehr- und Infanteriefeuer, alle Batterien schossen, die Tofana über uns verbrannte ein Feuerwerk von Leuchtraketen, die Scheinwerfer huschten nervös hin und her. Bei uns geschah nichts. Aber am nächsten Tag hörten wir, daß die vordere Tofana-Negra-Stellung gefallen sei. Ihre beiden, mit Leiteraufstiegen erreichbaren Flankenstützpunkte, „Dickschädel" und „Nemesis", schossen noch aus Leibeskräften den ganzen Tag, aber sie waren völlig abgeschnitten und würden kapitulieren müssen. Der „Dickschädel" mußte sich wirklich drei Tage darauf ergeben, sie hatten nichts mehr zu schießen und zu essen und keinerlei Möglichkeit auszukneifen. Damit hatten wir die große Tofana-Westwand im Rücken offen. Die Besatzung der „Nemesis" landete am vierten Tage unvorhergesehen im Travenanzes. Sie hatten sich in zwölfstündiger Kletterei durch die Westwände der Tofana III abgeseilt. In der Fontana Negra hielt sich noch knapp oberhalb des Abbruches die sogenannte Lauerstellung. Hauptmann Raschin übernahm von jetzt an das Kommando des ganzen Kampfabschnittes Travenanzes. Er berief Call zu sich und statt seiner kam Leutnant Schneeberger, der wilde „Schneefloh", auf die Punta.

Es war Juli geworden. Daß die Fontana Negra den Auftakt weiterer Aktionen bedeutete, war klar. Um so unerklärlicher kam uns daher dieses ewige Weiterbohren vor. Etwas war da nicht mehr geheuer, man konnte nicht mehr so ganz sicher sein, daß wir immer noch bloß auf harmlosen Bohrschüssen schliefen. Auch sonst lag etwas Drückendes in der Luft. Auf dem Gipfel der Tofana III hatten zwei große Scheinwerfer und gleich eine ganze, einkavernierte Batterie ihre Tätigkeit aufgenommen. Die Stellungen im Col dei Bois und auf der Cima di Falzarego litten arg unter Rückenfeuer. Die Fanisscharte wurde Nacht für Nacht beleuchtet und beschossen. Es herrschte viel schlechtes Wetter. Nebel, Schnee und Regen. Eines Tages bekamen wir plötzlich von rückwärts Infanteriefeuer in die Unterstände. Wir waren recht verdutzt und drückten uns durch ein eilig in den Fußboden geschlagenes Loch hinter die Sandsäcke der Stützungsmauern. Eine Patrouille mochte sich über die Westwand der Tofana herabgepirscht haben. Wir fanden aber nicht heraus, woher der Spuk kam. In der Nacht ummauerten wir unsere Unterstände wie Hünengräber. Die nächste Zeit hatten wir wieder Ruhe. Daß uns aber bald in dieser Situation der Teufel holen mußte, war sicher.

Das Allermerkwürdigste geschah bald hernach! Eines Morgens entdeckten wir in der Tofanawand, kaum 20 m oberhalb des Sattels, ein kopfgroßes Loch, das uns nichtssagend anglotzte. Wir zweifelten auch in der Tat so lange an dessen gefährlicher Existenz, bis Schneeberger hinaufkletterte und zur Stichprobe einmal eine Handgranate hineinwarf. Die Handgranate kam prompt und sofort wieder herausgeflogen und krepierte vor dem verblüfften „Schneefloh" im Kar unten. Eine Stunde darauf war das Loch bereits von innen verzementiert. Uns gingen verschiedene Lichter auf, aber der Plan der Bohrungen wurde erst recht undeutbar. Es gab zwei Möglichkeiten, entweder war unter uns alles schon zur Sprengung reif und sie trieben außerdem, vielleicht auch nur zur Täuschung, uns einen Stollen in die Flanke, oder es war überhaupt keine Sprengung geplant und wir sollten mit einer Galerie und einem Ausfallstollen seitlich erledigt werden. Mehr sprach aber doch für eine bevorstehende Sprengung, denn auch nach den Berichten der Abhorchstationen ließen sich aus verschiedentlich wiederholten chiffrierten Ausdrücken in Telefongesprächen derartige Zusammenhänge vermuten. Wir sa-

Stütze der Seilbahn auf die Fanisscharte, 2657 m. Rückwärts die Türme der Fanisgruppe. ➔

ßen also auf dem schönsten Pulverfaß. Das Abwarten wurde jetzt erst recht zermürbend. Außerdem konnten wir uns immer weniger rühren, „August" schoß, an manchen Tagen bekamen wir wieder von rückwärts Feuer, wir hatten fortwährend Verluste. Den ganzen Tag mußten wir mit Argusaugen die Tofanawand betrachten. Auf einmal hörten die Bohrschüsse auf, aber es geschah noch immer nichts. Nachts auf der Scharte zu stehen, mußte man sich mit ziemlichem Fatalismus rüsten. Aber Nacht auf Nacht verging, es war zum Verrücktwerden. „Schneefloh" wurde zum reinsten Berserker. An einem nebligen Nachmittag unternahm er mit einigen Mann den Versuch, quer durch die steilen Wände und Bänder der Südwand zum „August" hinauszuklettern. In einer Verschneidung stieß er unversehens, beinahe Brust an Brust, mit dem ahnungslosen Posten zusammen, schmiß ihn über die Wände hinunter und tobte sich gegen die dahinter eingebaute Wache mit Handgranaten so lange aus, bis der Kamin sauber war. Unsere eigenen, zurückgelassenen Posten konnten sich jedoch an der freien Wand nicht halten. Sie wurden tags darauf wie Fliegen von der Wand weggefetzt.

Wieder verging Tag auf Tag. Unsere Stellungen in der Forcella dei Bois lagen ständig unter schwerem Minen- und Geschützfeuer. Leutnant Richter löste mich jetzt ab, ich kam vorderhand in die Abwehrstellung bei der Wolf-Glanvell-Hütte. Man erwartete alle Tage den Fall der sehr schwachen und notdürftigen Lauerstellung. Zwischen Schneeresten und Steinblöcken lagen jetzt ziemlich einige Truppen im Travenanzes umher. Oberleutnant Fleck schlug in diesen Tagen einige Angriffe auf seine Feldwachen in den nördlichen Vorköpfen der Tofana III ab. Im oberen Travenanzes trat eine verdächtige Ruhe ein. Alles wartete auf den Krach.

Im Grauen eines Julitages, um 4 Uhr früh, spie endlich die Punta eine ungeheure Feuergarbe in den Himmel. Die Erschütterung der Luft und des Bodens war bis ins Travenanzes und auf die Fanisscharte spürbar. Gleich nach der furchtbaren Detonation brandete das Tal von dem jäh auf die Col-dei-Bois-Stellung einsetzenden Trommelfeuer. Ein paar Minuten später ging auch auf der Punta Gefechtslärm los, dauerte aber nicht lange. Call, der seit Tagen am sogenannten Felsband, im Aufstiegskanal zur Punta klebte, konnte sich bald überzeugen, daß oben alles in Ordnung war. Die Sprengung war in ihrer Raumwirkung mißlungen, die 30 Tonnen Ekrasit der Ladung hatten den massiven Felsen zerplatzt und waren in der Hauptsache verpufft. Noch dazu schien die Wirkung insofern fehlgeschlagen zu sein, als der Hauptdurchschlag und der Großteil der Schuttmassen gegen den Angreifer losbrach, so daß die Italiener nicht zum rechtzeitigen Einsatz ihres Angriffes kamen. Unsere Besatzung überstand den Schrecken und besetzte den Sprengtrichter am Sattel. Das einrädrige Geschütz spritzte sofort mit Kartätschen in den Schlund und gegen die vom „August" her vorgehenden Patrouillen. Im Sattel sah es allerdings scheußlich aus, ungefähr 20 Mann lagen unter der Sprengmoräne zerfetzt und begraben, hauptsächlich Leute des Bohrzuges, die sich wider Befehl in dem ehemaligen Offiziersunterstand aufgehalten hatten. Der mehr als zimmergroße Block hatte sich über die Baracke gewälzt.

Trotz dieses Erfolges wußte jeder, daß die Punta unhaltbar geworden war. Es blieb ihr nur noch eine Galgenfrist von zwei Tagen, während der, unter fortwährendem Rükkenfeuer, von der Tofana-Westwand ein systematisches Vorgehen und Abklettern von Alpinipatrouillen einsetzte. Auf der Punta selbst war man dagegen wehrlos. Auch die eigene Artillerie und die Maschinengewehre vom „Gasserdepot" vermochten das Vorgehen in der großen und gegliederten Wand nicht zu übersehen und entsprechend abzuriegeln, zumal nebliges Wetter herrschte. Die Puntabesatzung saß schachmatt an die Tofanawand gedrückt. In den dauernden Nebelschwaden ließ sich überhaupt keine Situation mehr erkennen. Plötzlich waren Italiener im Kar, im Rücken, auf dem Sattel.

In dem Durcheinander kam Schneeberger mit etlichen Mann, die sich nicht bei der Kaverne an der Tofanawand und am Sattel befanden, davon. Richter war dort eingeschlossen und mußte sich ergeben. Die Punta starb ihres natürlichen Todes. Aber unverständlich blieb, warum die Italiener die Situation nicht sofort ausnützten und den Angriff auf Col dei Bois fortsetzten. Das Felsband hätte sie nicht aufzuhalten vermocht, jetzt direkt auch in den Rücken der Stellungen am „Dreieckigen" und „Gespaltenen Felsen" herabzustoßen. Leutnant Sild wartete zwar am Fuße der Tofana mit zwei Maschinengewehren. Unser Gegen- und Sperrfeuer auf die Punta war schwach, da sich die Artillerie bei dem unsichtigen Wetter schwer einschoß. Allmählich begann es zu regnen.

Col dei Bois und Zugang zur Punta lagen den ganzen Tag unter schwerem Feuer. Vielleicht sollte in der Nacht der Hauptangriff losgehen. Gegen Abend rief mich Raschin auf die Fanisscharte. Es begann halb und halb zu schneien. Ich traf den Hauptmann schon beim „Gasserdepot". Es war 11 Uhr nachts. Der Regen rann mir schon durch die Hosen in die Schuhe. Rundherum spuckte es von Granaten, Schrapnells, Leuchtraketen und Scheinwerfern, das ganze Tal brüllte. Ich sollte sofort irgendeinen wildfremden Zug unterhalb des „Gasserdepots" übernehmen und zu Call und Sild auf das Felsband: Befehl der Brigade, die Punta um jeden Preis wiederzugewinnen! Ich merkte wohl, daß Raschin selbst an Sinn und Möglichkeit jedwelchen Gegenangriffes zweifelte. Es blieb kein anderer Weg als durch den Trichter beim Felsband, gegen einen Sturzbach von Maschinengewehrfeuer. War das Festhalten auf der Punta schon aussichtslos, wozu noch ein zweckloser Gegenangriff? Aber es mußte für den strikten Befehl wenigstens etwas getan werden. Ich sollte bei Call weiteres hören. Telefonpatrouillen seien bereits draußen, um mit ihm Verbindung zu schaffen. Also meldete ich mein gehorsamstes Abgehen und hoffte, daß dieser Kelch noch vorübergehe, man konnte sich bei Raschin verlassen, daß man in nichts Sinnloses gehetzt würde. Es wurde schon dreckig genug, nur bis zum Felsband zu kommen. Stockschwarze Nacht, Schnee und Regen, zerpeitscht von einem Höllenlärm und dem dazugehörigen Feuerwerk. Auf Col dei Bois und gegen die Punta hin funkte es wie in einem Hexenkessel. Ich sprang über Stock und Stein und fand endlich den Zug beim Dreieckigen Felsen, aufgeweicht und unlustig. Es hagelte Granaten. In meinem ehemaligen Unterstand verabreichte mir Leutnant Amonn ein trockenes Hemd, einen Schluck Schnaps und die besten Wünsche. Übers Kar krochen wir in einem respektablen Sperrfeuer hinauf. Die Tofanawand orgelte und toste. Alle Augenblicke flammte die Punta gespenstisch auf. Alle Farben von Leuchtraketen gingen über der Scharte hoch. Wahrscheinlich warten sie auf den Angriff. Ununterbrochen ratterten oben die Maschinengewehre, die Einschlagsserien sprühten wie ein Feuerbach durch die Felsrinne, durch die wir hinauf sollten. Unsere Artillerie überschüttete das Puntakar. Nicht mehr die Hälfte der Leute hatte ich bei mir, als ich mich um 3 Uhr früh zu Call und Sild in die schwalbennestartige Bude hineinzwängte und sie bei dem Lärm wütend anschrie, ob einer von ihnen so verrückt sei, an einen Angriff zu denken. Call lachte. Nein, soeben hätte er sich telefonisch mit Raschin verständigt. Im selben Augenblick flogen wir beinahe samt dem Unterstand von der Wand, eine eigene 30,5-Granate schmetterte gerade unter uns in die Felsen.

Die nächsten Tage verliefen fieberhaft, überstürzt von neuen Ereignissen und Maßnahmen. Ein italienischer Hauptangriff stand unbedingt zu erwarten, denn ihre bisherigen Aktionen und Erfolge auf der Punta und Fontana Negra konnten bei dem Aufwand an technischen und taktischen Vorbereitungen nur einer Aufrollung unserer ganzen Travenanzesbesatzung gelten. Durch den Fall der Punta waren die vorderen Stellungen im Col dei Bois gänzlich unhaltbar und sinnlos geworden, zudem hieben die Geschütze der Tofana III von hinten Volltreffer auf Volltreffer in Unterstände und

Scheinwerfer in einer Felskaverne auf dem Gipfel des Sasso di Mezzodì, 2734 m (Dolomiten).

Gräben, jeder Angriff, zumal von der Punta herab, mußte hier zum Durchbruch führen. Das obere Travenanzes freizugeben bedeutete die natürlichste Folge und Notwendigkeit der letzten Ereignisse. Eine neue, mehr oder weniger zusammenhängende Feldwachenlinie war bereits, an die Cima di Falzarego stellenweise anschließend, quer über die Felsrippen des „Gasserdepots" zur Fanisturmscharte und hinab zur Wolf-Glanvell-Hütte verlaufend, besetzt und im Ausbau begriffen. Wir sausten in diesen Tagen mit Raschin wie die Windhunde talauf und talab, kreuz und quer. Das Unangenehme an Raschin war, daß er im schönsten Feuer gemütlich stehenbleiben konnte, um eine Situationsskizze zu machen. Schwere 21er und 28er Schiffsgeschütze beschossen dauernd das „Gasserdepot" und die Fanisscharte. In den Nächten knatterte es überall wild und nervös, die drei mächtigen Scheinwerfer der Tofanen wanderten und wanderten unausgesetzt wie ruhelose Geister über uns hin.

Aber Tag um Tag verging und ließen Raschin so Zeit, einen etwas waghalsigen, aber gut berechneten Plan auszuführen. Er ließ die vordere Linie der Forcella dei Bois räumen und nur von einigen Posten zum Schein besetzt halten. Aber ungefähr 500 Schritte dahinter belegte der Großteil unserer Kompagnie unter Oberleutnant Ritter im Steingewirr der Travenanzessohle eine sackartige Linie, die völlig unauffällig bleiben sollte. Weder Gräben, Unterstände, noch Drahtverhaue durften errichtet werden, weder ein Schuß, Rauch, noch Licht sollte diese Falle verraten. Untertags durfte sich überhaupt kein Mensch rühren, die Leute lagen wie eine Räuberhorde tagsüber hinter Felsen gepfercht. Und tatsächlich gelang die Verschleierung, obwohl die Italiener von allen Tofanen herab die beste Vogelschau hatten. Während die unbesetzte vordere

Derselbe Scheinwerfer mit dem für seinen Transport erbauten Felsenweg.

Forcella-dei-Bois-Stellung ständig unter Feuer lag, schliefen die im „Sack“ tagsüber ziemlich ungeschoren wie Murmeltiere in ihren Felslöchern. Nur war dieser primitive Freiluftaufenthalt bei dem fortwährend regnerischen Wetter auf die Dauer nicht durchzuhalten. Menage konnte nur bei Nacht und kalt zugeführt werden. Immer mehr Leute erkrankten.

In einer dieser nebligen Nächte fiel endlich, wie vorauszusehen, die Fontana-Negra-Stellung. Großes Getobe gegen Morgen zu. Raschin und ich sprangen vormittags von der Fanisscharte hinunter ins Tal. Bei dem Nebel war die Situation so unklar, als sie nur sein konnte. Raschin wurde der Eispickel aus der Hand geschossen, als wir uns unter der die Fontana Negra vom Travenanzes trennenden Wandstufe umsahen. Richtig saßen sie schon dort oben fest und warteten wahrscheinlich den Anschluß an die voraussichtlich den Durchbruch in der Forcella dei Bois versuchenden Truppen ab. Hundert Schritt weiter wurden wir von der eigenen Feldwache der neuen Talsperrstellung angeschossen.

Nach einer Besprechung mit Oberleutnant Fleck liefen wir wieder zurück auf die Fanisscharte. Auf Col dei Bois und auf der Cima trommelte schweres Feuer. Sicher war mit der Nacht auf den Angriff zu rechnen. Zwischen „Gasserdepot“ und Fanisscharte wurde abends schon das Streufeuer heftiger als sonst, die Lichtkegel der Scheinwerfer ruhten unbeweglich auf diesem Raum. Mit Einbruch der Nacht ging der Lärm los. Das Abschnittskommando des Nachbarraumes Lagazuoi meldete einen Angriff auf die Cima-di-Falzarego-Stellung. Ich erhielt Befehl, mit unserem Reservezug beim „Gasserdepot“ in Bereitschaft zu gehen. Als wir im Sperrfeuer über die Fanisscharte hüpften, sah man schon, daß unten im „Sack“ der Teufel los war. Ein endloses Blinken und Knattern bis zur Tofanawand hinauf, Leuchtraketen, das Krachen der Handgranaten. Beim „Gasserdepot“ erwartete uns schon der Befehl, zur Unterstützung Ritters vorzugehen. Der Lärm unten ließ indessen nach. Wir waren noch nicht im Tal, kamen uns schon Leute mit einem Trupp Gefangene entgegen. Die Falle war überraschend gut gelungen. Das starke, von der Punta herab und durch die Forcella dei Bois vorstoßende Kontingent fand unsere ursprünglichen, von den Schein- und Alarmposten rechtzeitig verlassenen Stellungen verblüfft leer und rannten nun befehlsgemäß und vorerst mit keinem Widerstand rechnend talab, geradewegs in den Hinterhalt. Ritters planmäßig erst im letzten Augenblick einsetzender Feuerüberfall, die Finsternis und die unbekannte Felswildnis verwirrten den weit überlegenen Angreifer. Nach kurzem Widerstand im Handgemenge ergab sich die in den Sackboden geratene Spitze. Da sich darunter, im Handgemenge durch einen schweren Unterschenkelbruch verwundet, der den Angriff leitende Capitano Bacon und einige mit ihm vorausgehende Offiziere befanden, erlahmte das Vorgehen und ebbte ab. Ein verblüffendes Stück vollführte, dank dem Blindekuhspiel dieses Durcheinanders, die an der Tofanawand lauernde Wache: Sie warf, als ihr die Munition ausging, mit Steinen. Die unverletzten Gefangenen konnten wir noch während der Nacht auf die Fanisscharte bringen. Capitano Bacon und die anderen Verwundeten erst in der nächsten Nacht, nachdem tagsüber starkes Artilleriefeuer auf die nun entlarvte Sackstellung eingesetzt hatte. Auch den Transport zur Fanisscharte gefährdete die im Scheinwerferlicht fortdauernde Beschießung. Für uns alle bedeutete Bacon eine große und feierliche Sensation, da wir ihn schon lange aus den abgehorchten Telefongesprächen als den Kommandanten der Gegenstellungen kannten. Auch Bacon kannte Raschin, so daß sie sich damit vorstellten, daß sie sich nicht vorzustellen bräuchten. Sie unterhielten sich radebrechend wie alte, befreundete Gegner. Wir saßen ehrfürchtig in der Offiziersmesse die paar Stunden dabei, ehe Bacon mit der Drahtseilbahn abtransportiert wurde. So persönlich war der Dolomitenkrieg, ein erlöschender Abglanz von Ritterlichkeit noch in ihm, weil nicht Massen und Technik ihn führten, sondern weil ihn das Abenteuer der Berge zu einem verfeinerten, gastsportlichen Messen erhob.

Dann wurde es Herbst. Ein paar Tage danach schneite es bereits einmal tief herab, obwohl es erst im August war. Weitere Angriffe blieben aus. Raschin räumte die nun nutzlose Sackstellung, wir bezogen die neue Linie. Ein Teil von uns war abwechselnd auf der Fanisscharte und baute in den Wänden des Großen Lagazuoi und der Fanisspitzen die Felsstellung dieser Hauptlinie aus. Das war schön und interessant, wir kletterten viel. Allmählich schlief auch das Artilleriefeuer ein. Bis spät in den November währte der klare, wundervolle Herbst. Nur im unteren Travenanzes, auf den Gratköpfen der Tofana III kam es noch zu einigen Gefechten. Die Stille nahm zu. Wenn Gewehrschüsse aufflackerten, gellte es viel vereinsamter durch die Wände, selbst das hohe, hohle Sausen dahinziehender Granaten hatte etwas Argloses, man hörte jetzt schon sehr fern und rein am Klang, woher sie kamen und wohin sie gingen. Der ganze Krieg wurde zu einem fast unwirklichen Geistern über den Bergen. Heute ist mir noch das Brennen und Leuchten jener Herbstabende in der Erinnerung besonders wach, obwohl ich seitdem unzählige Bergabende erlebte. Vielleicht, weil wir jung waren und damals unser gefährdetes Dasein tiefer und schwerer das bißchen Schönheit erlitt, die uns die Berge gaben.

Aber anfangs Dezember kam jäh der Schnee, der ungeheure Schnee von 1916. Es kam der 13. Dezember, der an der Tiroler Front hüben und drüben an die zehntausend

Schwieriger Aufstieg einer Maschinengewehrabteilung des Deutschen Alpenkorps auf die Costabella ➔

Tote durch Lawinen forderte. Ich befehligte damals unsere Halbkompagnie in den Feldwachen um die Fanisturmscharte. Schon untertags schüttete es Schnee Meter um Meter, bald waren auch alle Telefonverbindungen unterbrochen. Über uns in der Scharte lösten sich bereits leichtere Rutsche und begruben halb und halb die entlang der Felswand übereinander gestapelten Unterstände. Um 4 Uhr donnerte es plötzlich tosend über meinen Unterstand weg. Im Augenblick der Erschütterung des völligen Nachtwerdens und der Verschüttung, hatte ich das schwindelnde Gefühl, als ob nun alles aus und in Trümmern mit hinunterginge. Aber so weit kam es nicht. Doch, wie tief wir bereits begraben waren, wußten wir auch nicht. Ich hoffte, daß es nicht tief sei, denn die Hauptmasse des Schnees mußte ja weiter abgerutscht sein. Wirklich hörten wir es von Zeit zu Zeit wieder dumpf über uns hinwegrollen, immer neue Lawinen mußten es sein. Der Zustand war recht zermürbend, und etwas jetzt in der Nacht und bei dem Treiben draußen zu unternehmen, war unmöglich. Mit meinem Diener allein, saß ich da und hatte keine Ahnung, was sonst geschehen war. Wir stützten, so gut es ging, die Dachbalken, die sich bedenklich bogen. Allmählich begannen wir durch Kohlenoxydentwicklung im verstopften Schwarmofen unter Brechreiz zu leiden. Gegen Morgen schien das Lawinenrollen über uns doch aufzuhören. Als es Tag sein konnte, probierte ich an der Felswand hinauf ein Luftloch durchzustoßen, es gelang und nun wühlte ich mich an der Felswand hinauf. Gott sei Lob, blauer, kalter Himmel! Aber von all meinen sechs Mannschaftsunterständen sah ich nichts als einen jungfräulichen Schneehang. Nach einigem Geschrei tauchte plötzlich ein Kopf und dann noch einer aus dem Schnee, schüttelte sich und meldete sich zur Stelle.

So heiter dies aussah, kam mir die ganze Situation sehr besorglich vor, denn der Himmel zog sich von neuem zusammen. Einige Mann fehlten, die erste Lawine am Nachmittag hatte sie in die Tiefe gerissen. Was war mit den Feldwachen weiter unten geschehen. Plötzlich hörten wir Schreie. Wir schwammen, trotz der Schneereifen, in dem abgrundtiefen Schnee bis zum Hals. Zwei Mann von den hinweggespülten Leuten fanden wir unten im Tobel bei einem Felsen, sie waren aus der Lawine gekommen und hatten die ganze Nacht überstanden. Die unteren Feldwachen waren heil, aber knapp vor ihnen im Talboden lag eine über die Felswand der Lauerstellung herabgestürzte Lawine und in ihr die herabgerissene italienische Feldwache samt Unterstand und Maschinengewehr.

Die ganze Nacht hatte man von überall her schreien gehört. Kein Schuß, keine Stellung, eine weiße Wüstenei überall. Auf der Fanisturmscharte arbeiteten wir fieberhaft, um bis zum Abend die Unterstände und nächsten Posten mit Tunnels zu verbinden. Der Schnee lag stellenweise 5—6 m hoch. An irgendeine Verbindung nach rückwärts war nicht zu denken. Über die Fanisscharte, unseren Zugang, hätte kein Mensch gekonnt, bevor der Schnee nicht zusammensaß. Wir besaßen wenigstens, wie alle Höhenstellungen, für 2 Wochen Reserveproviant und Holz. Abends fing es wieder an zu schneien, nun aber hatten wir unseren Maulwurfbau schon so weit fertig, daß wir nicht mehr zu ersticken brauchten und Lawinen ruhig über uns weggehen konnten.

Über 2 Wochen hielt das Wetter an und nahm kein Ende. Man hatte das Gefühl, allmählich im Schnee zu ersaufen und nie mehr herauszukommen. Beinahe 3 Wochen lebte ich derart mit meinen paar Feldwachen. Vollkommen abgeschlossen, ohne Zeichen und Wissen von der übrigen Welt, es konnte ebensogut indessen der Krieg aufgehört haben, wir wußten von nichts, als von unserem Ringen mit dieser Sintflut von Schnee. Ich glaube, in all diesen Tagen fiel kein Schuß im ganzen Travenanzes. Als endlich die erste Trägerabteilung die Steilhänge von der Faniskarscharte herabwühlte, nagten wir schon recht am Hungertuch und hatten die halben Unterstände zu Heizmaterial gemacht. Es war Silvesterabend.

Contag von Kleberg

Kämpfe deutscher Jäger in den Felsen der Dolomiten

AUF DER PUNTA DEI BOIS

Am linken Flügel unserer Stellung auf der Forcella dei Bois, 2330 m, ragte durch einen kurzen, scharfen Grat und eine Felsenscharte mit der Tofana di Roces, 3225 m, verwachsen, die Punta dei Bois, 2657 m, aus steilen Geröllhalden senkrecht empor.

Es war ein einziger Riesenstock von der Gestalt einer abgestumpften Lanzenspitze, überhöhte das Gelände unserer und der feindlichen Stellung um 300 Meter und hängt an der Tofana di Roces wie der winzigste Zwerg am gewaltigsten Riesen.

Wollte man sie ersteigen, so mußte man von der Stellung ein wenig nach rückwärts gehen und den Geröllhang hinaufklettern bis zu dem Punkte, wo die Wand des Zwerges in die des Riesen überging.

Dort zwängt sich eine schneegefüllte Schlucht herab, die zwischen den beiden Bergen die Grenze bildet und oben dicht unter dem Grat ihren Ursprung nimmt.

In ihrem tieferen Teil waren ein paar steile, vereiste Stellen und einige Klippen zu überwinden, dann legte sie dem Steigenden kein großes Hindernis mehr in den Weg. In einer Stunde konnte er den Grat erreichen.

Dort oben hauste im Felslabyrinth, von uns allen darum beneidet, Leutnant Wendland mit einer 18 Mann starken Feldwache und einem Maschinengewehr.

Die führten ein herrliches Leben!

Wohl dienten ihnen als Unterkunft aus Steinen locker geschichtete und mit Zeltbahnen gedeckte, kaum brusthohe Hütten, die vor Regen und Schneesturm nur notdürftig schützten, wohl mußten sie alle Lebensmittel und jedes Stückchen Brennholz auf stundenlangem, gefährlichem Felsweg täglich hinaufschleppen, wohl war es nachts so kalt, daß den Posten Finger, Füße und Gesicht fast erfroren, aber was bedeutete ihnen das alles im Vergleich zu der Schönheit, die sie täglich umgab!

Von ihrer hohen Warte aus blickten sie weit über die Stellung des Gegners hinüber auf ein Meer von Bergen und blaugrünen Tälern der Dolomiten, weit nach Italien hinein.

Wenn am Morgen die Punta dei Bois im kalten Schatten der Tofana di Roces lag, daß die Wärme des weckenden Tages noch nicht zu ihr hinfand, dann breitete die Sonne zu ihren Füßen ein Bild märchenhafter Pracht aus.

Dann erglänzten die Gipfel im Morgengold, die Nebel leuchteten schneeweiß herüber und die Firne blitzten auf, als wären sie selbst Sonnen geworden.

Und ganz hinten im Süden, wo keine Höhenzüge dem Fluge des Blickes wehrten, daß er mühelos in die Ebene sich breitete, da schien alles unterzugehen in der Überfülle unendlichen Lichtes.

So weit das Auge reichte, sah es quellende Seligkeit, trunkene Wonne aller Dinge über die eigene Schönheit.

Die Erde glühte und bebte unter dem reifen Glück der ersten Sonnenberührung, warf alles empfangene Licht machtvoll wieder empor und sandte es auf unzähligen Wegen zu seinem Quell zurück.

Das war ein Funkeln und Flimmern ohnegleichen: Die Sonne, die Sonne, die große Zauberin Sonne!

So boten die Berge denen, die für sie kämpften, allmorgendlich ihre ganze Schönheit dar als nie versiegende Quelle der Kraft. Nach durchwachter Nacht war sie den Jägern ein Labsal von wunderbar stärkender Wirkung.

Niemand ging schlafen, bevor er nicht die Pracht des Gebirges unter der aufgehenden Sonne wieder gesehen und von neuem erlebt hatte.

Am Vormittage, wenn beide Fronten am ruhigsten waren, blieben auf dem Gipfel der Punta dei Bois und dem Grat zur Tofana di Roces nur einige Meisterschützen zurück, die mit ihren Zielfernrohrgewehren den Feind überwachten.

Sie durften sich nicht zu offen zeigen, lagen hinter Felsen versteckt und schossen über die äußersten Kanten hinweg. Denn die Italiener hielten den Berg scharf im Auge und versuchten alles nur Erdenkliche, um dem lästigen Jägerposten das Leben dort oben zu erschweren oder ihn gar ganz zu beseitigen.

Die Gewehre der Jäger setzten dem Gegner täglich hart zu.

Unermüdlich knallten sie vom Morgen bis zum Abend auf die breite Dolomitenstraße hinab, die sich tief unten weiß durch das Tal zog. Dort fanden sie stets lohnende Ziele; war sie doch der einzige Weg von der feindlichen Etappe zur Front.

Immer wieder versuchten die Italiener, anfangs gruppenweise, später einzeln, die kurze Strecke, die unter dem Feuer der deutschen Feldwache lag, zu durchschreiten. Als aber die Verluste sich häuften und auch Tragtiere den Kugeln zum Opfer fielen, wagten sie den Verkehr nur noch nachts.

Aber auch das wurde ihnen erschwert.

Wenn es dunkelte, stellte Wendland sein Maschinengewehr auf das Straßenband ein, das deutlich durch die Dämmerung heraufschimmerte, und die ganze Nacht über pfiffen die Kugeln in unregelmäßigen, nicht zu berechnenden Pausen hinunter und machten den Weg ungangbar.

Dann verrieten am Morgen die Spuren auf der Wiese jenseits der Straße, daß der Gegner an anderer Stelle durchgeschlichen war und das Maschinengewehr hatte für die nächste Nacht ein neues Ziel.

Einmal entdeckte Wendland in dem Hochwalde, der die zu Tal laufende Straße aufnahm, Bewegungen, aus denen er auf das Leben größerer Truppenmassen unter dem grünen Dach schließen zu können glaubte. Er legte seine sämtlichen Jäger hart an die Kante der Felsen, bediente selbst das Maschinengewehr und bestreute die verdächtigen Wipfel minutenlang mit eisernem Hagel.

Der Erfolg war verblüffend: In allen Richtungen rasten verwundete Pferde, liefen zu Tode erschreckte Menschen aus dem Walde hervor. Die Jäger erfaßten sie mit ihren Zielfernrohren und ihre Kugeln machten ganze Arbeit.

So verblutete ein italienisches Lager zu Füßen der Punta dei Bois.

Da griff der Feind den Berg an!

Als der Nachtposten auf dem Grat unter sich ein leises Schlürfen und Kratzen vernahm, beugte er sich vornüber, um besser hören und den grauschwarzen Grund mit den Augen durchbohren zu können.

Die gesprengte Punta de Bois-Castelletto, 2657 m, von der Dolomitenstraße. ➔

Österr. Stellungen a. d. Castelletto, 2657 m
Italien. Maschinengewehr- und Scharfschützennest. Zugang durch den Camino degli Alpini auf einer Strickleiter mit 380 Sprossen
Italien. Maschinengewehrnest und Minenwerferstand. (Maschinengewehre und Minenwerfer wurden durch den Camino degli Alpini aufgehißt.)
Tofana di Roces, 3225 m
Minenkammer
eginn des 507 m langen Sprengstollens
Ital. Stellungen und Zugänge
olomitenstraße
m Falzaregopaß
Camino degli Alpini
Camino dei Cappelli
Ruinen italien. Barackenbauten
Dolomitenstraße nach Cortina

Das Geräusch verstummte ab und zu, war dann aber wieder da und kam langsam näher.

Kein Zweifel, dort unten mühte sich jemand an der senkrechten Felswand herauf.

Der Jäger schickte den zweiten Mann des Postens mit der Meldung zu Wendland.

Dann lauschten alle drei gespannt in den Abgrund hinein.

Immer wieder das gedämpfte Geräusch eines Kletternden. Wenn es etwas deutlicher wurde, dann verstummte es im nächsten Augenblick für Minuten ganz ...

Doch da, plötzlich ein Klang, wie Metall gegen Stein! ...

Der Feind!

War das denn möglich?! Über Zacken und Klippen, die bei Tage nur unter der Gefahr des Abstürzens zu ersteigen waren, wollte er in finsterer Nacht angreifen? Es war ein tollkühnes Unternehmen.

Den Grat konnte ein Mann gegen eine Kompagnie verteidigen, solange er Patronen hatte!

Denn der letzte Anstieg war nur durch einen Schmalen Kamin möglich; da mußte ein Mann über dem anderen klimmen. Und schießen konnte der Angreifer nicht, weil er beide Hände zum Klettern brauchte.

Dennoch stieg eine verwegene feindliche Patrouille zum Grat hinauf, um das Jägerhäuflein zu überfallen und die Punta dei Bois zu erringen!

Wendland befahl seinen Leuten auf ihren Posten zu bleiben. Er selbst stellte sich mit schußbereitem Gewehr auf den Grat und erwartete den Gegner. Vier Mann mit Handgranaten behielt er bei sich.

Die kletternden Italiener kamen näher und machten trotz aller Vorsicht schwachen Lärm.

Jetzt waren sie dem Geräusch nach am Fuße des letzten Spalts. Aber noch hoben sie sich von den grauschimmernden Felsen nicht ab.

Schon hatte sich ihr Führer an den letzten Anstieg gemacht, der für immer sein letzter blieb.

Mühsam rang er sich von Vorsprung zu Vorsprung, jeden Stein auf seine Festigkeit prüfend, nach jedem Tritt sekundenlang lauschend. Aber alle Vorsicht war nutzlos, denn die Nacht und die schweigenden Felsen verrieten ihm nicht, was sie wußten, was in den nächsten Sekunden über ihn hereinbrechen mußte und was für ihn, den Menschen, alles war: verriet ihm nicht sein Schicksal.

Unsichtbar, in tiefen Schatten geschmiegt, hörte Wendland jeden Schritt des unter ihm kletternden Italieners. Schon tauchten die grauen Umrisse der Gestalt aus dem Dunkel hervor. Ein hinabgeworfener Stein hätte sie zerschmettert, aber noch war der günstigste Augenblick nicht gekommen.

Und der tollkühne Italiener keuchte ahnungslos weiter!

Wendland rührte sich nicht. Je länger er zögerte, desto mehr Italiener gelangten in den Kamin. Der Gegner kletterte höher und höher und lauschte sorgfältig und länger, um jede Gefahr am leisesten Laut zu erkennen.

Jetzt faßte er nach dem Fels neben Wendlands Fuß. Da hob der langsam sein Gewehr, brachte es lautlos in Anschlag, und als ein dunkler Kopf aus dem Kamin hervorragte und fast an die Laufmündung stieß, drückte er ab.

Die Flamme schlug dem Kletterer grell ins Gesicht.

Ein Körper polterte schwer in die Tiefe und riß die unter ihm Kletternden mit hinab, daß der Lärm anschwoll wie eine Steinlawine. Ein gellender Schrei wurde von vierfachem Krachen übertönt. Dann folgte noch eine Handgranatensalve, und alles war wieder still.

Am nächsten Morgen sah man auf den Schuttreißen am Südfuß der Punta dei Bois die Leichen der Patrouille mit zerschlagenen Gliedern liegen, 500 m tief über die Felswand hinuntergeschmettert. —

Nun suchten die Italiener die Feldwache, vor deren Kugeln sie sich nirgends sicher fühlten, auf andere Weise zu überwältigen:

Eines Nachts, als die Tofana di Roces im Lichte des ersten Mondviertels dalag, krepierte dicht hinter dem Doppelposten auf dem Grat eine Handgranate und gleich darauf noch eine. Sie richteten kein Unheil an, aber niemand wußte, woher sie gekommen waren.

Die Posten sprangen hinter deckende Felsen und Wendland zog sie in den Schatten der Punta dei Bois zurück, so daß der Felsgrat zwar unbesetzt war, aber mit Feuer bestrichen werden konnte.

Wieder lag eine ganze Handgranatensalve mitten auf dem Grat.

Die kam von der Tofanawand.

Der Gegner hatte sich an der fast senkrechten Wand bis auf Wurfweite herabgewagt. Nun galt es die silbergrau glänzenden Felsen zu beobachten und das Mondlicht mußte helfen, den Gegner dort zu finden.

Das gelang wider Erwarten schnell:

„Seht ihr den steilen Zacken, der über die Tofana-Silhouette hinausragt? Rechts und unterhalb von ihr, in dem schwarzen senkrechten Kamin, wo von links ein heller Felsen so weit vorspringt, daß der Spalt fast geteilt scheint, etwa 200 m über dem Grat, auf diesem Vorsprung, da hat sich's bewegt!"

Der vorstehende mondbeschienene Stein war die hellste Stelle des Tofana-Massivs und leicht zu erkennen.

„Feuer!"

Die Salve klatschte laut gegen die Felsen.

Eine Weile blieb es still. Dann kamen von neuem Handgranaten.

„Jetzt ganz deutlich, 20 m tiefer, wo der Spalt am breitesten ist und nach rechts waagrecht einschneidet, auf diesen schwarzen Einschnitt Schützenfeuer!"

Nun rollten die Schüsse der Jäger ohne Pause gegen die Felsen.

Noch einmal krachten zwei Handgranaten.

Nach geraumer Zeit ließ Wendland das Feuer einstellen und suchte die im Mondschein wieder still träumenden Felsen noch lange mit seinem Fernglas ab. Er konnte auf ihnen keine Bewegung entdecken.

Der Gegner hatte den Angriff aufgegeben, wenn es auch zweifelhaft blieb, ob aus Furcht vor den Kugeln der Jäger oder weil er eingesehen hatte, daß der Abstieg an der schier senkrechten Wand der Tofana nicht ausführbar war.

Gegen Morgen aber, zu der Zeit, da das starre Gebirge der Sonne entgegenlauscht, ging es von der Tofana aus wie ein Seufzen, wiederholte sich und wuchs an zu einem langgezogenen furchtbaren Klagelaut, der in unendlicher Schwermut über unsere Stellung dahinzitterte. Wieder und wieder schwebte er herüber, bald stärker, eindringender, anklagender, bald zaghafter, flehender.

Wir erstarrten vor Schaudern und fühlten den Ausdruck unsagbarster Qual, der die Luft weit bis ins Tal hinab erfüllte, der unsere Ohren marterte und uns durch Mark und Bein drang, wie nie zuvor ein Laut. In jede Falte des Bodens hätten wir uns verkriechen mögen, um die rätselhafte, wahnsinnige Klage nicht hören zu müssen.

Wie gebannt blickten wir in die Wände der Tofana hinauf.

Bald lief es von Mund zu Mund: Dort oben lag ein verwundeter Italiener, der von seinen Kameraden nicht geborgen werden konnte.

Von links: Tofana di Dentro, 3237 m; auf ihr 6 ital. Geschütze und 2 Scheinwerfer. Tofana di Mezzo, 3243 m; Tofana di Roces, 3225 m; auf ihr 2 ital. Geschütze und 1 Scheinwerfer. Im Tal die österreichischen Stellungen.

Nun ging es tagelang so: In den Morgen- und Abendstunden flehte der auf der Tofana langsam hinsterbende Soldat laut unsere Hilfe an. Wendland versuchte vergeblich sie ihm zu bringen. Die Wand war auch für den gewandtesten Kletterer nicht ersteigbar. Nur die Italiener selbst konnten helfen, wenn sie von der Tofana herabkamen. Aber das wagten sie nicht, obwohl auch sie die verzweifelten Rufe täglich anhören mußten.

So verfiel der Verwundete hilflos dem Hungertod, seine Stimme verlor von Tag zu Tag an Kraft, bis nur noch ein leises Wimmern zu uns herunterdrang.

Dann, in der fünften Nacht, hörten die Posten aus der Tofanawand einen dumpfen Ton, wie wenn ein schwerer Körper hart aufschlägt. Von da ab war das Wimmern verstummt.

Der Sterbende hatte wohl mit seinem letzten verzweifelten Willen die Kante des Felsens zu erreichen versucht, um sich besser bemerkbar machen zu können. Oder um seine Qual gewaltsam zu beenden . . . ?

Österreichische Stellungen („Gasserdepot“) im Travenanzes.

Wir wagten es nicht, seinen letzten Gedanken ergründen zu wollen; wir wußten nur, daß er abgestürzt und an den Felsen zerschellt war.

Vielleicht hatte ein harmloser Beinschuß, der unter günstigen Verhältnissen bald geheilt wäre, seinen Tod verschuldet. —

Der Gegner erkannte, daß seine Angriffe auf die Punta dei Bois keinen Erfolg versprachen. Darum belegte er den Berg heftig mit Artillerie.

Aber die Jäger verlachten sie, denn sie sahen das Mündungsfeuer auf den Gipfeln der Berge aufblitzen und hatten bei jedem Schuß Zeit, sich hinter den schützenden Felsen zu decken.

Wendland ermittelte die Batterien und leitete von seiner hohen, alles beherrschenden Beobachtungswarte das Feuer unserer Artillerie.

So wurde manch feindliches Geschütz niedergekämpft.

Eines Tages benahm sich der Gegner anders als sonst: Er war aufgeregter, lief viel hin und her und feuerte bald heftig, bald wieder auffallend wenig. Man konnte ihm unschwer anmerken, daß er irgend etwas im Schilde führte.

Das wurde am nächsten Morgen offenbar:

Es war jener spannende Augenblick, da das Tageslicht die nächtliche Arbeit des Gegners zum ersten Male enthüllte. Wendland und seine Posten versuchten, die noch über den feindlichen Stellungen lagernden Nebel mit dem Glas am Auge zu durchdringen.

„Herr Leutnant, dort unten, wo das Schneefeld eben durchschimmert, links davon im Nebel, da wimmelt's!"

Fast gleichzeitig mit seinem Jäger hatte Wendland die Schatten, die undeutlich in dem Grau hin- und herhuschten, erkannt.

Im Nu saß er hinter dem Lauf seines Maschinengewehrs.

Unten zerrissen die Nebel, daß sie in einzelnen Wolken aufgelöst über den Gegner hinflogen. Dazwischen enthüllten sie die grauen Gestalten, die wie Ameisen über die Felsen krabbelten oder an Stellen, an denen sie geschützt zu sein wähnten, dicht gedrängt auf den Befehl zum Angriff harrten.

Und das Maschinengewehr raste mit seinen Geschossen mitten unter sie. Ohne Pause in die dichtesten Haufen mitten hinein, unaufhörlich mitten hinein!

Die Nebel wurden lichter, blasser, durchsichtiger, die Ziele deutlicher, zahlreicher, und die Maschine raste, arbeitete, mähte.

Mähte allein unter dem in Bataillonsbreite zum Angriff bereitstehenden, durch den Nebel, auf dessen Hülle er gehofft hatte, enttäuschten Feind.

Mähte junge, blühende Menschenleiber und der Tod erntete volle Garben.

Im Augenblick war die Verwirrung beispiellos.

Wir, die wir unten in unserer Stellung auf der Forcella alarmiert waren und jeden Postenstand besetzt hatten, um den Angriff, der kommen sollte, zu empfangen, wußten, daß wir selbst die zehnfache Übermacht des Feindes in unseren Hindernissen aufhalten würden. Aber wir warteten vergeblich, denn es kam nicht so weit, daß wir auch nur einen Schuß lösten.

Wendland arbeitete für uns alle!

Das eine Maschinengewehr!

Sein Rasseln klang wie ein Hohngelächter auf die fast tausendfache Menschenkraft des Gegners, die sich gegen diese kleine Maschine als machtlos erwies und unter ihren Peitschenhieben aus hundert Wunden verblutete.

Taktaktak ... taktaktaktak ... Hohngelächter, von den Bergwänden in tausendfachem Echo wiedergegeben.

Italienische Artillerie griff in den Kampf ein, warf Schrapnells und Granaten auf die Punta dei Bois. Aber sie fegten über den Gipfel hinweg und zerkrachten wirkungslos an den starren Wänden der Tofana. Nur eine Batterie war auf den Punkt, wo das Maschinengewehr stand, eingeschossen. Doch Wendland kannte diese Geschütze genau und ließ sie durch zwei Jäger beobachten, die jedes Aufblitzen meldeten. Die Geschosse brauchten bis zur Punta dei Bois 24 Sekunden. Das Maschinengewehr raste unter den Händen Wendlands weiter, unbeirrt durch das Toben und Krachen der Schrapnells. Nur wenn es drüben bei der gut schießenden Batterie aufflammte, trat eine sekundenlange Pause ein:

„Abschuß!" rief dann der seitwärts beobachtende Posten, und die anderen gaben den Ruf laut weiter. Das Maschinengewehr aber nutzte die Flugzeit des Geschosses aus bis zum letzten Augenblick.

„18 ... 20 ... hinlegen!" kommandierte der Mann neben Wendland mit der Uhr in der Hand und alle duckten sich blitzschnell und schmiegten sich hinter die Felsen.

Dschurr . . . fegten die Schrapnellkugeln über den Gipfel der Punta dei Bois. Aber bevor sie ihr Geräusch noch ausgesummt hatten, wurde es von dem wieder einsetzenden Taktaktak des Maschinengewehrs übertönt.

Unermüdlich jagte Wendland den Kugelregen in den Haufen des Gegners hinab, nur in wenigen gefährlichen Sekunden auf die eigene Sicherheit bedacht.

Der Gegner suchte hartnäckig der Unordnung in seinen Reihen Herr zu werden. Immer wieder machte er Ansätze zum Angriff auf unsere Stellungen, immer wieder wurden sie von dem einen Maschinengewehr erstickt, von einem einzigen, kaltblütig bedienten Maschinengewehr!

Endlich, nachdem er Hunderte von Toten und Verwundeten verloren hatte, gab der Gegner alle weiteren Versuche auf und kehrte in seine Ausgangsstellung zurück.

Da fand die kleine Maschine auf der Punta dei Bois ihre verdiente Ruhe. Sie zischte und dampfte noch lange von der übergroßen Anstrengung und ihr heißes Kühlwasser tropfte auf das Gestein. —

Auf das Gelände unserer Stellung fiel der erste zarte Neuschnee.

Er schmiegte sich jeder Bodenfalte und jeder Form der Felsen wunderbar an, glättete alles Rauhe und zeigte uns diese zackige Bergwelt in einer neuen Schönheit. Dabei half ihm der Vollmond, dessen Zauberlicht über der gleißenden Decke allnächtlich heimliche Märchen spann.

Das war uns nach den langen, entbehrungsreichen Wochen eine wohltuende Erfrischung und unsere Liebe zu den Bergen wurde inniger und größer.

Auch unsere Unterstände wurden allmählich wohnlicher. Mit der Zeit kamen einige Rollen Dachpappe, hin und wieder ein paar Bretter und schließlich sogar kleine eiserne Öfen über die Fanisscharte.

Da wir selbst am Ausbau unserer Stellungen vollauf zu tun hatten, stand uns ein kleiner Bautrupp zur Verfügung. Der kam jede Nacht herauf und errichtete die Steinwände der neuen Hütten.

So wurden unsere Unterschlupfe bald geräumiger, wärmer und wetterfester, wenn sie auch immer noch äußerst notdürftig blieben.

Für meinen Feldwebel und mich ließ ich im Schutze eines gewaltigen Felsblockes ein mannshohes Haus erbauen. Obwohl es in der vordersten Linie der Stellung lag, konnte ihm kein feindliches Feuer etwas anhaben, denn der 6 m hohe Block schützte es von zwei Seiten und neigte sich noch ein wenig darüber. Fenster und Türen wurden, so gut es ging, mit Zeltbahnen abgedichtet. Zwar gelang es uns nicht, des Windes, der immer wieder neue Ritzen fand, Herr zu werden, aber wenn am Nachmittag unser Öfchen brummte und glühte und den Rauch sorglos gen Himmel blies, dann war's in seiner Nähe auch ohne Mäntel und Handschuhe ganz behaglich. Diesem Luxus durften wir uns aber, des kostbaren Brennmaterials wegen, nur einmal am Tage hingeben, und auch dann nur kurze Zeit.

Unsere Hilfsmittel im Kampf gegen die Unbilden des Wetters mehrten sich und das Bewußtsein, daß wir's noch lange hier aushalten könnten, wuchs mit der Freude an der immer herrlicher und gewaltiger sich gestaltenden Natur unserer Umgebung.

Daher war uns die Nachricht, daß wir in den nächsten Tagen abgelöst würden, dieses Mal wenig willkommen.

Der Befehl dazu folgte ihr bald. Wir übergaben die Stellung wieder den bayrischen Jägern, von denen wir sie fünf Wochen vorher übernommen hatten.

Als wir auf dem Rückweg zu der schneebedeckten Fanisscharte hinaufstiegen, war's tiefe Nacht. Auf unserer langen, unter dem schweren Gepäck mühsam kletternden

Reihe lastete ein Schweigen, wie ich es nach einer Ablösung aus der vordersten Stellung nie wieder erlebt habe.

Am nächsten Vormittag erreichten wir das kleine Bergdorf, in dessen freundlichen Häusern wir ausruhen sollten.

DER FALL DER TOFANA DI ROCES, 3225 m

Bei einbrechender Dunkelheit des 17. September 1915 machte ich mich mit 9 Jägern auf den gewohnten Weg, den beschwerlichen Klettersteig über die Felsterrassen hinauf, um die Gipfelbesatzung der Tofana I auf 3225 m Höhe abzulösen. Wie immer blieben 3 Mann halbwegs bei einer kleinen Felsenhöhle zurück, 3 auf dem Vorgipfel und die letzten 3 nisteten sich auf dem Hauptgipfel ein. Die abgelöste Mannschaft stieg noch in der gleichen Nacht ins Travenanzestal ab. Ich verblieb auf dem Posten auf dem Vorgipfel. Der Rest der Nacht verlief ruhig.

Am 18. gegen 9 Uhr vormittags lag starkes konzentrisches Geschützfeuer auf der ganzen Tofanakuppe. Die Gipfelbesatzung zog sich in eine etwa 10 Meter tiefer gelegene Felsnische zurück, die wir erst kürzlich ausgehauen hatten, um bei den täglichen Feuerüberfällen einigermaßen vor der verheerenden Wirkung der Gesteinssplitter geschützt zu sein. Während dieser Artillerievorbereitung stiegen etwa 20 Alpini auf der anderen Seite der Bergkuppe bis zur Gratkante kurz unterhalb des Gipfels auf. Erwähnen möchte ich, daß die Ersteigung der Tofana I von der italienischen Seite viel leichter ist als über unsere noch dazu feindoffene Zugangsroute. Nach einer Stunde, gegen 10 Uhr vormittags, hörte das Artilleriefeuer plötzlich auf und im Nu hatten die Italiener den Gipfel besetzt. Mit knapper Not erreichten die 3 Mann Besatzung, über das Schneefeld abfahrend, den Vorgipfel. Die ihnen nachgejagten Schüsse verwundeten einen Jäger.

Nun hieß es mit 6 Mann den Vorgipfel bis zum äußersten halten. Die Alpini versuchten im Laufe des 19. verschiedentlich vom Hauptgipfel aus mit Unterstützung durch ein Maschinengewehr uns vom Vorgipfel zu vertreiben. Doch gelang es uns, ihre Versuche abzuschlagen. Hierbei wurde wieder ein Jäger verwundet. Als die Italiener das Aussichtslose ihres Unternehmens sahen, zogen sie sich unter Zurücklassung von 4 Toten außer Schußbereich zurück.

Nach Einbruch der Dunkelheit schickte ich die beiden Verwundeten mit der Meldung über die äußerst kritische Lage ins Tal hinab. Kurz darauf gingen die Alpini zum zweiten Male zum Angriff vor. Wir ließen sie ruhig bis ans Schneefeld vorkommen und empfingen sie, sobald sie dieses betreten hatten, mit gut gezieltem Gewehrfeuer. Auf dem hellen Firn boten sie trotz der dunklen Nacht ein ausgezeichnetes Ziel. Auch dieser Vorstoß wurde abgeschlagen, aber wieder schied ein verwundeter Jäger aus. Jetzt waren wir nur noch zu viert. Unsere Munition wurde schon ziemlich knapp und Verstärkung konnte frühestens in der nächsten Nacht heraufkommen. Also hieß es durchhalten. Vorerst waren alle Angriffe glücklich abgeschlagen und es war nicht anzunehmen, daß der Italiener in dieser Nacht nochmals etwas unternehmen würde.

Im Morgengrauen des 20. versuchten die Alpini mit anerkennenswerter Schneid und Zähigkeit wieder herabzustoßen, doch scheiterte ihr Unternehmen an unserem Feuer. Jetzt war aber unsere Munition am Ende. Trotzdem glaubten wir nichts befürchten zu brauchen, denn untertags würde der Italiener keinen neuen Versuch wagen, und in der Nacht mußte unsere Verstärkung heran sein.

Allein der Gegner ließ die kostbare Zeit nicht ungenützt. Begünstigt durch seine leichteren Aufstiegsverhältnisse zog er rasch von der Punta Marietta frische Kräfte nach. Den ganzen Tag über wurden wir jetzt mit 2 Maschinengewehren beschossen, die uns jede Bewegungsfreiheit nahmen, so daß wir uns, ohne uns rühren zu können, halb erstarrt vor Kälte hinter Felsblöcken versteckt halten mußten. Als es dunkelte, gingen die Italiener abermals zum Angriffe vor, diesmal in einer Stärke von 60 bis 70 Mann. Unsere Lage wurde von Minute zu Minute brenzlicher. Wohl zwei Stunden hielten wir uns den Gegner vom Leibe. Die knappe Munition zwang uns, nur dann zu schießen, wenn ein Italiener bei Betreten des Schneefeldes ein gutes Ziel bot. Bald war unsere letzte Patrone verschossen und damit unser Schicksal besiegelt.

Plötzlich bemerkte ich, daß es den Alpini im einsetzenden Schneetreiben gelungen war, das Firnfeld zu umgehen und uns von der Flanke anzugreifen. Jetzt war unsere Stellung unhaltbar geworden. Bis auf 30 Meter ließen wir die sich heranschleichenden Angreifer nahekommen, dann warfen wir ihnen Handgranaten entgegen. Hierauf mußten wir der Übermacht das Feld räumen. Wir stiegen zum Posten bei der Felshöhle hinunter. Dort trafen wir drei vom Tal inzwischen heraufgekommene Jäger in stark erschöpftem Zustande an. Sie meldeten, daß die Verstärkung zwar unterwegs sei, aber bei dem herrschenden Schneesturm nicht mehr vorwärtskommen könnte.

Unsere Lage wurde verzweiflungsvoll. Keine Hoffnung auf Unterstützung, seit Tagen ohne Verbindung mit dem österreichischen Patrouillenkommando, ohne Nachschub an Munition und Verpflegung. Dabei 30 Meter über uns die zögernd gefolgten Italiener, die allerdings den Abstieg zu uns herunter nicht wagten, da dieser nur durch einen etwa 12 Meter hohen Kamin möglich war, den unsere Gewehre sperrten. Der Schneesturm tobte immer wütender, Hunger und eine unerträgliche Kälte machten sich immer fühlbarer. Es war eine furchtbare Nacht, der ein ebenso schlimmer Tag folgte. Dicht gedrängt suchten wir zehn abwechselnd in der Höhle einigermaßen Schutz vor dem Toben des Unwetters.

Und noch zwei Tage und zwei Nächte hielten wir aus, halbverhungert und zu Tode erschöpft, dann waren wir am Ende unserer Kräfte. Bei dem hohen Schneefall und der Vereisung war an eine Verstärkung nicht mehr zu denken. Unter der Wucht der zwingenden Notwendigkeit entschloß ich mich, um die Besatzung durch eine Gefangennahme nicht unnütz zu opfern, zur Räumung der Stellung. So kletterten wir denn im tiefen Neuschnee unter größter Anstrengung, wobei die erstarrten Hände die vereisten Felsgriffe kaum mehr fassen konnten, ins Tal hinunter.

Die Tofana war verloren.

Lange sollten sich die Italiener ihres Vorteils nicht erfreuen. Nach weiteren zwei Tagen mußten auch sie den Gipfel wieder aufgeben, da es der frühzeitig hereingebrochene Winter unmöglich machte, die 3225 m hohe Kuppe durch einen dauernden Posten besetzt zu halten. Allerdings wurde im Frühjahr die Kuppe neuerdings von den Italienern besetzt.

Totentanz um die Fontana Negra

Der Zug Leutnant Große hatte die Fontana-Negra-Scharte, 2545 m, besetzt und sollte nach acht Tagen von einem anderen Zuge derselben Kompagnie preußischer Jäger, die neben der Wolf-Glanvell-Hütte in Reserve lag, abgelöst werden.

Leutnant Große war einer von denen, die keinen Fingerbreit wichen.

„Ich werde die Stellung gegen jeden Angriff halten", hatte er am Morgen nach der Ablösung der Bayern gemeldet.

Aus dieser Meldung sprach, wenn auch nicht Furcht, so doch Besorgnis, und Große hatte Ursache, besorgt zu sein:

Er lag mit seinen 60 Gewehren allein in weit vorgeschobener Stellung, nicht in den Geröllhalden auf dem Sattel selbst, sondern mehrere hundert Meter südlich darüber hinaus, wo das Gelände zunächst abfiel und dann noch einmal etwas anstieg. Zu beiden Seiten, sogar etwas hinter ihm, standen die vom Feinde besetzten Tofanagipfel in steilen Felswänden 700 m über ihm und bedrohten ihn von den Flanken und im Rükken. Ihm gegenüber, höher als er selbst, lagen italienische Alpenjäger im unübersehbaren Klippengewirr der Felsen und in einer Stellung von viel größerer Ausdehnung als die seinige. Sie hatten ihre Flügel vorgeschoben und an die schroffen Felswände gelehnt. So war Große in einem Zweidrittelkreis vom Feinde umgeben.

Als er das erkannt hatte, bog er die Flügel seines Zuges noch schärfer zurück, so daß seine Stellung einem Ringe glich, der durch zu große Beanspruchung an einer Stelle geborsten und im ganzen ein wenig in die Länge gezogen ist. Die offene Stelle lag nach rückwärts zu an dem über der Fontana-Negra-Scharte zur Wolf-Glanvell-Hütte führenden Felsensteig. Mit einigen Gewehren konnte der Ring jederzeit geschlossen werden.

Der Weg bis zur Wolf-Glanvell-Hütte war sehr beschwerlich. Denn von der Fontana-Negra-Scharte fiel eine senkrechte Wand von 200 m ins Tal hinab. Sie war nur auf eisernen Sprossen, die schräg ansteigend in den Fels geschlagen waren, besteigbar. Für jeden feldmarschmäßig ausgerüsteten Jäger war der Aufstieg ein Wagnis auf Leben und Tod.

Dennoch hatte der Zug ohne Unfall und ohne daß ein Mann zurückgeblieben war, den Sattel erreicht.

Der Gegner benahm sich vom ersten Tag an unruhig und aufgeregt. Seine Schüsse prasselten bald salvenartig, bald in langen Abständen einzeln herab, ohne je ganz zu verhallen.

Die Jäger waren hinter ihren Felsen gut gedeckt und erwiderten aus festen Schießscharten das Feuer gleichmäßig ruhig.

In jedem Ziele, das der Gegner unvorsichtig bot, saßen blitzschnell ihre Kugeln. Leutnant Große befahl sparsamsten Munitionsverbrauch.

Es hatte sich von selbst ergeben, daß nur die besseren Schützen mit ihren Zielfernrohrgewehren schossen, während die übrigen den Einschlag beobachteten.

Infanteriegeschütz am Lagazuoi.

Das war den ganzen Tag über ein musterhaftes Arbeiten, getragen von selbstverständlichem Ernst und ruhiger Freude am Erfolg.

Als der erste Abend heraufkam, hatte der Zug nur zwei Leichtverwundete. Große schickte sie zur Wolf-Glanvell-Hütte zurück mit der Meldung über den Tagesverlauf und einer Skizze von der eigenen und der feindlichen Stellung. Er schilderte sachlich knapp die Ereignisse und bat um Munition. An einen bevorstehenden Angriff des Feindes wäre nicht zu zweifeln, aber man könnte ihm mit Zuversicht entgegensehen, wenn nur genügend Patronen da wären.

Die Nacht verlief ruhiger als der Tag.

Gegen Morgen kamen von der Wolf-Glanvell-Hütte ein paar tausend Patronen.

Große hatte Posten vorgeschoben. Einigen von ihnen war es gelungen, die Wände der Tofana di Roces zu ersteigen, so daß sie den Gegner überhöhten und wirksam beschießen konnten, während ihnen von dem Gipfel keine unmittelbare Gefahr drohte.

Dieser Posten wurde auf vier Mann verstärkt und blieb auch tagsüber stehen. Alle übrigen zog Große in der Morgendämmerung ein.

Der zweite Tag war ähnlich dem ersten, nur die Heftigkeit des Feindes schien noch gewachsen zu sein. Seine Wut richtete sich besonders gegen den vorgeschobenen Posten, der am Abend fast seine ganze Munition verfeuert hatte.

An diesem Tag meldete Große zwei Tote und vier Verwundete.

In der Nacht brachte eine Trägerabteilung Verpflegung und Munition und als der dritte Tag anbrach, war der Zug mit allem Notwendigen reichlich versehen.

Der Feind änderte seine Taktik:

Er benutzte das Morgenlicht nicht wie sonst, um seine Gewehre knattern zu lassen, sondern blieb ruhig, als wollte er nichts davon wissen, daß der neue Tag über die Berge kam, und gab auch den Jägern keine Gelegenheit, ihre Treffkunst zu zeigen. Wie ausgestorben lagen die Felsen da, in denen er saß.

Sie waren noch von ungewissem Grau umhüllt, und nur wo sie den lichten Morgenhimmel zum Hintergrund hatten, traten ihre Umrisse scharf hervor.

Aber die Jäger fühlten es: das war die Stille vor dem Sturm und sahen dem Kommenden mit schußfertigem Gewehr ruhig entgegen.

Da ging es drüben mit einem Schlage aus tausend Gewehren los:

Von allen Seiten rasten die Geschosse herab, mit einer Heftigkeit, wie wenn sie die Steine, die den Jägern als Deckung dienten, zerreißen wollten.

Maschinengewehre hämmerten ununterbrochen.

Es schien, als ob das Gestein selbst Kugeln spie, denn vom Gegner war nicht das geringste zu sehen, so gut hatte er sich versteckt, so geschickt benutzte er das Dämmerlicht.

Nur schießende, lärmende, hämmernde, rasend gewordene, Tod und Verderben speiende Steine, Felsen, Kamine und Schluchten.

Jedes Winkelchen, jede Zacke, jeder Spalt, jeder Vorsprung war von dem Wahnsinn erfaßt und half mit.

Und alle Wut entlud sich gegen das Häuflein der sechzig Jäger!

Während die Kugeln und Steinsplitter ihnen um die Köpfe schwirrten, daß die Luft staubig wurde vom zerriebenen Dolomitfelsen, lugten sie scharf durch die Schießscharten, spähten sie vorsichtig über die Kanten der schützenden Steine, um den Gegner vom ersten Augenblick seines Vorgehens an im Zielfernrohr zu haben. Und der Augenblick kam:

Eine Viertelstunde nur währte das Schießen. Dann brach es plötzlich ab und wich sekundenlanger Lautlosigkeit.

Dann aber waren alle Felsen belebt.

Im Nu wimmelten sie von grauen Gestalten, die aus allen Verstecken des zerklüfteten Bodens hervorquollen, von Stein zu Stein sprangen, sich katzenartig duckten, über Felsen kletterten, hinfielen, weiterhasteten, vorwärts stürmten und taumelten, ihren Führern folgend und jeden Zögernden mit sich reißend, fasziniert von einem herrischen Willen, der alle rücksichtslos nach einem einzigen Punkt hinpeitschte.

Und die Gewehre der deutschen Jäger hielten unter ihnen reiche Ernte.

Wohl fluteten die Wellen der Italiener anfangs machtvoll vor, dann aber brachen die Vordersten zusammen, stutzten die Nächsten vor den blutenden Leibern und ver-

Standpunkt Großer Lagazuoi.
Aufstieg zum Abschnittskommando Fanisturm im Juni 1917. ➔

zweifelten Blicken der Sterbenden und zögerten hinter den Steinen länger als die Atempause es erforderte.

Zwar sprangen sie wieder vor, zwar drängte die nächste Welle mit neuer Kraft nach, aber es war doch ein Zögern in ihren Reihen und ein Erlahmen ihres Ungestüms.

Und als die Jäger eine Zone schufen, über die auch der Mutigste nicht lebend hinüberkam, da geriet die Flut ins Stocken und stand schließlich still.

Der erste Ansturm war abgeschlagen.

Der Gegner saß wieder hinter Felsen und wagte sich nicht hervor, es sei denn, um zurückzukriechen und besseren Schutz zu gewinnen.

Die Jäger hatten keinen Zoll breit Boden preisgegeben.

Aber erst dieser Angriff hatte ihnen die Gefahr, in der sie schwebten, unverhüllt gezeigt. Der Gegner war zwei Bataillone stark, und sein erster Ansturm hatte ein Drittel ihrer Patronen verbraucht.

Als Große seine Leute fragte, wer zur Wolf-Glanvell-Hütte hinabgehen wollte, um Hilfe und Munition zu holen, meldeten sich fast alle freiwillig dazu. Er schickte zwei auf den gefahrvollen Weg.

Der eine hatte kaum die Deckung verlassen, da brach er unter dem Feuer des Feindes zusammen. Der andere schien gegen alle Kugeln gefeit zu sein und verschwand hinter der Fontana-Negra-Scharte. Doch dort traf ihn dasselbe Los, als er sich schon gerettet glaubte.

Die Jäger aber sahen dies nicht und nährten ihre Hoffnung auf Hilfe von Stunde zu Stunde.

Bald nach Mittag begann der Tanz von neuem:

Wieder schickte der Gegner seinem Angriff einen wütenden Feuerüberfall voraus; wieder blieben die Nerven der Jäger stark, daß keine ihrer Patronen verschwendet werde.

Und die Sturmwellen der Italiener stürzten sich zum zweiten Male in die deutschen Kugeln.

Vor allem wollte der Gegner den Vorposten überwältigen. Dazu hatte er den Gipfel der Tofana di Roces in Massen erstiegen und versuchte nun, im Feuer der Jäger an den Hängen herabzuklettern und sich dem Posten von oben zu nähern. Er zeigte eine Entschlossenheit, die sich durch nichts beirren ließ und kein Opfer scheute. Die Kugeln der Jäger fegten die Kletternden mit furchtbarer Treffsicherheit von den Felsen herab. Jeder haltsuchende Arm, jeder tastende Fuß genügte ihrem Zielfernrohre und der Feind fiel mit zerschmetterten Gliedern, oft laut schreiend, in die Tiefe. Man hörte trotz allen Lärms den dumpfen Ton der aufschlagenden Körper.

Es gelang dem Angreifer, auf der Tofana di Roces bis auf Handgranatenwurfweite an den Posten heranzukommen. Ein wilder Kampf entbrannte.

Die vier Jäger wehrten sich mit dem Mut, der jede übermenschliche Aufgabe heiligt.

Der laute Knall ihrer Handgranaten beherrschte alles Getöse. Ihre Gewehre arbeiteten fieberhaft und wurden den von drei Seiten heranriechenden, keuchenden, stürmenden, kletternden Italienern oft ohne Zielen ins Gesicht hinein abgedrückt.

Alle Energie des Gegners richtete sich auf diesen Brennpunkt des Angriffs und der Verteidigung. Seine Maschinengewehre hämmerten unaufhörlich gegen das kleine Felsennest. Aber alle Kugeln prallten am Dolomitfelsen wirkungslos ab.

Von den Felsen der Tofana di Roces flogen Handgranaten. Sie trafen vorbei. Plötzlich fiel eine von ihnen zischend mitten unter die Jäger. Blitzschnell flog sie zurück und krepierte beim Feind.

Und die Vier kämpften weiter mit Riesenkraft.

Als sie keine Handgranaten mehr hatten, schleuderten sie dem Gegner, der auch von unten andrängte, Felsblöcke entgegen, selbst auf die Gefahr hin, ihre Deckung dabei abzubauen.

Doch dann traf sie Schlag auf Schlag.

Der eine fiel vornüber und blieb tot auf der Brustwehr liegen, der zweite brach ächzend zusammen, und die beiden letzten erlagen einer gut gezielten Handgranate.

Der Gegner hatte den Posten auf den Hängen der Tofana di Roces überrannt.

Leutnant Große war an der linken Schulter verwundet und konnte den Arm nicht mehr gebrauchen. Er legte das Gewehr auf und schoß mit der rechten Hand allein.

Es sah traurig aus bei seinem Zug.

Die Italiener hatten während des zweiten Angriffes ihr Feuer nicht eingestellt, sondern unterstützten den Sturm von beherrschenden Punkten aus mit Maschinengewehren und Schützen.

Und da die Jäger in der Hitze des Gefechts auf die eigene Sicherheit wenig acht gegeben und sich oft hoch über die Deckung erhoben hatten, um besser schießen zu können, war mancher von ihnen den Kugeln zum Opfer gefallen.

Nach der Überwindung des Vorpostens durch den Gegner zählte die Schar um Große noch dreißig Schützen. Nur wenige waren ganz unverwundet.

Doch in den Felsen vor ihrer Stellung verblutete auch der zweite Angriff des Gegners.

Da wartete der Gegner bis zur Abenddämmerung.

Die Jäger verbanden einander ihre Wunden und gaben die Hoffnung auf rechtzeitige Hilfe nicht auf. Unablässig wanderten ihre Blicke zur Fontana-Negra-Scharte, aber von Stunde zu Stunde verloren sie an Zuversicht.

Ein junger Jäger, dessen Glieder noch heil waren, wollte noch einmal den Versuch wagen, die Verbindung mit der Wolf-Glanvell-Hütte herzustellen. Er sprang, geschickt jede Deckung benutzend, von Felsen zu Felsen und kam unverwundet durch die Spießrutengasse der um ihn einschlagenden Geschosse.

Da atmeten die Jäger noch einmal erleichtert auf, denn nun mußte die Hilfe vor Dunkelheit da sein.

Aber der Gegner hatte es eilig:

Kaum verschwand die Sonne hinter dem Gipfel der Tofana, da brach er zum dritten Male vor.

Es war die letzte Kraftprobe auf beiden Seiten, ein zähneknirschendes, letztes Zusammenraffen aller Energie. Wer in diesem Ringen seinen Willen durchsetzte, der blieb endgültiger Sieger; das wußte jeder von den Kämpfenden.

Der maßlose, zur Einheit geschmiedete Wille von tausend Feinden brandete hoch auflodernd gegen die Stellung der Dreißig, brandete mit seiner tausendfachen Wut und zerschellte beim ersten Anprall.

Zwei Stahlmassen schlugen mit ungeheurem Getöse aneinander, aber die eine erwies sich härter als die andere und zersprengte diese.

In dem Wall krepierender Handgranaten, den die Jäger um sich herumgelegt hatten, erstickte der Angriff des Gegners.

Danach trat eine Pause ein.

Leutnant Große war durch einen Beinschuß zu Boden gestreckt; von seinen Leuten blieben noch sechzehn kampffähig.

Er ließ sich auf einen Fels der Brustwehr legen, um mit dem unverwundeten rechten Arm schießen zu können.

Dann zählten sie ihre Patronen und verteilten sie untereinander. Sie hatten zusammen noch 30 Schuß.

Wieder hingen ihre Blicke minutenlang an der Fontana-Negra-Scharte. Der Gegner raffte sich noch einmal auf und löschte ihnen den letzten Hoffnungsschimmer.

Wohl an die dreißig Italiener der vordersten Linien fielen, der Ansturm stockte noch einmal.

Dann vernichteten die Jäger ihre Gewehre und warteten auf das Kommen des Gegners.

Als auf deutscher Seite kein Schuß mehr fiel, kam er zögernd und ohne Triumph herbei. —

Die Gipfel der Dolomiten glühten im Golde der untergehenden Sonne und ehrten das kleine Häuflein der Gefangenen, das blutend, langsam über die Felsen der Fontana Negra gegen Süden hinabkletterte.

Der taktische Erfolg der Italiener war gering, denn, als sie nach Überwindung des Zuges Große gegen die Fontana-Negra-Scharte vordrangen, stießen sie dort auf neue deutsche Truppen, die zum Teil noch im Anstieg aus dem Travenanzestal begriffen waren.

Der Kampf um die Fontana Negra begann wieder.

***

Es gab kaum eine Felsenstellung in den Dolomiten, die so ständig in einem Kleinkrieg von Gefechten lag, wie jene in der Fontana Negra.

Aber es gab auch keine österreichische Hochgebirgsstellung, die ein so jämmerlich unglückliches Dasein fristen mußte, wie diese Felsenfalle zwischen den Drei Tofanen.

Nach den unglücklichen Kämpfen, die schon die Jäger des Deutschen Alpenkorps auf der Fontana-Negra-Scharte zu bestehen hatten, folgte eine Reihe von Kleinkämpfen und Patrouillengefechten, die mit zäher Erbitterung geführt wurden und die Verteidigung immer wieder zu einem langsamen Zurückweichen zwangen.

Es erscheint wie ein Rätsel, daß diese eigenartigste aller Felsenstellungen überhaupt so lange zu halten war.

Die österreichische Stellung im Fontana-Negra-Kar hatte den Feind fast bis zu einem Ring geschlossen um sich. Nirgends stand der Gegner auf gleicher Höhe, sondern überhöhte in diesem drohenden Felszirkus die österreichischen Stellungen in jeder Höhenlage von 100 bis zu 1000 m. Dazu hing der Rücken dieser unhaltbaren Frontlinie vollkommen in der Luft. Hinter den österreichischen Felsgräben und Kavernen schoß das Trümmerfeld des Kares steil in die Tiefe und endete weit unten in eine senkrechte Felswand, die in einer Höhe von 100 bis 200 m glatt und undurchsteiglich in das Travenanzestal abfiel. Durch diese Felswand führte über Leitern aus Eisenstiften der Zugang in das Kar. Schon die Begehung dieser Leitern war äußerst anstrengend und gefährlich.

Aus der Felsenfalle in der Fontana Negra gab es für die österreichische Besatzung kein Entrinnen, weder in der Flanke, noch nach rückwärts. In schütterer Linie zogen sich nur die notdürftig ausgebauten Stellungsanlagen durch das Trümmerkar von einer Felswand zur anderen. Riesige, haushohe Blöcke mitten drin, waren mit ihren eingebohrten Kavernen die Pfeiler der Stellung.

Tofana di Roces, Travenanzes-Stellung. ➔

Hoch oben in den Felsgraten der Bergmassive, die das Kar einschlossen, hatte die todgeweihte Stellung zwei Flügelstützpunkte. Einsam und verlassen thronten sie viele hundert Meter über der Hauptstellung: In den Wänden, die von den Tofanen II und III gegen das Kar und in das Travenanzes abfielen, die Felsenfeldwache „Nemesis“; im scharfgeschnittenen Grat, der von der Tofana I gegen Norden abfiel, die Feldwache „Dickschädel“. Einsame, verlorene Posten, für die es nur drei Dinge gab, wenn ein entscheidender Angriff der Italiener einsetzen würde: Der Tod auf der Feldwache, Absturz über die Felsen oder Gefangennahme. Ein Entrinnen gab es nicht.

Vom Gegner im Halbkreis überhöht und eingesehen, bedroht aus Stellungen auf 1000 m höheren Bergspitzen, auf denen Batterien standen und Scheinwerfer, umgeben von Felswänden, aus denen bei Tage als Echo auf jede kleinste Bewegung die gegnerischen Maschinengewehre krachten, konnte die Besatzung in der Fontana Negra nur nachts notdürftig an ihren Stellungen arbeiten und diese verbessern. Es gab bei Tag kein Leben in dieser Felseinöde, alles, was in die Stellung kam und aus ihr ging, mußte den Schutz der Nacht haben. Wenn heller Tag und Sonne auch diesem fürchterlichen Ort Bergschönheit gaben, lag alles Leben und Treiben in den österreichischen Linien unter den silbergrauen Felsen der Dolomiten. Als der Winter auch den Feind auf den Bergen ringsum zu teilweiser Untätigkeit zwang, erwuchs den armen Leuten unten im Kar ein neuer, furchtbarer Feind aus den Wänden der Tofanen: Die Lawinen. Von allen Seiten rauschten sie wie ungeheure Wasserfälle über die Steilwände herab und begruben Unterstände und Kavernen zu weißen Gräbern.

So hatte die Stellung im Kar der Fontana Negra über ein Jahr einen einsamen, aussichtslosen Kampf gegen die Macht der Berge und den Feind auf ihnen gekämpft, täglich und stündlich gekämpft und war immer unterlegen.

Am 9. Juli 1916 fiel die Fontana-Negra-Stellung endgültig. Zu dieser Zeit war sie vom Hochgebirgsdetachement des Kaiserjägerhauptmanns Lap besetzt.

Als am jenseitigen Fuße der Tofana di Roces im Felskörper der Punta dei Bois-Castelletto die 35 000 kg Sprenggelatine an einer winzigen Zündschnur hingen, um die uneinnehmbaren österreichischen Stellungen auf ihr in die Luft zu zerstäuben, setzte, wie es der große Angriffsplan der Italiener vorsah, zuerst ein Durchbruchsversuch im Fontana-Negra-Kar ein.

Am 8. Juli begann das Vorbereitungsfeuer der Italiener aus schwersten Geschützen in den Felsenkessel zu schlagen. In der Nacht auf den 9. Juli lag dichtester Nebel auf den Kampfgräben. Um 2 Uhr nachts begann überfallsartig ein rasendes Feuer der italienischen Artillerie aus allen Kalibern und aus Minenwerfern, das eine Stunde dauerte. Ein Maschinengewehr begann aus den Felswänden der Tofana II in den Rücken der Besatzung zu schießen.

Standhaft und unverdrossen überstand die Besatzung das Trommelfeuer, nur notdürftig hinter Felsblöcken gedeckt, und erwartete den Angriff.

Inzwischen hatten die italienischen Angriffstruppen im Schutze der Nacht, des Nebels und des Trommelfeuers in den Felsen des Kessels die österreichischen Stellungen umgangen und eingeschlossen. Nun folgte der Angriff, der sich mit besonderer Wucht gegen den linken Flügel konzentrierte. Schon bei der Verlegung des Trommelfeuers war es den Italienern gelungen, den rechten Flügel der Österreicher auszuheben. In der kurzen Pause zwischen dem Einstellen des Trommelfeuers und dem Beginn des Angriffs hörte Hauptmann Lap in nächster Nähe italienische Stimmen. Italienisch rief er durch den Nebel die Unsichtbaren an und frug nach dem Losungswort. „Brescia e Cecilia“, kam es zurück. Nun wußte man, daß der Feind den rechten Flügel bereits eingedrückt hatte. Mit wenigen Jägern warf sich Hauptmann Lap den eingedrungenen Italienern entgegen und verjagte sie mit Handgranaten. Von vorne, in der Flanke und im Rücken wurde der linke Flügel von dem übermächtigen Angriff der Italiener erfaßt. Mit einer gewaltigen Übermacht drang der Gegner vor, nur der unverwundete Rest von 70 Mann des Hochgebirgsdetachements stand dem angreifenden Alpinibataillon Antelao gegenüber.

Eine unheimliche Verwirrung setzte ein. Es gab keine einheitliche Führung mehr, jeder Mann wurde in der undurchdringlichen Finsternis der Nacht zum Einzelkämpfer. Wo der Feind hinter den Felsblöcken hervorbrach, sprangen ihm die Verteidiger entgegen, und wehrten ihn mit Handgranaten und im Handgemenge ab. Mit äußerstem Geschick nützten die Kaiserjäger ihre genaue Kenntnis dieses Felsenlabyrinths aus, in dem sich der Gegner nicht voll entfalten konnte und unsicher umhertappte.

Immer wieder drangen Sturmscharen des Gegners vor. Schon währte dieser höllische nächtliche Kampf zwischen den Trümmern des Kars Stunden. Da begann sich plötzlich ein empfindlicher Mangel an Munition bemerkbar zu machen. Die letzten Reste des Häufleins der Verteidiger drängten sich beim Kavernenfelsen zusammen, wo noch etwas Munition aufgestapelt lag. Dem Feind war es gelungen, einige große Felsblöcke zu erklettern und nun wütete der Kampf von Felsblock zu Felsblock.

Mit einem geschlossenen Angriff ging der Feind gegen das letzte Bollwerk der Verteidigung beim Kavernenfelsen vor. Hauptmann Lap sank durch einen Handgranatensplitter und einen Schuß an Fuß und Schulter verwundet zusammen.

Mit letzter Kraft gelang es den Jägern, den Platz vor dem Kavernenfelsen zu säubern und ihren verwundeten Hauptmann durch den hochgelegenen Eingang in die Kaverne zu schaffen. Nun saß der Rest der Verteidiger mit einer Anzahl gefangener Italiener in der Felskaverne.

Verzweifelt versuchte ein Fähnrich mit einer Handvoll unverwundeter Leute zweimal aus der Kaverne auszubrechen. Jedes Mal konnte er für kurze Zeit den Eingang vom Gegner säubern.

Aber bald wurde der Kavernenfelsen vollkommen umzingelt, der Ring war geschlossen, aus dem es kein Entrinnen gab.

Das halbzerstörte Maschinengewehr in der Kaverne konnte nur mehr Einzelschüsse abgeben, die Leute hatten keine Handgranaten und keine Gewehrmunition mehr. Fast alle waren verwundet. Jede Hoffnung auf Hilfe aus dem Travenanzes war geschwunden.

Da flogen italienische Handgranaten in die Kaverne, ein Flammenwerfer begann durch die Schießscharten seine teuflischen Schwaden zu speien.

Um 6 Uhr früh, nach dreistündigem, heldenhaftem Kampf in Nacht und Nebel dieses Hexenkessels streckten die Letzten von der Fontana Negra die Waffen.

Das Detachement Hauptmann Lap war nicht mehr, alle waren gefallen, verwundet oder gefangen. Nur ein Mann entkam und konnte sich in das Travenanzes durchschlagen.

Fast auf den Tag genau waren ein Jahr früher die blutenden Reste der preußischen Jäger über die Fontana-Negra-Scharte gezogen, dem Süden, der Gefangenschaft zu. Jetzt zog ein Trupp Kaiserjäger den gleichen Weg. Helden der Fontana Negra.

*
* *

Auch zum „Dickschädel“ kletterten die italienischen Sturmpatrouillen über den Nordgrat von der Tofana I hinunter und wollten ihn über die Felsen hinabwerfen. Aber der „Dickschädel“ machte seinem Namen alle Ehre, und schickte den Feind mit blutigen Köpfen zurück. Noch als die Hauptstellung gefallen war, wehrte sich der Kommandant des „Dickschädels“, Fähnrich Schlachter, mit seinen 16 Kaiserjägern erbittert. Den ganzen 9. Juli noch kämpfte die Besatzung auf ihrer Felsenkanzel zwischen Himmel und Erde.

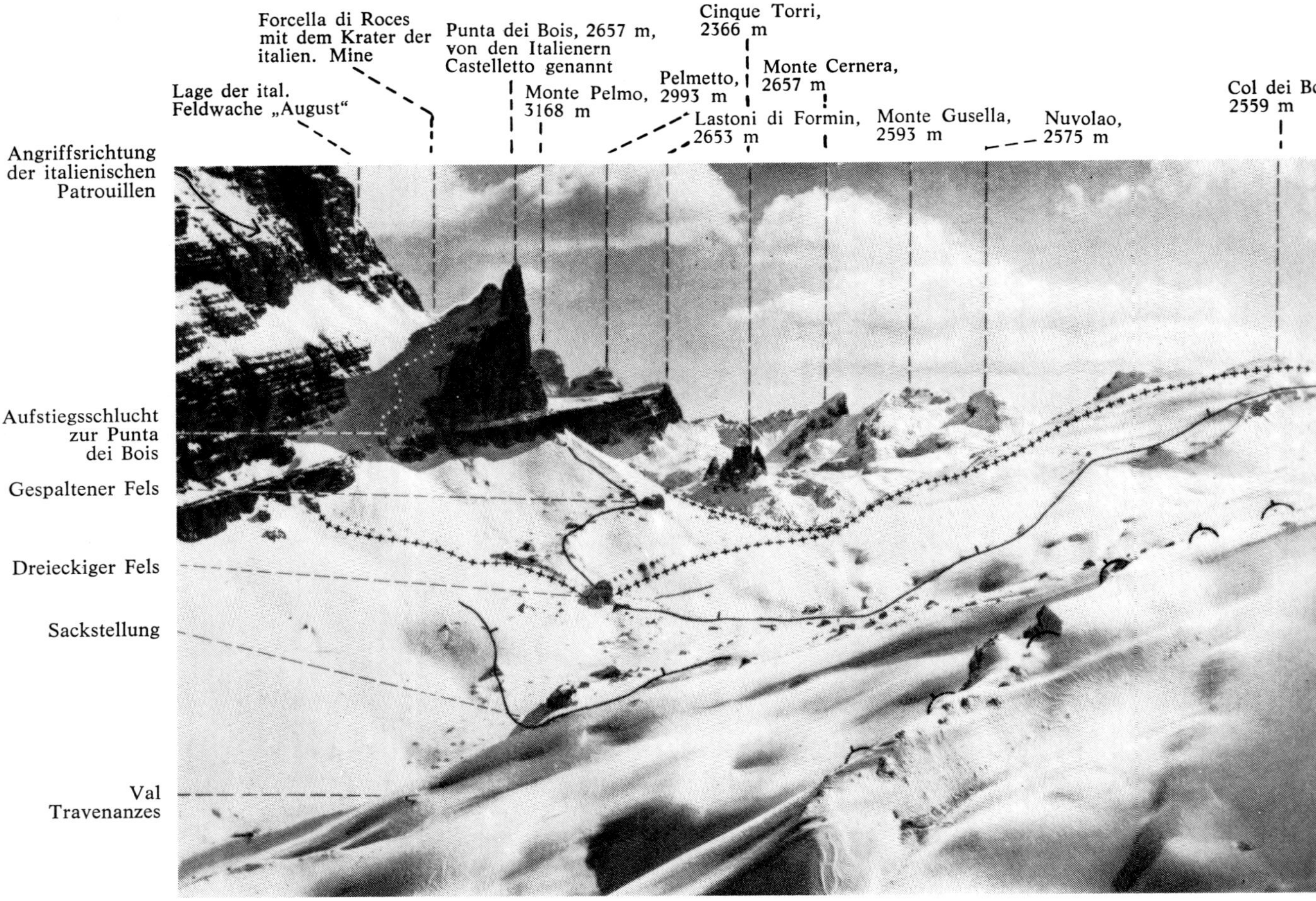

Die gesprengte Punta dei Bois-Castelletto, 2657 m, von der Dolomitenstraße.

Eingezeichnet ist der Verlauf der Linien auf der Forcella dei Bois, 2330 m, vor und nach der Sprengung der Punta dei Bois-Castelletto. Auf dem Bild sichtbar sind die Stellungen nach der Sprengung. Im Hintergrund die Ampezzaner Dolomiten.

= Österr. Stllg.
xxxxxx = Ital. Stllg.
= Zugänge

Am 10. Juli war auch bei ihnen die Munition zu Ende. In weitem Bogen schmetterten die Kaiserjäger ihre Gewehre über die Felswände viele hundert Meter tief ins Travenanzes hinunter.

Und mußten dann den gleichen Weg ziehen, wie am Tage vorher ihre Kameraden von der Hauptstellung.

Nur die „Nemesis“ entkam. Von allen Seiten umringt und ohne Munition, mußten sie sehen, wie ihre Kameraden gefangen durch das Kar abgeführt wurden.

Da die leichteren Kletterwege, die den Zugang aus dem Kar bildeten, vom Feinde verrammelt waren, seilten sich die Leute der „Nemesis“ über die senkrechten Felswände in das Travenanzes ab. Vier Tage währte diese abenteuerliche Flucht durch die Felsen, dann konnte der Kommandant der „Nemesis“ das Eintreffen der Feldwache seinem Kommando melden.

Als man in der Nacht des 9. Juli unten im Travenanzestal besorgt das fürchterliche Wettern in der Fontana Negra hörte und jede Nachricht ausblieb, was dort oben geschehen war, kletterte der Abschnittskommandant, Kaiserschützenhauptmann Baborka, mit einer kleinen Anzahl Freiwilliger in das Kar hinauf.

Keiner kehrte zurück. Viele Tage später fanden die italienischen Truppen die Leiche des Hauptmannes zwischen den Felstrümmern.

Da wußte man, daß die Fontana-Negra-Stellung endgültig gefallen war.

Gerungen wie die Helden,
Verblutet Mann für Mann,
Nur Lieder werden melden,
Was Großes sie getan.

Bruder Willram

Der ehemalige Soldatenfriedhof in Corvara. Nach Fertigstellung des Deutschen Krieger-Ehrenmales am Pordoijoch (Piera Clocia, 2000 m) wurden dieser Friedhof und fast alle Soldatenfriedhöfe in den Hochtälern und unter den Wänden der Dolomitfelsen aufgelassen, die Toten exhumiert und im Ehrenmal am Pordoijoch bestattet. Nach dem Wunsche des Standschützenmajors Franz Kostner aus Corvara durfte der Platz des alten Soldatenfriedhofes nicht verbaut werden. Er wurde nach Restaurierung der Kapelle zu einer Gedenkstätte umgestaltet.

Piero Pieri

Castelletto

Aus dem Italienischen

DIE KÄMPFE IM JAHRE 1915

Die Dolomitenstraße, dieses prächtige Band, das hart an der früheren italienischen Grenze entlang und durch einige Talschlüsse zieht, die zu den herrlichsten der Alpen zählen, verbindet Toblach und Cortina d'Ampezzo mit Bozen und berührt in mehr als der Hälfte ihres Verlaufes Örtlichkeiten, die dem Andenken heilig sind.

Der Wanderer, der die Dolomitenstraße von Toblach bis zum Pordoijoch benützt, begegnet auf Schritt und Tritt Namen, die heute schon der Geschichte angehören: Monte Piano, das Massiv des Cristallo, Son Pauses, die Tofanen, Castelletto, der Kleine Lagazuoi, Sasso di Stria, Col di Lana . . . Jeder von diesen Bergen hat blutige Kämpfe gekostet, die Monate dauerten, hat von einer und der anderen Seite unzählige Akte des Heldentums und der Aufopferung gesehen und die Entwicklung dieser Kämpfe nach und nach zu einem erbitterten Belagerungskrieg. An wenigen Orten der italienisch-österreichischen Front und, es kann ohne Übertreibung gesagt werden, an wenigen Orten der fast unbegrenzten Front des Weltkrieges war der Minenkrieg heftiger und charakteristischer: Der Col di Lana, der Monte Sief, der Kleine Lagazuoi und der Castelletto sahen die ungeheuersten Minen des Krieges. Heute noch sind die eindrucksvollen Spuren dieses fürchterlichen Krieges im Innern der Berge deutlich zu sehen.

Früher hieß der 2657 m hohe Castelletto „Punta dei Bois". Seit dem Krieg wurde der italienische Name „Castelletto" auch in den neueren Führern der Dolomiten offiziell aufgenommen. Wer von Cortina zum Falzaregopaß kommt, steigt fast bis zum Ende durch das kleine Tal des Costeanabaches. Zu seiner Rechten entwickelt sich die phantastische Szenerie des Tofanastockes. 1½ km vor den Kehren, die zum Passe hinaufführen, erscheint unvermittelt und die Straße beherrschend eine natürliche Felsbastion, die von der Tofana di Roces oder I, 3225 m, durch eine schmale Felsschlucht geschieden wird, gekrönt von der Forcella di Roces, der Scharte zwischen Castelletto und Tofana I. Drei gigantische Zinnen schmücken den Gipfelgrat und lotrecht stürzen die Wände zur Forcella dei Bois, 2330 m, ab. Jenseits der Forcella dei Bois erhebt sich der Col dei Bois, 2559 m. Nördlich der Scharte beginnt das Val Travenanzes, eine großartige und unheimliche Schlucht, die der Phantasie eines Dante würdig wäre und von den phantastischen Gipfeln des Großen Lagazuoi und der Fanisspitzen begleitet wird.

Wer die Felsbastion des Castelletto sieht, die neben der Tofana I und dem Col dei Bois fast etwas unscheinbar wirkt, will nicht glauben, daß die Italiener diese beiden letzten Berge eroberten und hielten, ohne sich in den Besitz dieser Felsbastion zu ihren Füßen setzen zu können, und daß diese Felsbastion durch Monate und Monate eine große Belästigung unserer Verbindungswege zwischen Cortina und dem Falzaregopaß sein und uns immer wieder kleinere Verluste zufügen konnte. Aber wenn man näher hinkommt, sieht man, welche Schwierigkeiten sich demjenigen entgegenstellten, der diesen Berg angreifen wollte. Vom Gipfel der Tofana fällt die Wand mit angsterregenden Überhängen und so steil ab, daß ihre Durchkletterung unmöglich erscheint. Stirnwärts steigen die Mauern des Castelletto senkrecht in die Höhe, und verlieren sich wild zerrissen gegen den Gipfel. Es bleibt kein anderer Weg, als die erwähnte, sehr schmale Steilschlucht, welche den Castelletto von der Tofana I teilt. Man versteht, daß das einzige Mittel, um den Castelletto den Österreichern zu entreißen, die Eroberung der Forcella dei Bois sein konnte, um so in seinen Rücken zu gelangen. Aber diese ebenfalls sehr schmale Scharte war ein Tor mit zwei festen Säulen: Der Castelletto und der Col dei Bois, der ebenfalls mit senkrechten Wänden über der Dolomitenstraße aufstrebt. Die Scharte selbst war eine Geröllhalde, die so kunstvoll mit Felsblöcken gespickt war, daß sie dem Verteidiger überall Schutz bot und die gerade auf dem höchsten Punkt nackt und frei war. Dann folgte etwa 100 m lang eine kahle Fläche, an die beim Beginn des Val Travenanzes eine neue Geröllhalde stieß, die bis zum Castelletto hinaufreichte und in seiner Nähe einen sehr großen Felsblock aufwies, den „Sasso Misterioso" (der „Geheimnisvolle Fels"), von den Österreichern „Gespaltener Fels" genannt. Auch nachdem die Österreicher die erste Geröllhalde verloren hatten, konnten sie sich hinter der zweiten decken und die kahle Fläche vor dieser wurde in schrecklicher Weise flankierend von den Maschinengewehren vom Fuße des Castelletto her bestrichen. So war auch die Forcella dei Bois eine natürliche Barrikade, auf der sich die Verteidiger gegenseitig sehr unterstützen konnten und wo nur wenige Scharfschützen und einige Maschinengewehre jeder feindlichen Macht standhalten konnten.

In den ersten Tagen des Kriegsausbruches zogen sich die Österreicher, die nur über sehr geringe Kräfte verfügten, auf ihre Hauptverteidigungslinie zurück, dabei die Verbindung zwischen den Abschnitten Sasso di Stria—Valparola und Son Pauses—Landro herstellend. Auf der vorgeschobenen Linie Col dei Bois—Tofanen blieben nur wenige Scharfschützenpatrouillen zurück. Aber gar bald erhielten die österreichischen Truppen Verstärkung durch das ausgezeichnete deutsche Alpenkorps und die vorgeschobene Linie Col dei Bois—Tofana I mit dem Castelletto wurde wieder besetzt.

Die Tofana di Mezzo oder II, 3243 m, und Tofana di Dentro oder III, 3237 m, trafen wir unbesetzt an und so blieben diese beiden Berggipfel in unserem Besitz. Das Vorrücken unserer Truppen, das an diesen Frontabschnitten sehr vorsichtig geschah (Cortina d'Ampezzo wurde am 5. Juni besetzt), stieß nunmehr auf große Hindernisse: Außerordentlich starke, natürliche Stellungen mit großer Flankenwirkung, die durch künstliche Bauten und dichte Hindernislinien, zahlreiche Maschinengewehre, eine vielstückige, sehr bewegliche und gut postierte Artillerie verstärkt waren. Hiezu kam die eingehende Geländekenntnis des Gegners.

Uns fehlte vor allem die Artillerie. Die wenigen schweren Haubitzbatterien der 4. Armee hatten im ersten Monat nur eine Zuteilung von 15 Schuß täglich. Außerdem besaß die Armee, die in diesem denkbar unwegsamen und ungangbaren Gelände vorrücken mußte, fast keine alpinen Truppen. Unsere Infanterie mußte ohne geeignete Ausrüstung, ohne Kenntnis des Geländes, verstärkt durch nur wenige Maschinengewehre und Minenwerfer, angreifen. Sogar an Drahtscheren und Sprengpatronen, um die Drahthindernisse wegzuräumen, war Mangel. Diese Umstände machten die zahlenmäßige Überlegenheit unserer Infanterie, die das Zwei- und Dreifache gegenüber dem Gegner betrug, hinfällig.

Trotz alledem griff Mitte Juni die Brigade Reggio das Valparolajoch, die Forcella dei Bois und die Fontana-Negra-Scharte an. Der Angriff wurde auf der ganzen Linie blutig zurückgeschlagen. Eine Gruppe Verwegener versuchte am hellichten Tage durch die steile und enge Schlucht zwischen Castelletto und Tofana I zur Forcella di Roces aufzusteigen. Noch bevor sie die Scharte erreicht hatte, wurde sie von einer Steinlawine, die vom Gegner abgelassen worden war, erfaßt und in die Tiefe geschleudert. Erst am Fuße der Schlucht blieben die Leichen liegen. Auch der Angriff gegen die Forcella dei Bois hatte keinen besseren Erfolg. Unter größten Mühseligkeiten und mit schweren Verlusten besetzte die Infanterie die erste Geröllhalde. Als sie aber über die kahle Fläche gegen die zweite Geröllhalde vorging, um fächerförmig die beiden Stellungen zu umgehen, wurde sie von allen Seiten vom Maschinengewehr- und gut sitzendem Gewehrfeuer empfangen. Das Geröll war mit Toten und Verwundeten bedeckt, es war unmöglich, diesem mörderischen Feuer standzuhalten. Wer sich retten konnte, zog sich hinter die Felsblöcke der ersten Geröllhalde zurück. Auch die folgenden Angriffe der Brigade hatten trotz der Aufopferung und des Heldentums der Soldaten und der Offiziere keinen glücklicheren Ausgang. Ende des Monats wurde die Brigade, erschöpft und dezimiert, zur Abriegelung des Costeanatales und der Dolomitenstraße zurückgezogen.

Am 7. Juli wurden die Angriffe wieder aufgenommen. Das Alpinibataillon Belluno erreichte nach viertägigem, heißem Kampf die Forcella dei Bois und konnte mit einem überraschenden Handstreich den Col dei Bois besetzen. Dieses Unternehmen gelang so glatt, weil die Angriffstruppe eine sehr schwierige Schlucht durchkletterte, welche vom Gegner nicht eingesehen war.

Nunmehr stockten die Angriffe auf den erreichten Stellungen, ein weiteres Vortragen der Offensive war unmöglich. Links drohte die Cima Falzarego, 2509 m, in der Flanke, zur Rechten stand der unangreifbare Castelletto, die offene Fläche nach der Forcella dei Bois wurde unausgesetzt von den Maschinengewehren bestrichen, die verhängnisvolle Geröllhalde bedeckte sich neuerdings mit Leichen. Die Unterstützung durch die Gebirgsartillerie war ungenügend, umsonst bemühten sich die Maschinengewehre des Bataillons, aus ungünstigen und vom Feind beherrschten Stellungen heraus das gegnerische Feuer niederzuhalten. Der Angriff blieb in diesem Abschnitt auf halbem Wege stecken. Weiter östlich, auf der Forcella Fontana Negra, gelang es der Infanterie, mit schweren Opfern einige Felsen unweit der Schartenhöhe zu besetzen und sich dort zu halten. Der einzige greifbare Erfolg war somit die Eroberung des Col dei Bois und der Forcella dei Bois.

Aber der Castelletto war noch im Besitze der Österreicher, eine unheimliche, rätselhafte, lästige Festung, eine großartige und starre Sphinx. Sein Name begann im Munde der Soldaten dumpf zu klingen.

Der eiserne General Cantore der Alpini gab sich jedoch nicht besiegt, und wollte den Versuch in einem anderen Abschnitt wiederholen. Sein Gedanke war, die Forcella Fontana Negra zu erstürmen, um durch diesen Durchbruch der österreichischen Verteidigung im Val Travenanzes in den Rücken fallen zu können.

Am 20. Juli, als der heldenhafte General in der vordersten Linie, von welcher der Gegner nur auf Steinwurfweite entfernt war, die Angriffsmöglichkeiten erkunden wollte, fiel er, von einer Gewehrkugel mitten in der Stirne getroffen. Nach zweitägigem, hartnäckigem Kampfe rächten die Alpini den Tod ihres Generals durch die Eroberung der gegnerischen Stellungen, welche von einer Kompagnie preußischer Jäger erbittert verteidigt worden war. Noch über diese Stellungen hinaus drangen die Alpini gegen die Tofana I vor und besetzten den Felsturm der Punta Marietta, 2873 m. Aber der Tod des kühnen Generals wurde fühlbar, die Angriffe verloren ihre einheitliche Planmäßigkeit, es gelang nicht, die vereinzelten Anstrengungen zu sammeln und den Sieg auszunützen. Das Vordringen bis in das Val Travenanzes wurde nicht erzwungen und damit schwand die Hoffnung, den Castelletto durch diese Umgehung zu erobern.

Italienische Stellungen auf der Col-dei-Bois-Scharte, im Hintergrund der Große Lagazuoi. Aufnahme 30. Juli 1916 am Falzarego.

Immer mehr begann sich der Castelletto in unangenehmer Weise bemerkbar zu machen, alle Transporte wurden von seiner Spitze aus unter verheerendes Feuer genommen.

Nach den mageren Ergebnissen der letzten Angriffe kam das Korpskommando zur Einsicht, daß ein Durchbrechen der gewaltigen gegnerischen Linien durch kleinere Angriffe an verschiedenen Orten und mit überraschenden Handstreichen leichter sein müsse.

Was aber den Castelletto anlangte, erwachte eine neue Hoffnung: Man wollte den Gipfel der Tofana I besetzen und von dort mit Maschinengewehren, mit Minen, Steinlawinen, so lange auf seinen Rücken einwirken, bis der Gegner weichen mußte oder, falls ein Durchstieg durch die Wand möglich war, mit kühnen Patrouillenunternehmungen zu den Stellungen auf dem Castelletto hinabdringen. Endlich, nach Kämpfen, die den ganzen Monat August dauerten, wurde am Morgen des 17. September die Spitze der 3225 m hohen Tofana I erobert. Jedoch die Freude über den glänzenden Erfolg dieser Angriffe, die den Gegner eines seiner wichtigsten Beobachtungspunkte beraubt hatten, wurde bald durch die Erkenntnis gedämpft, daß es kaum möglich sein würde, vom Gipfel der Tofana I den Abstieg zum Castelletto zu bewältigen. Der Abstieg wurde durch Felswände vereitelt, die viele hundert Meter senkrecht in die Tiefe abbrachen. Auch der Versuch, Rollbomben auf die österreichischen Stellungen abstürzen zu lassen, schien erfolglos geblieben zu sein.

Trotz der großen Verluste der Truppe und ihrer Übermüdung beschloß das Kommando überraschend einen neuen Angriff auf den Castelletto. Mit einem Handstreich und einem gut durchdachten, wohlvorbereiteten Angriff sollte das ganze Massiv der Tofana I bis in den Talgrund des Val Travenanzes genommen werden. Ausgesuchte Kletterer sollten in der Nacht über die steilen Felswände einen Punkt auf der Kante der Tofana erreichen, um von dort einen Teil der rückwärtigen Seite des Castelletto bestreichen zu können und die unangenehmen Scharfschützen hinter seinen Gipfelzacken zu verjagen. Der Kletterpatrouille sollte ein Maschinengewehr beigegeben werden. Sofort darauf sollte ein Zug unter dem Kommando des Leutnants Carrera, der im ganzen Abschnitt wegen seiner Kühnheit bekannt war, versuchen, bis zum „Geheimnisvollen Felsen“ (dem „Gespaltenen Fels“ der Österreicher) zu gelangen, um die Truppen des Gegners dorthin abzuziehen. Dies sollten weitere drei Züge benützen, um durch die Steilschlucht zwischen Tofana I und Castelletto aufzusteigen und die gegnerischen Stellungen zu überfallen.

Trotz der Kühnheit und Geschicklichkeit der Kletterpatrouille waren für den Aufstieg nicht 6 Stunden, wie vom Kommando angenommen, nötig, sondern fast das Dreifache. Dadurch wurde der wohldurchdachte Angriffsplan gänzlich über den Haufen geworfen. Den Leutnant Carrera erreichte der Befehl nicht mehr, den Angriff zu unterlassen. Um 2 Uhr nachts des 24. Septembers verließ er mit seiner Patrouille leise unsere Stellungen, überquerte die berüchtigte Geröllhalde und gelangte überraschend zum „Geheimnisvollen Fels“, hinter dem er stürmend in den österreichischen Graben eindrang. Aber der Gegner setzte sofort zu einem Gegenangriff an. Der Patrouille wurde von keiner Seite Hilfe zuteil, weder die Besatzung der Forcella dei Bois, noch die anderen Besatzungen rührten sich. Die heldenhaft kämpfenden Alpini riefen umsonst um Hilfe und in kurzer Zeit war der Zug, der die eroberten Gräben nicht verlassen wollte, von den Österreichern umzingelt und buchstäblich vernichtet. Der Kommandant geriet, zweimal verwundet, in Gefangenschaft.

Trotzdem wurde die Aufgabe der Kompagnie, welche den Castelletto erstürmen sollte, nicht geändert. Bald nach Mitternacht des 25. September eröffnete der schneidige Leutnant Massini aus den Felsen der Tofana mit seinem Maschinengewehr überraschend auf 150 m Entfernung ein verheerendes Feuer in den Rücken der Castelletto-Besatzung und es gelang ihm, ein wahres Blutbad unter den österreichischen Scharfschützen anzurichten, die in den Felsenzinnen eingenistet waren. Die Kompagnie sollte in diesem Augenblick zum Sturm durch die Felsschlucht ansetzen. Durch ein Mißverständnis ging kostbare Zeit verloren, man wollte zuerst wissen, ob die Wirkung des Maschinengewehres in den Felsen auch eine genügende gewesen sei. Ein Zug begann den Aufstieg durch die Felsen zu einer Zeit, in der die Munition des Maschinengewehrs bereits erschöpft war. Und doch gelang es einigen Alpini, sich in der Felsenscharte zwischen Castelletto und Tofana I festzusetzen. Sie versuchten ihre Stellung mit Handgranaten zu behaupten, mußten jedoch dem Gegenangriff weichen, weil sie von unten keine Unterstützung bekamen. Die Hälfte der Mannschaft blieb tot oder verwundet in den Felsen.

Das Kommando des Abschnittes Tofana ließ nicht locker. Für den 28. September wurde ein neuer Angriff gegen die Forcella dei Bois angesetzt, den das Alpinibataillon Val Chisone, das eigens zu diesem Zwecke antransportiert worden war, am hellichten Tag durchführen sollte. Trotz der ungünstigen Umstände gelangte eine Kompagnie in das Grabengewirr des „Geheimnisvollen Felsens". Wenige nur von dieser Kompagnie kamen zurück, wer nicht tot blieb, wurde verwundet oder gefangen. Es war ein schwerer Mißerfolg, in dem die italienischen Truppen eine Reihe hervorragender Offiziere und ausgezeichneter Mannschaften verlor.

Wenige Tage später wurde auf der Gegenseite das 2. preußische Jägerregiment des Alpenkorps aus dem Val Travenanzes abgezogen und durch ein Bataillon des 1. Regiments der Tiroler Kaiserjäger und eines des 3. Regiments ersetzt.

Es schien, als sollte eine Pause in den Angriffen eingeschaltet werden, um den italienischen Truppen die wohlverdiente Ruhe und Erholung zu gewähren. 20 Tage später jedoch, in der Nacht vom 16. auf den 17. Oktober, wurden die Alpinibataillone Belluno und Val Chisone neuerlich zum Angriff auf die fürchterlichen Stellungen angesetzt. Der neue Kommandant des Abschnittes, Oberst Giuseppe Tarditi, wollte noch vor Einbruch des Winters endgültig die Kämpfe um den Castelletto mit dessen Eroberung zu einem Abschluß bringen. Fast die gesamte Artillerie des Armeekorps wurde zur Unterstützung herangezogen. Man wollte auf die Stellungen des Castelletto und der Forcella dei Bois ein Artillerie-Massenfeuer legen, das jeden Widerstand niederdrücken sollte. Die Angriffstruppen waren wohl müde und ohne viel Vertrauen, aber man glaubte, daß es ihnen diesmal ohne große Anstrengung gelingen würde, die gegnerischen Stellungen zu nehmen.

Die Hauptaufgabe bei diesem Angriff war der Artillerie zugedacht. Die beiden Bataillone sollten gegen die Forcella dei Bois anrennen und nur ein Zug ausgesuchter Leute sollte versuchen, die berüchtigte Felsschlucht zwischen Castelletto und Tofana I zu ersteigen. Aber der ganze Angriff stieß auf ein neues großes Hindernis, nämlich den Neuschnee, der die Tage vorher bis zu einer Höhe von 1½ m gefallen war und der die angreifenden Truppen außerordentlich hinderte, die freien Flächen vor den österreichischen Stellungen zu durchlaufen.

In jener Angriffsnacht entwickelte sich eine großartige Szenerie. Aus dem prachtvollen Rund der Berge, das Cortina im Süden umgibt, vom Becco di Mezzodì über die Cinque Torri bis zum Prà Pontin spie ein Halbkreis durch drei Stunden Feuer auf den Castelletto, auf den „Geheimnisvollen Fels" und die Geröllhalde in seiner Flanke. Von den fernen Bergen herüber heulten die 21er und schütteten ihren Eisenhagel über die Felsen. Ein furchtbares dumpfes Klatschen ertönte, wenn eine Granate an den Felsen krepierte, im grellen Aufleuchten sah man Felsblöcke in alle Richtungen fliegen, rote Staubwolken wirbelten auf, man hörte das Schreien der Verwundeten und das Geknatter der Maschinengewehre, das aufgeregt und zornig aufklang. Das Artilleriefeuer wurde besonders auf den Castelletto gelenkt. Aber seine Stellungen hielten stand. Zeitweilig schwiegen die feindlichen Maschinengewehre und man hoffte schon, daß sie von der Artillerie vernichtet seien. Hingegen wechselten sie nur die Gurten aus und begannen dann wieder eine wilde Feuerwelle über die Geröllhalde zu legen, an der die Alpini schweigend den Augenblick des Sturmangriffes erwarteten. Und als endlich der Angriffsbefehl gegeben wurde, hörte man auf der ganzen Linie die hellen Rufe „Savoia" der vorstürmenden Alpini. Die Stürmer versanken tief im Schnee und kamen nur mit größter Mühe vorwärts. Knapp vor den feindlichen Hindernissen leuchtete der blendende Schein der gegnerischen Maschinengewehre auf. Die Verluste waren groß. Bei den stürmenden Soldaten, denen man in großen Tönen die Wirkung des Artilleriefeuers vorgesagt hatte, wurde die Angriffslust geringer. Dazu kam, daß unsere Artillerie an Munitionsmangel zu leiden begann. Auf der rechten Flanke, knapp unter den Felsen des Castelletto, erreichte eine Kompagnie die feindlichen Hindernisse, die nur wenig beschädigt waren. Jeder Versuch, mit Sprengpatronen Breschen in die Hindernisse zu legen, wurde vom Feinde erstickt.

Der Angriff durch die Felsschlucht wurde angesetzt, als jener am „Geheimnisvollen Fels" gescheitert war. Auch dieser mißlang. Die ersten verwegenen Alpini, die bis in die Nähe der Scharte gekommen waren, wurden sofort durch Handgranaten verwundet, stürzten auf die nachkletternden Kameraden und rissen auch diese ins Verderben.

Gegen 4 Uhr morgens lag die Front wieder in einer fremden, fast angstvollen Ruhe. Die Morgenröte beleuchtete die glorreichen Gipfel der Punta Marietta, der Tofanen und des Col dei Bois, während die Felsen des Castelletto in ihrem geheimnisvollen Grau schimmerten. Ein düsteres Schweigen lag über den Felsen, starr und unerbittlich, zu ihren Füßen die furchtbare Geröllhalde, auf der die Leichen der heldenmütig Gefallenen zerstreut umherlagen.

Das Jahr 1915 ging seinem Ende entgegen und die italienischen Truppen waren im Besitz der Forcella Fontana Negra, des Gipfels der Tofana I, der Forcella dei Bois, des Col dei Bois und des größten Teiles der Cima Falzarego. Der ungebrochene Gegner war fast überall zurückgedrängt worden, aber der Castelletto war noch in seinem Besitz. Weder die Tapferkeit und Selbstverleugnung der Infanteristen aus Sardinien noch die Kühnheit und Geschicklichkeit der prachtvollen Alpini der Bataillone Belluno und Val Chisone waren imstande gewesen, ihn zu erobern.

DIE MINE

Der Kommandant der italienischen Truppen war zur Einsicht gekommen, daß die Eroberung des Castelletto durch einen frontalen Angriff nie möglich sein würde. Und so wurde der Gedanke geboren, diese uneinnehmbare Felsenfestung anzubohren und in die Luft zu sprengen. Die Alpinitruppen waren nicht nur tapfere Soldaten, sondern auch ausgezeichnete Arbeiter. Fast alle diese Soldaten, die oft und oft unnütz bis zu den Drahtverhauen des „Geheimnisvollen Felsens" den Sturm vorgetragen hatten, waren brave Mineure, die vor dem Krieg die Hälfte des Jahres in Westfalen, in Österreich und Frankreich im Inneren der Bergwerke die schwere Arbeit mit der Haue ausgeübt hatten. Und so erhielt schon Mitte November der Leutnant Eugenio Tissi, der vor Kriegsausbruch an der Technischen Hochschule in Berlin Bergbau studierte, von seinem Oberst den Auftrag, die ersten Studien für das Vortreiben einer Mine in diese Felsbastion zu machen.

Am Fuße der oft erwähnten Schlucht zwischen Castelletto und Tofana I befand sich eine natürliche Höhle, in welcher die Besatzung untergebracht war. Die Schlucht selbst

Sandsackstellungen und Baracken der Alpini auf der Cima Falzarego, Mai 1916.

hatte eine Höhe von etwa 80 m. Wohl konnte man mit dem feindlichen Posten oben auf der Scharte Zurufe austauschen, jedoch hinderte eine leichte Krümmung der Schlucht, daß sich die Posten gegenseitig sehen konnten. Der Zugang zur Grotte am Fuße der Felsen der Tofana I entlang war vom Gegner eingesehen. Erst an der zweiten größeren Einbuchtung der Felsen war Platz für die Baracke der Soldaten und eine kleine Unterkunft für den Offizier und das Telefon. Von dieser Einbuchtung aus führte der Zugang zur Stellung „Scudo" („Schildwachstellung"), die von den Österreichern den Übernamen „Tofana-Seppl" erhielt. Der Zugang zu dieser Stellung, aus welcher am denkwürdigen 25. September des Vorjahres Leutnant Masini den überraschenden Feuerüberfall mit seinem Maschinengewehr auf die österreichischen Scharfschützennester auf dem Castelletto ausgeführt hatte, bestand aus Strickleitern, die gut 380 hölzerne Sprossen hatten und über die steilen Felsen herabhingen. Die Stellung selbst bestand aus einem Felsband in der senkrechten Wand, das 1 Meter breit und 4 Meter lang war. Auf diesem Felsbande waren die Zelte durch Eisenhaken an die Felswand befestigt. 3 Mann zählte die Besatzung dieses Punktes. Vom Felsband aus führte ein 8 Meter hoher Kamin zu einem kleinen Geröllplätzchen in den Felswänden, das mit einigen Sandsäcken und einem Schutzschild zur Maschinengewehrstellung ausgebaut war. Durch die Schießscharte des Schutzschildes sah man einen Teil der steilen Felswände der Tofana, darunter die Rückseite der drei Zinnen des Castelletto, die mit kleinen Kavernen, Schießscharten, Unterständen und Sandsackstellungen übersät waren. Diese einzigartige „Schildwache" war in unerhörter Weise den Winden und Stürmen und dem Steinschlag der Felswände ausgesetzt. Trotzdem saßen die Alpini ruhig in ihrer horstgleichen Stellung.

Der Dienst in der „Schildwache“ dauerte 48 Stunden, dann hatten die Leute 48 Stunden Ruhepause in der Baracke am Fuße der Wände.

Nunmehr, da das Vortreiben eines Minenstollens beschlossene Sache war, gewannen die Stellungen am Fuße der Tofana und des Castelletto erhöhte Bedeutung.

Die Arbeit wurde dem schon vorerwähnten Leutnant Tissi anvertraut, dem zur Unterstützung Leutnant Malvezzi, im Zivilberuf Ingenieur, beigegeben war. Beide Offiziere waren ausgezeichnete Kletterer und von großer persönlicher Tapferkeit. Die beiden Offiziere begannen mit langwierigen Erkundungsgängen rings um den Castelletto und hinauf zur „Schildwache“. An langen Seilen ließen sie sich über die Felsen herab und konnten so mit äußerster Vorsicht bis auf kürzeste Entfernung die Stellungen der unfehlbaren Tiroler Scharfschützen ausspähen. Auch die großen Schneefälle und die zahlreichen Lawinen unterbrachen diese Kundschaftsgänge nicht. Ja in gewisser Weise wurden diese durch den mittlerweile stark einsetzenden Winter erleichtert, weil man sich nun mit Schneetunnels behelfen konnte. Mit Ruhe ertrugen die Alpini auch die immer wieder abgehenden Lawinen. So wurde einmal ein Alpino von einer Lawine vom Fuße der Tofana an die 600 m bis zur Dolomitenstraße hinuntergefegt. Wie durch ein Wunder kam er aus den Schneemassen heraus und konnte sich selbst ins Feldspital zur Behandlung seiner leichten Wunden begeben.

Endlich wurde der Ausgangspunkt für den Minenstollen festgelegt, und zwar wurde hierfür die Einbuchtung gewählt, welche sich zwischen dem Ort der Mannschaftsbaracke und der Mündung der Schlucht befand. Um die Arbeiten mit Sicherheit und ohne Verdacht zu erregen, ausführen zu können, wurde von der Baracke bis zu diesem Punkt ein gedeckter Gang angelegt. Die „Schildwache“ erhielt nunmehr größte Bedeutung. Wäre sie vom Gegner erstürmt worden, hätte dieser von dort mit Leichtigkeit die Anlage des Minenstollens vereiteln können. Trotzdem die Felswände, welche von der „Schildwache“ zum Castelletto abfielen, ungangbar erschienen, konnte die Möglichkeit nicht ausgeschlossen werden, daß es einer feindlichen Patrouille aus erstklassigen Kletterern gelingen würde, überraschend bis zur „Schildwache“ vorzudringen. Aus diesem Grunde wurde auch auf dem Felsbande der „Schildwache“ anstatt des Zeltes eine kleine hölzerne Baracke aufgestellt, der Posten wurde verstärkt, die Strickleitern über die Felsen mit besonderer Sorgfalt instand gehalten. Mit wirklich heldenhafter Anstrengung wurde die „Schildwache“ trotz der Schneemengen, der Stürme und der Lawinen des Hochwinters ununterbrochen besetzt gehalten. Zahlreich waren die Feuerüberfälle der Österreicher gegen die „Schildwache“, aber ein direkter Angriff fand nie statt.

Mitte Februar begann mit Bohrstangen und Schlägel die Arbeit am Minenstollen. Man sah bald ein, daß mit diesen Mitteln nur ein sehr langsames und mühevolles Fortkommen zu erzielen war. Schon Ende März konnten in ungeheuer schwierigem Transport auf Schlitten über die steilen Schneehänge von der Dolomitenstraße herauf zwei Bohrmaschinen herangebracht werden.

*
**

Von Anfang an waren fast alle ungläubig an dem guten Ausgang dieses Unternehmens. Die Arbeit erschien sehr langwierig und schwierig, erforderte außerordentliche Geschicklichkeit und Ausdauer und große Mittel. Man nahm an, daß der Gegner wohl gar bald die Absicht merken und mit einer Gegenmine antworten würde.

Man setzte die Arbeiten zwar fort, war jedoch bei den Kommanden so wenig von einem Erfolg überzeugt, daß man schon wieder mit der Absicht, den Castelletto offen anzugreifen, liebäugelte.

Im April wurden die Arbeiten am Minenstollen mit erhöhtem Eifer fortgeführt. 120 Mineure wurden für die Arbeit eingesetzt, die jeweils zu 25 bis 30 sechs Stunden an der Arbeit waren. Große Schwierigkeiten ergaben sich durch die außerordentlich schlechte Luft im Stollen, hervorgerufen durch die Bohrhämmer und durch die Gase der Sprengschüsse.

Besondere Belästigung erfuhren die Arbeiten nur durch die gegnerische Artillerie und die Minenwerfer, die durch ihre Schüsse ganze Steinlawinen aus den Wänden der Tofana loslösten. Man war gezwungen, die Baracken mit Sandsäcken zu schützen und die gedeckten Zugänge zum Minenstollen zu verstärken.

Der tägliche Fortschritt im Minenstollen betrug 5—6 m, bei einer Breite von 2 m und einer Höhe von 1,80 m. Der Fels war außerordentlich hart und kompakt. Das ausgesprengte Material wurde mit einer kleinen Materialbahn durch den Stollen ins Freie befördert. Nach etwa 70 m gelang es, ein seitliches Fenster in einem schmalen Kamin der Felswand zu öffnen, durch das man nunmehr das Material entleeren konnte.

Es wäre außerordentlich nützlich gewesen, hätte man aus größerer Nähe Einblick in die feindlichen Stellungen des Castelletto von rückwärts bekommen. Die wenigen Ansichtskarten, welche man in Cortina auftreiben konnte, waren zwar wertvoll, genügten jedoch nicht, um ein genaues Bild des Geländes in der Rückseite des Castelletto zu geben. Mit der Schneeschmelze schwand auch die Möglichkeit, sich durch Schneetunnels gedeckt näher an den Gegner heranzuarbeiten, um so besser aufklären zu können. Besonders von der „Schildwache“ aus war es möglich gewesen, durch einen Eistunnel ein kurzes Stück über die Felswand hinunterzukommen und von dort guten Einblick in die gegnerischen Stellungen zu gewinnen.

Aus der Absicht heraus, die Erkundungsgänge möglichst nahe an die feindlichen Stellungen vorzutreiben, hatte Leutnant Malvezzi schon am Beginn der Arbeiten jenen außerordentlich steilen und zum Teil überhängenden Kamin, welcher zwischen der Felsschlucht und dem Beginn des Minenstollens eingeschnitten war, zu durchklettern versucht. Dieses Unternehmen war jedoch an den ungeheuren Überhängen im Kamin gescheitert. Wie oben erwähnt, konnte aus dem Stollen ein Fenster eben in diesem Kamin ausgebrochen werden und zu allem guten Glück oberhalb jener Überhänge, die seinerzeit die Durchkletterung vereitelt hatten. Leutnant Tissi versuchte nun mit einem geübten Soldaten den Aufstieg durch den Kamin, wobei er Stück für Stück Seile an den Felsen befestigte. So gelang es ihm, durch den Kamin in die steilen Felswände der Tofana auszusteigen und bis auf 50—60 m Entfernung zum Gegner vorzudringen. Der erreichte Punkt war jedoch ohne alle Deckungsmöglichkeit und konnte außerdem in den Felswänden umgangen werden. So war zwar dieser Punkt für die Verteidigung ungeeignet, er konnte jedoch, solange seine Besetzung vom Feinde nicht bemerkt wurde, als ausgezeichneter Beobachtungsstand dienen. Leutnant Tissi, der auf sein Vordringen bis zu diesem äußerst vorgeschobenen Punkt stolz war, erhielt vom Kommando die Erlaubnis, auch in diesem Kamin Strickleitern anbringen und eine ganz kleine Hütte für 3 Mann erbauen zu lassen. Die Besatzung mußte sich tagsüber versteckt halten und sollte vor allem in der Nacht Beobachtungen machen. So konnten in aller Stille wertvolle Gewohnheiten des Feindes ausgekundschaftet werden *). Der Anstieg durch den Kamin zu diesem Posten war so steil, daß die Leute oft durch Anstoßen an die Felsen die Mütze oder den Stahlhelm verloren. So kam es, daß der Kamin den Namen „Camino dei Cappelli“, d. h. „Hutkamin“, erhielt.

Bei den italienischen Truppen herrschte immer die Frage: Was würden die Österreicher tun? In den ersten Maitagen sah man von der „Schildwache“ zwei österreichische Offiziere, die mit großer Sorgfalt die Felsen der ersten Zinne auf dem Gipfelkamm des Castelletto prüften. Es war jene Zinne, welche später dann durch die Sprengung in die Luft flog. Sichtlich waren die beiden bestrebt, den Zweck unserer Arbeiten zu er-

*) Es war jenes Scharfschützennest, das von den Österreichern „August“ genannt wurde.

raten. Nach einiger Zeit wurden die beiden Offiziere von der „Schildwache" aus unter Feuer genommen: Einer der beiden und ein abseits stehender Soldat fielen wie vom Blitz getroffen. Man wagte dort unten nicht mehr, vor Anbruch der Dunkelheit die Leichen zu bergen. Von jenem Tage ab belästigte die österreichische Artillerie und besonders die Minenwerfer unsere Stellungen mit Vergeltungsfeuer, das uns immer wieder Verluste zufügte. Der Aufstieg zur „Schildwache" wurde sehr gefährlich. Auch der „Camino dei Cappelli" wurde nunmehr unter Feuer genommen und immer wieder wurden die Strickleitern im Kamin stark beschädigt. Die Sandsackstellung auf der „Schildwache" wurde vollkommen zerstört und mußte vollständig erneuert werden. Es gelang dem Gegner jedoch nicht, trotzdem er zuerst mit Minenwerfern, dann mit einem Gebirgsgeschütz aus der vordersten Linie auf die „Schildwache" wirkte, unsere Besatzung zu zwingen, ihre kleine Holzhütte zu räumen. Ebenso schlugen seine Versuche fehl, uns zur Räumung der Kaverne am Fuße der Felsschlucht zu zwingen, wobei zuerst große Rollbomben mit Giftgas verwendet wurden, später schwere Granaten mit Tränengas.

Die Arbeiten schritten gut vorwärts, die Stimmung der Offiziere und Soldaten war gehoben, die Gemüter waren zuversichtlich, der Geist der Leute angriffslustig.

In der Zwischenzeit waren auch zahlreiche Abhorchstationen für die feindlichen Telefongespräche errichtet und unter den Truppen eine Anzahl von Leuten ausgewählt

Kleiner Lagazuoi. Wurfmaschine, Muskete.

worden, welche von ihrem früheren Aufenthalt im Auslande her nicht nur Deutsch, sondern auch andere Sprachen der österreichisch-ungarischen Monarchie verstanden. Durch diese Abhorchstationen gewann man wertvolle Nachrichten.

Nach den Berechnungen des Leutnants Malvezzi sollten bis zum 28. Mai die Arbeiten am Minenstollen bis zu jenem Punkte gediehen sein, über den hinaus man nicht mehr arbeiten konnte, bevor nicht der notwendige Sprengstoff zur Verfügung stand. Dies aus dem Grunde, weil der letzte Teil des Stollens, der schon ganz in der Zone des Feindes verlaufen sollte, in kürzester Zeit fertiggestellt werden mußte, um dem Gegner nicht allenfalls die Möglichkeit zu geben, Arbeiten an einer Gegenmine zu beenden. Und tatsächlich wurden die Arbeiten am italienischen Stollen, die oft durch natürliche Höhlen im Fels begünstigt worden waren, am vorgesehenen Tag beendet. Es fehlte nunmehr nur die Minenkammer und das letzte kurze Stück des Stollens. Jetzt aber stieß man bei den übergeordneten Kommanden auf Schwierigkeiten, den für die riesenhaften Ausmaße dieser Mine notwendigen, hochexplosiven Sprengstoff zugeteilt zu erhalten. Aber Leutnant Malvezzi bestand energisch auf die Zuteilung eines hochexplosiven Sprengstoffes und lehnte alle Surrogate mit dem Hinweis ab, daß er sonst die Verantwortung für das Gelingen der Mine ablehnen müßte.

Der erforderliche Sprengstoff für die Mine des Castelletto betrug die riesige Menge von 35 000 kg Sprenggelatine. Zu jener Zeit war die monatliche Produktion der italienischen Industrie 80 Tonnen. Man verwies darauf, daß es unmöglich sei, für eine einzige Mine die Hälfte der gesamten Produktion eines Monats, nämlich 35 Tonnen, zu verwenden.

Durch eine Verzögerung konnte die Lage am Castelletto sehr gefährlich werden. Im Minenkrieg bedeutet Schnelligkeit alles, um dem Gegner zuvorzukommen. Gerade in jenen Tagen konnte man vom „August“ ober dem „Camino dei Cappelli“ beobachten, daß der Österreicher kleinere Sprengungen an der ersten Zinne vornahm. Bedeutete dies den Bau einer der üblichen Kavernen, oder sollte dies der Beginn der Arbeiten für eine Gegenmine sein? Durch eine Abhorchstation wurde ein Gespräch bei den Österreichern bekannt, in dem festgestellt wurde, daß alle Arbeiten der Italiener nutzlos sein würden: „Am 4. Juni werden sie sehen, was wir machen!“

Alle Stellungen in dem Felsen wurden für diesen Tag verstärkt. Es kam wohl zu keinem Angriff der Österreicher, doch fand die ganze Nacht über aus gegenseitiger Nervosität heraus ein lebhaftes Geplänkel statt, in dem auch Leutnant Tissi auf dem Felsenposten „August“ durch einen Schuß in die Schulter verwundet wurde.

Am Nachmittag des 13. Juni kletterte eine österreichische Patrouille im Schutze des Nebels durch die Felswände der Tofana empor und tauchte plötzlich überraschend ober der kleinen Hütte des „August“ über dem „Camino dei Cappelli“ auf, zog sich jedoch, ohne einen Schuß abzugeben, wieder zurück. Es war klar, daß der Gegner diesmal nur erkunden wollte, wie groß unsere Besatzung sei. Nach diesem Vorfall mußte man auf einen Angriff gefaßt sein. Der Posten wurde von 3 auf 10 Mann verstärkt, die unter dem Kommando eines Leutnants standen. Am 15. Juni, gegen 6 Uhr abends, belegte die österreichische Artillerie die Zugänge durch die Kamine mit starkem Feuer und unter dem Schutze eines Schneesturms drang eine 30 Mann starke österreichische Patrouille unter dem Kommando des Fähnrichs Schneeberger bis zum „August“ vor. Ein Hagel von Handgranaten flog auf die kleine Stellung nieder. Sechs Alpini der Besatzung waren sofort verwundet, einer wurde getötet, der Unteroffizier gefangen genommen. Die drei übriggebliebenen wehrten sich verzweifelt und erzwangen sich den Abstieg durch den Kamin, in dem die Strickleitern durch die explodierenden Handgranaten und Steinlawinen zum Großteil zerfetzt worden waren. Es war unmöglich, Verstärkungen durch den Kamin hinaufzuschicken. Der Versuch einiger

Mineure, aus dem Fenster des Stollens in den Kamin aufzusteigen, mißlang sofort. Schon der erste, der das Fenster verlassen wollte, wurde von einer der Handgranaten zerrissen, die wie ein Regen verderbenbringend durch den Kamin herunterkollerten. Die Österreicher versuchten, den eroberten „August" auszubauen und zu halten. Aber unsere voll auf sie einwirkende Artillerie zwang sie, ihn bald wieder zu verlassen. Die gegnerischen Handgranaten jedoch und das Feuer unserer eigenen Artillerie hatten die Strickleitern im Kamin vollkommen vernichtet, so daß es außerordentlich schwierig gewesen wäre, die Stellung wieder zu beziehen. So wurde dieser Posten wieder neutral, wie er es zwei Monate vorher gewesen war.

Man war angstvoll besorgt gewesen, daß der Angriff des Feindes auch auf die „Schildwache" ausgedehnt würde. Zwar glaubte man, daß der Felskamm zwischen dem „Camino dei Cappelli" und der „Schildwache" vollkommen undurchsteigbar sei, aber dieser Krieg in den Regionen der Adler und Falken, auf lotrechten Felstürmen, auf Felsbändern und in schmalen Kaminen und Schluchten brachte jeden Tag Überraschungen.

Oben auf der „Schildwache" klammerten sich die Alpini im Schneesturm an die Felsen ober dem Abgrund, bereit, ihre Stellung bis zum letzten Mann zu verteidigen. Ein einzelner österreichischer Soldat war plötzlich in den Felsen ober ihnen aufgetaucht, hatte eine Handgranate geworfen, war aber dann gleich wieder verschwunden. Dies hatte den Beweis erbracht, daß ein Durchkommen vom „August" zur „Schildwache" möglich war und man erwartete jeden Augenblick einen Angriff. Die neblige Nacht verging in bangem Wachen. Von Zeit zu Zeit wurde mit dem gegnerischen Posten lebhaftes Gewehrfeuer unterhalten, aber zu einem Angriff kam es nicht.

In den folgenden Tagen wurde die „Schildwache" noch stärker ausgebaut, eine kleine Kaverne mit Schießscharten angelegt und ein Minenwerfer in die Stellung aufgehißt. Mit großem Eifer brachten die Alpini die Munition für diesen Minenwerfer den schwierigen Aufstieg hinan. Mit vier Minen auf dem Rücken erkletterte jeder einzelne Mann die 380 Sprossen der Strickleitern.

Nachdem die Arbeiten am Hauptstollen bis zur Bereitstellung des Sprengstoffes unterbrochen worden waren, entschloß man sich, von diesem mit einem Nebenstollen abzuzweigen, der nicht unter der Schlucht zwischen Castelletto und Tofana I durchziehen sollte, sondern am Körper der Tofana I entlangführen und auf der Rückseite des Castelletto münden sollte. Man verband mit diesem Stollen die Absicht, ihn zum Vorbringen der Sturmtruppen nach der Explosion der Mine zu verwenden. Und schließlich hoffte man, durch diesen Nebenstollen die Österreicher zu täuschen und die Ansicht zu erwecken, daß es sich bei den zahlreichen Sprengungen nicht um die Anlage eines Minenstollens, sondern um die Aussprengung von Kavernen handle.

*
* *

In diesem unvergleichlichen Krieg im Hochgebirge entwickelten sich immer mehr zwei vollkommen verschiedene Arten des Kampfes. Man bohrte sich in die Felsleiber der Berge hinein, um den Gegner von unten her in die Luft zu sprengen. Oder man erkletterte die himmelhohen Dolomitenwände, um den Feind aus immer größerer Höhe von uneinnehmbaren Felsenstellungen aus zu beherrschen.

Schon früher war versucht worden, die ungeheure Schlucht zu durchklettern, die neben der „Schildwache" die ganze Wand der Tofana I durchriß. Nunmehr ordnete Oberst Tarditi an, daß dies noch einmal versucht werde. Den Befehl erhielten Leutnant Graf Ugo de Vallepiana und der Bergführer aus dem Val d'Aosta, Gaspari. Die beiden Bergsteiger hatten Glück. In zäher, sechzehntägiger Kletterarbeit erreichten sie das oberste Ende der Schlucht. Meter für Meter hatten sie Eisenstifte in die Felsen geschlagen und hatten daran Seile und Strickleitern befestigt. Vom Gegner unbemerkt,

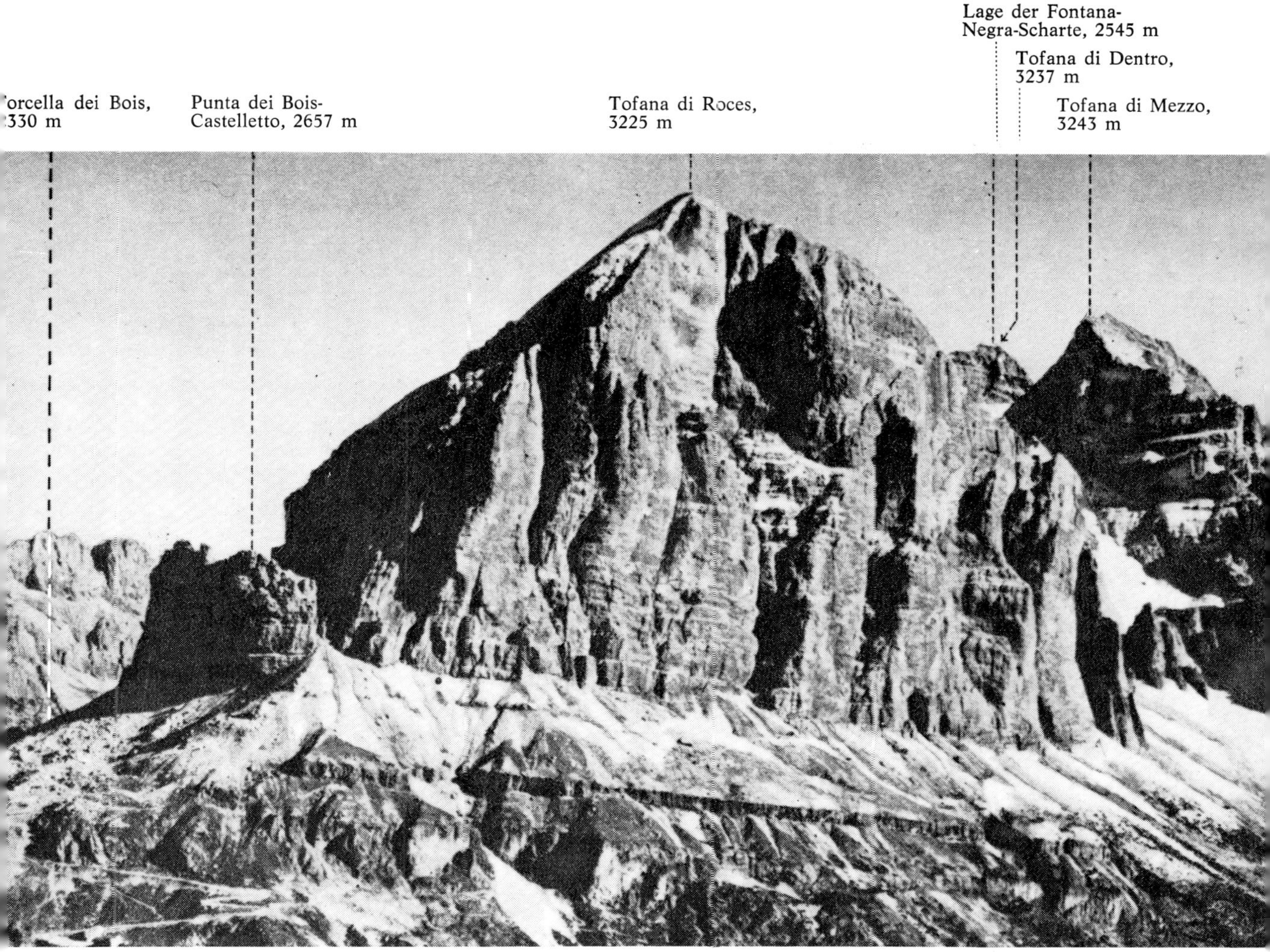

Die Gruppe der Drei Tofanen (Ampezzaner Dolomiten) von der italienischen Seite (Süden).

wurde nun dort oben in fast 2900 m Höhe eine Feldwache eingerichtet. Der Zugang zu dieser Feldwache gehörte zu den kühnsten und schwierigsten Kletterwegen, die im großen Kriege im Hochgebirge gemacht worden sind. Er erhielt den Namen „Camino degli Alpini".

Bald wurde von den Mineuren die Arbeit in beiden Stollen wieder aufgenommen. Im Minenstollen hatte man eigene Abhorchvorrichtungen angebracht, um Geräusche aus der Stellung der Österreicher besser vernehmen zu können. Da und dort drang durch die Felsspalten der Rauch aus den Küchen des Gegners in den Minenstollen herein. Es bestand jetzt die Gefahr, daß man bei den Österreichern diesen Luftabzug in die Felsen bemerken und vielleicht mit Giftgasen den Minenarbeiten entgegenwirken könnte. Die Mineure mußten die Gasmasken stets bereithalten und möglichst geräuschlos arbeiten.

Während man genau berechnen konnte, daß die Minenkammer des Sprengstollens 20 m tief im Felsen unter den gegnerischen Stellungen zu liegen kam, schritten die Arbeiten am zweiten Stollen, der längs der Felswand der Tofana fortgeführt wurde, weiter, ohne daß man die Stärke der Felswand zur Oberfläche kannte. Überraschend stieß man bei diesen Arbeiten eines Tages mit einem Sprengschuß ins Freie. Es war kaum Zeit, die etwa einen halben Quadratmeter große Öffnung zu verstopfen, als schon ein feindliches Maschinengewehr heftig durch das Felsenfenster in den Stollen wirkte. Diese Felsöffnung wurde von den Österreichern dauernd unter Feuer gehalten, so daß es nicht gelang, ein eigenes Maschinengewehr in Stellung zu bringen. Leutnant Malvezzi wurde durch Steinsplitter im Gesicht verletzt. Später wurde beim Gegner ein kleiner Minenwerfer gegen das Felsloch in Tätigkeit gesetzt. Und schließlich flog eine Handgranate durch das Fenster in den Stollen, wo sie wie ein Donnerschlag explodierte und den ganzen Stollen mit einer Rauchwolke erfüllte. Wir verloren einen Toten, hatten einen Schwerverwundeten, der fast erblindet war, und vier leichter Verletzte.

Endlich konnte man mit der Zuteilung der notwendigen Menge Sprengstoff für die Mine rechnen und an die Ausarbeitung des Angriffsplanes schreiten.

Die Minenarbeiten mußten mit höchster Eile zu Ende gebracht werden, weil der Gegner nun tatsächlich mit dem Vortreiben eines Gegenstollens begonnen hatte. Die Arbeit an dem Stollen wurde immer heikler und schwieriger. Der Minenstollen war schon im Massiv des Castelletto angelangt und wurde nun steiler emporgeführt. Der letzte Teil des Stollens mußte der Verdämmung dienen und wurde zu diesem Zwecke mehrmals im rechten Winkel geknickt. Dann begann das Ausbrechen der Minenkammer, die etwas nördlich unter der Felsenscharte zwischen Castelletto und Tofana I zu liegen kam.

Auch am zweiten Stollen wurde weiter gearbeitet, um sein Ende möglichst aus dem Wirkungskreis der Mine zu bringen. An seinem Ende besaß dieser Stollen eine Decke in der Stärke von nur 2 m gegen die Oberfläche. Diese Decke sollte gleich nach der Explosion der Mine gesprengt werden, um durch das damit gewonnene Fenster die Angriffstruppen in den Rücken des Gegners bringen zu können.

Aus abgehorchten Telefongesprächen wußte man, daß nunmehr die Österreicher genaue Kenntnis von den Arbeiten am Minenstollen hatten und in höchster Eile ihre eigenen Arbeiten am Gegenstollen betrieben.

Bei den italienischen Kommanden waren die Zweifel über den guten Ausgang des Unternehmens nicht geschwunden, ja eher immer stärker geworden. Man verwies darauf, daß die Arbeiten an der Mine bereits zu lange dauerten, daß immer wieder größere Verluste zu beklagen seien. Außerdem schien es, als ob der Gegner sich nicht allzu viel Sorge wegen der Mine machen würde. Und schließlich zweifelte man sehr daran, ob diese eine Mine allein genügen würde, die drei großen Felszinnen des Castelletto in die Luft zu sprengen. Man sprach schon von einem Mißerfolg, von Verschwendung von Material und ähnlichen Dingen.

*
* *

Es kam der Tag, an dem die Bohrarbeiten zum Abschluß gebracht wurden. Mit großer Sorgfalt wurden die gedeckten Zugangswege am Fuße der Tofana verbessert und verstärkt. In drei aufeinanderfolgenden Nächten trug die Mannschaft des Alpinibataillons Belluno die 35 000 kg Sprenggelatine in die Minenkammer. Jeder Soldat trug eine Kiste Sprengstoff. Geräuschlos durchschritt die lange Trägerkolonne die gedeckten Zugänge, kletterte über die Strickleitern hinauf und betrat den feuchten, schlüpfrigen Stollen, durch den sie in leichter Steigung, vorsichtig und leise bis zur Minenkammer gelangte.

Flugzeugaufnahme der Drei Tofanen mit ihren hart umkämpften Felsenstellungen.
Rückwärts das Tal von Cortina d'Ampezzo.

～ = Österr. Stellungen
++++++ = Italien. Stellungen

Immer stärker hörte man in diesen Nächten die dumpfen Sprengschüsse aus dem gegnerischen Stollen, durch die von Zeit zu Zeit im eigenen Stollen Felsbrocken von den Wänden fielen. Der Kampf auf Leben und Tod zwischen zwei bis zum äußersten entschlossenen Gegnern im Innern des Berges hatte begonnen.

Aber man konnte bereits erkennen, daß die Italiener das Rennen machen würden, nachdem ihr Minenstollen die Länge von 507 m erreicht hatte.

Die Arbeiten zur Verdämmung der Mine konnten beginnen. Mit Sandsäcken, Holzbalken und in Eisenbeton wurde eine Verdämmung von 33 m Stärke geschaffen. Mit besonderer Sorgfalt war für die Zündung der Mine gesorgt worden, um zu erreichen, daß die Explosion dieser ungeheuren Masse von Sprengstoff mit einem Schlage erfolge.

Ab 9. Juli 1916, um 3 Uhr nachmittags, war die Riesenmine des Castelletto sprengbereit.

DER SIEG

In der Zwischenzeit waren im ganzen Abschnitt die Vorbereitungen für den großen Angriff getroffen worden. Man hatte auf dem Gipfel der Tofana III sechs Geschütze aufgestellt, um mit diesen den Talgrund des Val Travenanzes, die Rückseite des Castelletto und der Cima Falzarego bestreichen zu können. Die Batterien auf Cinque Torri wurden vermehrt. Auch am Fuße des Castelletto waren Geschützkavernen für eine Batterie ausgesprengt worden, die flankierend gegen die Cima Falzarego wirken sollte. Die zahlreiche Artillerie wurde durch Aufstellung einer großen Anzahl von Minenwerfern verstärkt.

Der Angriff sollte mit einem Durchbruch in der Fontana-Negra-Scharte beginnen, durch den man den Talgrund des Val Travenanzes zu erreichen hoffte, und auch um so abseits vom Castelletto österreichische Truppen zu binden. Nach der Explosion der Mine sollte das Bataillon Belluno sofort den Krater besetzen und einen Durchbruch beim „Geheimnisvollen Felsen" erzwingen. Von der Spitze des Col dei Bois und der Cima Falzarego sollten die beiden Alpini-Bataillone Monte Albergian und Monte Pelmo den Angriff in das Val Travenanzes vortragen, in dem sich die vier Bataillone vereinigen sollten. Von dort aus war beabsichtigt, die Scharte zwischen den Fanisspitzen und dem Großen Lagazuoi und allenfalls die ganze Linie vom Kleinen Lagazuoi zur Furcia Rossa zu erreichen.

Die Angriffe begannen verheißungsvoll. Im Morgengrauen des 9. Juli erstürmte das Bataillon Monte Antelao überraschend und mit großer Wucht die österreichischen Gräben unter der Fontana-Negra-Scharte und hob die Besatzung aus. Aber der Gegner wehrte sich verzweifelt und klammerte sich in seiner Verteidigung 300 m tiefer an die riesigen Felsblöcke im Kar. Diese Verteidigungslinie hatte ihren Angelpunkt in der Feldwache „Dickschädel" auf dem Grat der Tofana I. Schon am nächsten Tag gelang es Truppen, die von der Spitze der Tofana I gegen den „Dickschädel" abgeklettert waren, die Feldwache in den Felsen einzukreisen und gefangenzunehmen. Es ergab sich eine außerordentlich gefährliche Lage für die österreichischen Truppen.

Aber die österreichischen Kommanden verloren ihre Kaltblütigkeit nicht. Die neue Stellung zutiefst im Fontana-Negra-Tal, dort, wo das Kar mit einer Felswand zum Val Travenanzes abbricht, wurde in Eile stark ausgebaut. Die Besatzung des Castelletto wurde mit ausgewählten Truppen verstärkt und die Verteidigungsstellungen bei der 2. und 3. Zinne des Castelletto verbessert, um von dort aus den Berg zu verteidigen, wenn die erste Zinne durch die Sprengung in die Luft fliegen sollte.

Wenn alle Schlachtpläne auf einer Reihe von Annahmen fußen, welche eine geringere oder größere Wahrscheinlichkeit haben, richtig oder falsch zu sein, so war der Angriffsplan für die Alpini am Castelletto auf einer besonders wichtigen und großen Unbekannten aufgebaut. Welches wird die Wirkung der Riesenmine sein? Welches wird das Vernichtungswerk der Mine gegen die Stellungen des Feindes und vielleicht auch gegen die eigenen sein? Wird die Explosion mit einem solchen Knall erfolgen, daß bei den Angriffstruppen Nervenschocks entstehen? Oder wird sie nur mit einer leichten, erdbebenähnlichen Erschütterung verbunden sein? Und die von der Explosion in die Luft geworfenen Felstrümmer, wie weit werden sie fliegen und in welcher Richtung? Man konnte nicht ausschließen, daß eine Mine von so ungeheuren Ausmaßen unter einer spitzen Felspyramide vielleicht nicht nach allen Seiten auf gleich starke Felswände treffen würde und dadurch zum Teil wie eine Trommel, d. h. nach der eigenen Seite hin wirken könnte. Man vergaß nicht, daß es sich um den ersten Versuch im Weltkrieg mit einer so gewaltigen Mine handle. Es blieb also die Frage zu lösen, wo man die Truppen aufstellen könne, damit diese von den fallenden Steinen nicht getroffen würden und doch im gegebenen Augenblick möglichst nahe sein könnten, den Krater zu besetzen. Man entschloß sich, alle Stellungen zu räumen und die Angriffstruppen bei den Baracken am Fuße der Tofana aufzustellen. Nur die höchste Feldwache in den Wänden der Tofana ober dem „Camino degli Alpini“ blieb besetzt.

Und der Angriffsplan auf den Castelletto wurde so festgelegt: Eine Kompagnie sollte durch die berüchtigte Schlucht zwischen Castelletto und Tofana I aufsteigen; eine andere Angriffstruppe durchläuft den Minenstollen, zweigt in den zweiten Stollen in der Tofanawand ab und besetzt durch das Tor am Ende des Stollens, das dort ausgesprengt werden muß, den Krater der Mine. Von dieser Truppe sondert sich eine Patrouille ab, verläßt den Minenstollen durch das Fenster in den „Camino dei Cappelli“ und klettert durch diesen zur Stellung „August“ empor, um von dort durch die Felswände den Abstieg gegen den Castelletto durchzuführen. Schließlich sollte eine starke Patrouille zur „Schildwache“ aufsteigen, um von hier aus in Kletterschuhen und mit Seilen ebenfalls den Abstieg gegen den Castelletto zu versuchen. Die Mannschaft der höchsten Feldwache ober dem „Camino degli Alpini“ sollte mit ihrem Maschinengewehr bis über die senkrechten Wände hinausklettern und von dort aus den Feind noch besser mit dem Feuer im Rücken fassen.

Von vielen Teilen der Dolomitenfront waren zu diesen Angriffen besonders bewährte und im Hochgebirgskrieg erfahrene Offiziere herangezogen worden.

Die Mannschaft war ruhig und voller Vertrauen und überzeugt, daß nach der Sprengung endgültig der furchtbare Kampf um den Castelletto beendet sein würde. Man wußte, und das war dazu angetan, die Herzen der Soldaten höher schlagen zu lassen, daß vom Gipfel des Averau, den Tofanen talseitig gegenüber, außer dem Korpskommandanten auch S. M. der König und Marschall Cadorna der Sprengung beiwohnen würden.

*
* *

Die Sprengung der Mine war für den 11. Juli um 3 Uhr 30 Min. früh angesetzt. Daher mußten die Alpini beim ersten Grauen des Morgens im Besitze der Stellungen sein, um, begünstigt vom Licht des jungen Tages, etwaige Gegenangriffe des Feindes zurückweisen zu können.

Geräuschlos und mit größter Vorsicht wurden sämtliche Feldwachen eingezogen. Die Mannschaften bekamen Watte und Binden, um sich die Ohren zu verstopfen und zuzubinden, und wurden auf den festgelegten Plätzen aufgestellt.

Von 3 Uhr ab herrschte bange und schweigende Erwartung. Unauslöschlich wird jenen, welche an dieser denkwürdigen Aktion teilgenommen haben, diese Zeit in Erinnerung bleiben. Vollkommene Stille herrschte, man hörte nicht einmal ein Flüstern, alle waren gefangen von der Neuheit und der fremden und geheimnisvollen Größe des Augenblicks. Die letzten Minuten waren geradezu beklemmend.

Auf einmal ging ein Zittern durch die Berge wie von einem Erdbeben und in die glitzernde Nacht erhob sich eine ungeheure Staubwolke und das Donnern einer gewaltigen Lawine. Dann begann rings um den Castelletto ein Fallen von Steinen und Felsblöcken von den Wänden der Tofana, das kein Ende zu nehmen schien. In Sekunden darauf setzte der Donner aller Geschütze ein und von allen Seiten aus den Bergen sangen hell die leichten Granaten und summten hoch in den Lüften in dumpfen Tönen die schweren Geschosse.

Punkt 3 Uhr 30 Min. hatte Leutnant Malvezzi von den gedeckten Zugängen unter der Tofana aus die Mine gezündet.

Der unaufhörliche Steinregen von den Wänden hatte den Aufbruch der Sturmpatrouillen für eine Weile verhindert.

Minenkrater am Castelletto; Sprengung durch die Italiener am 11. Juli 1916, 3 Uhr 30 Min. Vorstürmende Alpini.

Dann stürmte als erste die Besatzung der „Schildwache" los und hinter dieser in eiligem Schritt im Gänsemarsch eine Kolonne von etwa 300 Alpini.

Nach aller Voraussicht mußte die Mine die sie bedeckenden Felsmassen von 20 m Höhe durchschlagen, so die erste Zinne zerschmetternd und die Gesteinsmassen gegen die anderen zwei Zinnen werfend und gegen die Rückseite des Castelletto. Dies traf auch zum Großteil ein. Die ungeheuren, aufgewühlten Felsmassen begruben die vorgeschobenen Stellungen des Gegners vollständig und erschütterten wie ein starkes Erdbeben die beiden anderen Zinnen. Der gewaltige Luftdruck der Mine hatte auch dort alles, Hindernisse, Unterstände und Deckungen, wie eine Lawine weggeblasen.

Aber die Mine hatte auch eine andere, vollkommen unerwartete Wirkung: Die Wände der Felsschlucht und darüber waren durch die ungeheure Explosionswirkung der Mine wie von einem abbröckelnden Verputz überzogen, von dem sich Steine und Felsen loslösten, kaum daß man sie berührte oder auch nur durch den Luftdruck einer kleinen Explosion.

Als die Sturmtrupps durch die Felsschlucht aufzusteigen begannen, wurden sie von einer verheerenden Steinlawine empfangen, wie man sie bei den früheren Angriffen nie gesehen hatte. Offiziere und Soldaten rollten mit den Felsblöcken tot, verwundet und zerquetscht in den Abgrund. Nach einiger Zeit wurde der Versuch wiederholt: Umsonst! Noch einmal stiegen die Patrouillen in die Schlucht ein und wieder mußten sie zurück. Der Angriff durch die Felsschlucht mußte unterbleiben.

Inzwischen war ein anderer Sturmtrupp im Minenstollen vorgedrungen. Aber auch hier trat ihm ein fürchterlicher und unerwarteter Feind entgegen: Der Rauch und die Gase der Riesenmine. Der Krater hatte nicht genügt, um den Explosionsgasen ganz Abzug zu schaffen. Zu allem Unglück war durch abrollende Gesteinsmassen das Felsenfenster in den „Camino dei Cappelli" verstopft worden. Trotzdem hatten die Truppen, allen voran Leutnant Malvezzi, versucht, in den unheimlichen Schlund des Stollens vorzudringen. Sie hofften, in raschem Lauf die Zone des Rauches und der Gase durcheilen zu können, und am Ende des Stollens rasch wieder an die freie Luft zu kommen. Aber die Offiziere und Soldaten fielen einer nach dem anderen wie vom Blitz getroffen, vergiftet durch die Einatmung der Gase, zu Boden. Die nachdrängenden Mannschaften versuchten, ohne Atem zu holen, zu ihren ohnmächtigen Kameraden vorzudringen und diese, am Boden schleifend, in eiliger Hast an die frische Luft zurückzuschleppen. Mit vieler Mühe versuchte man die Dutzende von Ohnmächtigen durch künstliche Atmung wieder zum Leben zu erwecken, was auch bei den meisten gelang.

So war auch das Vortragen des Angriffes durch den Minenstollen vereitelt worden und die verräterischen, dichten Gase lagerten durch Stunden und Stunden im Stollen und verhinderten jedes Vordringen zum Krater.

Es blieb nur die kleine Besatzung der „Schildwache". Sie hatte den längsten Weg zurückzulegen, mußte über die 380 Sprossen der Strickleiter hinaufklettern und von oben wieder den schwierigen Gang durch die Felsen abwärts unternehmen. Auch ihr stellten sich ungeahnte Hindernisse in den Weg. Viele der Strickleitern waren durch abstürzende Steine beschädigt worden, dazu kam, daß auch auf diesem Wege aus den Wänden heftiger Steinschlag niederging. Aber es gelang der Besatzung, bis zur „Schildwache" vorzudringen und gegen alle Voraussicht traf man die kleine Kaverne mit dem Minenwerfer und dem Munitionsstapel von 400 Minen vollkommen unbeschädigt vor. Mit dem ersten Morgengrauen konnten die Leute von der „Schildwache" erkennen, daß die erste Zinne auf dem Castelletto fast ganz verschwunden war und an ihrer Stelle ein unförmlicher Trümmerhaufen von Felsblöcken lag. Die beiden anderen Zinnen ragten wohl auf, aber von Hindernissen, Stellungen und Unterständen war keine Spur mehr zu sehen: Die Mine hatte ganze Arbeit getan.

Hingegen wirkte befremdend, daß im Krater und in seiner Umgebung nicht die geringste Spur von der Anwesenheit der italienischen Truppen zu erkennen war. Drüben aber, von der dritten Zinne, sah man plötzlich zwei grüne Leuchtraketen aufsteigen: Die Stellung befand sich noch in den Händen der Österreicher.

Der Offizier der „Schildwache" entschloß sich trotzdem rasch zu handeln. Mit nur wenigen Leuten begann er den schwierigen Abstieg durch die Felsen gegen den „Camino dei Cappelli" und es gelang ihm, besser als man vorauszusehen gewagt hatte, durch die Wände abzuklettern. Aber dort, wo früher die Feldwache „August" eingenistet gewesen war, schlugen plötzlich Sprengpatronen in die Felsen neben sie. Mit knapper Not erreichten die kühnen Kletterer dürftige Deckungen in Felslöchern. Die Schüsse waren vom Krater heraufgekommen, der vom Feinde wieder besetzt worden war. Von den Italienern sah man keine Spur, weder in der Felsschlucht, noch beim Felsloch im „Camino dei Cappelli", noch aus dem Stollen selbst. In ihrer furchtbaren

Lage konnten sich diese wenigen Leute wohl vor den Gewehrschüssen decken, wären aber rettungslos verloren gewesen, wenn der Gegner eine Mine in ihre Felsen hinaufgeschossen hätte. Und so versuchte der Offizier, mit den Seilen den Abstieg durch den „Camino dei Cappelli" zu erzwingen und unten durch das Felsfenster in den Minenstollen zu gelangen. Sie hatten kaum die Hälfte des Abstieges zurückgelegt, da tauchte ober ihnen in den Felsen eine starke österreichische Patrouille von 15 Mann auf. Zwar wurde diese von der italienischen Artillerie bei den Cinque Torri sofort bemerkt, unter Feuer genommen und zurückgetrieben, dafür aber begann ein österreichischer Minenwerfer die Patrouille in den Felsen zu beschießen. Die Leute in ihrer verzweifelten Lage sahen, wie der weiße Rauch des Abschusses aufstieg und schon stürzte eine fürchterliche Steinlawine von oben, wo die Mine im Felsen zerplatzt war, auf sie herunter. Sie klammerten sich mit letzter Anstrengung an die Felsen, preßten die Körper an die Wand und deckten sich unter kleinen Vorsprüngen. In weitem Bogen flog der erste Alpino, von den Steinen getroffen, in den Abgrund hinaus. Auch der Offizier wurde von den Steinen in die Tiefe gerissen und nur wie ein Wunder durch das Gewehr gerettet, das er einem seiner verwundeten Leute abgenommen hatte und quer über den Rücken trug: in einem schmalen Spalt verkeilte sich das Gewehr und so blieb der Offizier zwischen Himmel und Erde hängen. Auch die anderen wurden verwundet und nur unter unsäglichen Mühen gelang es ihnen, den Offizier zu befreien und den Abstieg bis zum Felsenfenster durchzuführen. Sie trafen dieses von den Gesteinsmassen vollkommen verschüttet und räumten mit letzter Kraft die Trümmer von der Öffnung fort. Umsonst aber riefen sie in den schwarzen Stollen hinein, in dem ihre Kameraden von den Gasen vergiftet in tiefer Ohnmacht lagen.

* * *

Keiner der vier Angriffskolonnen war es gelungen, ihre Aufgabe zu lösen. Und auch der Angriff von der Forcella dei Bois gegen den „Geheimnisvollen Fels" war mißglückt! Der Sieg, der mit so großer Sorgfalt und unter Einsatz so vieler Mittel vorbereitet worden war, und der so leicht zu erringen und schon so nahe war, schien sich in eine schmerzliche Niederlage zu verwandeln.

Am nächsten Morgen wurde das Feuer von den italienischen Stellungen aus wieder aufgenommen. Die Antwort des Feindes klang schwach, er begnügte sich, mit seinen Maschinengewehren die Felsenscharte ober der Schlucht und die Wände der Tofana zu bestreichen. Neuerdings wurde versucht, von der „Schildwache" gegen den „Camino dei Cappelli" vorzudringen, ja sogar durch diesen aufwärts wollte man in die Wände oberhalb des Castelletto vorstoßen. Alle Aktionen scheiterten am feindlichen Maschinengewehrfeuer.

Und so vergingen die langen Stunden des 12. Juli. Gegen Abend wurde noch ein Maschinengewehr in die „Schildwache" hinaufgebracht, der Minenwerfer wurde noch weiter in den Felsen vorgezogen, um besser wirken zu können, das Feuer der Artillerie wurde auf die letzten feindlichen Nester unter den beiden Zinnen konzentriert.

Jede weitere Verzögerung mußte verhängnisvoll für das Gelingen der Eroberung des Castelletto werden. Und so wurde noch einmal der Aufstieg durch die Felsschlucht zwischen Castelletto und Tofana I versucht. Leutnant Soave mit den besten Leuten seines Zuges kletterte durch die schroffe Schlucht hinauf, und endlich lächelte das Glück diesen Tapferen! Es war fast Mitternacht, als der Trupp den Rand des Minenkraters besetzte. An langen Seilen wurden sofort zwei Maschinengewehre durch die Felsschlucht aufgehißt und in Stellung gebracht. Der furchtbare Kampf durch 44 Stunden in den Felswänden des Castelletto und der Tofana war zu Ende, der Castelletto war erobert!

Patrouillenkämpfe im Fels

DIE WENIGEN VON DER SCHÖNLEITENSCHNEID, 2705 m

Die Verteidigung des wilden, kantigen Grates der Schönleitenschneid, 2705 m, war am Beginn des Krieges nur wenigen einzelnen Posten überlassen, die hinter spärlichen, natürlichen Deckungen dem Kampf gegen den weit überlegenen, angreifenden Gegner standhalten mußten. Ein Bild dieser aufreibenden Kämpfe, die die höchsten Anforderungen an die körperlichen und seelischen Kräfte dieser einsamen Soldaten des Hochgebirges stellten, geben die Tagebuchaufzeichnungen des Postenkommandanten Kaiserschützenfähnrich Graf Mattee Thun.

14. September 1915. — Ich hatte als Kommandant des Stützpunktes Schönleitenschneid bei Einbruch der Dunkelheit meine Posten auf den Grat begleitet. Da gewisse Wahrnehmungen der abgelösten Mannschaft einen Nachtangriff der Italiener befürchten ließen, blieb ich in der Nacht bei einem der Posten auf dem Gipfel. Es war eine ungewöhnlich kalte Nacht. Der Wind trieb Nebelschwaden vor sich her, die oft das trümmerbesäte Vorfeld bedeckten und erhöhte Aufmerksamkeit verlangten. In den nebelfreien Augenblicken strengten wir unsere Augen an, um in den weißschimmernden Schneefeldern die schwarzen Linien des Gegners von den starren dunklen Linien der Felsenriffe zu unterscheiden, während das Ohr die Geräusche zu deuten versuchte, welche von Zeit zu Zeit die Stille der Hochgebirgsnacht unterbrachen. Die Italiener schienen nervös zu sein. Oft erhellte eine ihrer Leuchtraketen das Gelände und mit einem Scheinwerfer blitzten sie immer wieder über unseren Grat hin. Die Stunden vergingen ohne etwas anderes zu bringen als vereinzelte Schüsse, die rollend und dumpf von Fels zu Fels widerhallten und sich in der Ferne verloren. Im eisigen Morgengrauen setzte die Artilleriebeschießung ein, der gewöhnliche Morgengruß der Italiener, die aber bald abflaute. Es wurde heller und es schwand die Gefahr eines Nachtangriffes. Ich entschloß mich, die letzten Augenblicke der Dämmerung zu benützen, um ungefährdet zum Stützpunkt hinunterzuklettern. Wahrscheinlich in der Annahme, daß ihre vier Gebirgsgeschütze genügen würden, meine Posten niederzuhalten und den Steilhang zwischen Stützpunkt und Grat so mit Sperrfeuer zu belegen, daß ein Heranbringen frischer Mannschaft unmöglich sein würde, entschlossen sich die Italiener zu einem Angriff bei hellichtem Tag, den man den Verhältnissen des Hochgebirges angemessen einen größeren Stiles nennen konnte. Ich war kaum beim Stützpunkt angelangt, als neuerdings eine wütende Artilleriebeschießung einsetzte und die Posten einen Angriff von Osten meldeten. Ich sah von unten, wie hoch oben in den Felsen die dem Posten beigegebene Reserve in das Feuergefecht eingriff. Der Hang zwischen Grat und Stützpunkt war von der feindlichen Artillerie mit starkem Sperrfeuer belegt, welches um so wirksamer war, weil jeder über dem kahlen, weißen Hang sich langsam hinaufarbeitende Mann das beste Ziel bot. Trotzdem meldeten sich einige Leute, um den Kameraden oben Hilfe zu bringen, und mit dieser kleinen Schar begann ich den Aufstieg.

In dem heftigen italienischen Sperrfeuer konnten wir nur langsam, sprungweise und in jeder Bodenwelle Deckung suchend, vorwärts kommen. Wir hatten Glück und waren bald auf dem Grat, wo meine Leute trotz der heftigen Artilleriebeschießung ein lebhaftes Feuergefecht unterhielten. Die Gefahr auf dieser Seite schien vorläufig behoben und ich stieg wieder zum Stützpunkt herunter, um über die allgemeine Lage einen Überblick zu gewinnen.

Der Gegner hatte nach dem Angriff vom Osten auch einen von Süden angesetzt. Die Gefahr einer Überrumpelung war nahe. Es blieb nichts anderes übrig, als zu versuchen, noch einmal das Sperrfeuer zu durchqueren, um den Widerstand der Posten oben zu verstärken. Ich arbeite mich durch das Geröll zu den Felsen empor, hinter denen ich die Mannschaft hatte, die mir beim ersten Aufstieg gefolgt war. Dort traf ich den Kaiserschützen Fuchs, der mir trotz eines Schusses, der ihn in liegender Stellung von oben nach unten treffend Nase, Kinn, ein Knie und einen Fuß verletzt hatte, stramm meldete, daß von seinen beiden Kameraden einer gleich niedergeschossen worden war, während der zweite einen Schuß bekommen hatte, gestürzt war, sich jedoch wieder emporgerafft hatte, um weiterzukämpfen, bis er tot umfiel. Und dieser Mann fragte mich wie selbstverständlich, was er nun zu tun habe. Der Vorfall ist bezeichnend für die unerschütterliche Pflichttreue meiner Leute. Fuchs ist ein 18jähriger Kaiserschütze von meinem Regiment.

Nachdem ich der hinter einem Felsen gedeckten Mannschaft Weisungen für einen neuen Angriff erteilt hatte, machte ich mich wieder auf den Weg, um die Reste der Posten gegen den vom Süden kommenden Feind zu wenden. Das Sperrfeuer der Italiener wurde immer heftiger, aber wiederum hatte ich Glück, und es gelang mir, auf Hörweite an meine Leute heranzukommen und ihnen die nötigen Befehle zu erteilen. Und diese Leute, die seit 12 Stunden auf Wache standen, die sich vom Osten her von einem Angriff bedroht wußten, besannen sich nicht eine Sekunde, unter dem schweren Artilleriefeuer aus den Felsvorsprüngen hervorzukriechen, hinter denen sie klebten, um ganz ungedeckt neue Deckungen im Fels zu suchen, hinter denen sie den neuen Angriff des Feindes aushalten könnten. Unmittelbar darauf erhielt ich drei Schüsse, in den Schenkel, in den Bauch und durch die Lunge. Während der langen Stunden, die ich in einer Felsdeckung lag, in Erwartung des Abtransportes, der nur in der Nacht erfolgen konnte, hatte ich die Freude zu hören, wie meine zwei Kaiserschützen ein ruhiges, ungeschwächtes Feuer unterhielten. Bald erhielten sie Unterstützung durch unsere Artillerie, die gut geleitet dem Angriff der Italiener wirksam begegnete. So zerschellte auch dieser Angriff der Italiener auf die Schönleitenschneid.

SCHLEICHPATROUILLEN UM DEN CRISTALLO, 3216 m

Aus dem Tagebuch des Leutnants Plankensteiner. 30. Juli 1915, 6 Uhr morgens. Um 4 Uhr morgens versuchten starke italienische Patrouillen zweimal angreifend uns die Stellungen in der Foramescharte, 2400 m, zu entreißen. Laut Gefangenenaussagen sollen es 55 Mann gewesen sein. Mein Kadett Folta mit 18 Mann unternahm einen

Verbindungsleitern zu den einzelnen Stützpunkten. Galeriesteig. ➔

Gegenangriff. Von den Italienern waren 10 tot, 8 wurden verwundet, die übrigen unverwundet gefangen. Wir selbst hatten keine Verluste.

12 Uhr mittags. Es werden noch weitere Gefangene eingebracht. Eine Anzahl toter Italiener ist für uns nicht erreichbar, weil sie zu weit in den Felskaren unten liegen. Ich brauche dringend Munition, auch Leuchtpatronen und Pistolen dazu. Ich erwarte von der Schneescharte, 2824 m, zwischen Punta del Forame, 2861 m, und Cresta Bianca, 2932 m, einen Angriff, weil dort zahlreiche italienische Patrouillen beobachtet wurden. Das Wetter ist äußerst schlecht, kalt und naß. Gar lange werden es hier meine Leute nicht aushalten, die Schuhe sind schon wieder defekt, ein rechter Schund.

1. August, 5 Uhr morgens. Gestern unternahm Kadett Folta einen Patrouillengang gegen die Punta del Forame, 2861 m, und Cresta Bianca, 2932 m. Ich ging über die Schönleitenschneid, 2705 m, zur Schneescharte, 2824 m, und gegen den Ampezzaner Cristallo, 3036 m. Wir konnten interessante Beobachtungen über Truppenbewegungen im Talkessel von Cortina machen.

7 Uhr nachmittags. Eine Erkundungspatrouille geht neuerdings vor und soll sich überzeugen, ob es nicht doch möglich ist, über den Cristallogletscher in eine Scharte des Massivs oder auf den Gipfel des Cristallo, 3216 m, zu gelangen. In zweiter Linie soll versucht werden, dem italienischen Artilleriebeobachter auf der Spitze des Cristallo beizukommen. Als Abschluß ist ein kleiner, nächtlicher Abstecher in das Val Grande zur Beunruhigung des Feindes geplant. Soll unsere jetzige Hochgebirgsstellung dauernd gehalten werden, dann müßte immer nach 10 bis 14 Tagen die Ablösung der Mannschaft und der Offiziere erfolgen. Mein schneidiger Kadett Folta ist schon erkrankt, ich mußte ihn zur Erholung in die Talstellung schicken. Gestern regnete und schneite es die ganze Nacht. Vor Kälte konnten wir bisher in der Nacht fast nichts schlafen. Es gibt nur kalte Nahrung, da hier oben in den Felsen weit und breit kein Holz zum Kochen vorhanden ist. Wasser muß von weit unten geholt werden.

2. August, 3 Uhr nachmittags. Um 2 Uhr früh gingen zwei Patrouillen aus, die eine auf den Cristallo, 3216 m, die andere auf die Schneescharte, 2824 m, zwischen Ampezzaner Cristallo, 3036 m, und Cresta Bianca, 2932 m, um endlich einmal den Standort der feindlichen schweren Artillerie festzustellen. Die erste Patrouille kehrte mittags zurück, weil die Durchführung auf unmögliche Schwierigkeiten stieß. Die zweite kam auf der Schneescharte eben zurecht, als etwa 50 Italiener schon auf 100 Schritte der Scharte auf der anderen Seite nahe waren. Ich besetzte unbemerkt mit 10 Mann die Scharte und den Felsgrat, während mein Kadett zur Rechten abkletterte, die Italiener umging und ihnen den Rückzug abschnitt. Auf 50 Schritte Entfernung eröffneten wir ein kurzes Feuer, worauf ich sie aufforderte, sich zu ergeben. Der Erfolg waren 22 Gefangene. Die Toten mußten wir tief unten im Kar liegen lassen, meine Patrouille hatte keine Verluste. Ich habe meine Leute auf 4 Plätzen in den Felsen, die 1—2 Stunden voneinander entfernt sind, verteilt, weil uns von allen Seiten Gefahr droht. Meine Leute sind alle hervorragend tapfer und brav, aber lange halten wir es nicht mehr in diesen Hochregionen aus. Es ist furchtbar zermürbend, daß man in den Nächten nie schlafen kann. Einen Mann mußte ich heute wegschicken, weil ihm alte Wunden aufbrachen. Ein uns als Telefonist beigegebener deutscher Gefreiter stürzte über die Felsen ab und erlitt schwere Verletzungen am Kopf und an den Füßen. Das Terrain unserer Stellungen ist äußerst gefährlich und nur für Alpinisten geeignet. — Ich beobachtete, daß Il Zurlong vom Gegner stark besetzt ist. Eine feindliche Kompagnie ist von der Forca aus im Anstieg gegen unsere neuen Stellungen auf der Schneescharte begriffen. Wir erwarten sie kaltblütig.

IM RÜCKEN DES FEINDES

Im italienischen Frontabschnitt an der Forcella dei Bois, 2310 m, war in den Februartagen des Jahres 1916 viel Bewegung zu bemerken. Es war in jenen Tagen, da die Italiener mit Hochdruck den Bau des Minenstollens unter die Spitze des Castelletto (Punta dei Bois) betrieben und den ganzen Frontabschnitt für die Sprengung und die Erstürmung der österreichischen Linien einrichteten. Besonders in der an den Castelletto angrenzenden Forcella dei Bois schuf man alle Vorbereitungen, um nach der Sprengung über die Scharte einzudringen und die Besatzung des Castelletto abzuriegeln. Bei den österreichischen Kommanden wollte man Aufklärung über das rätselhafte Treiben beim Gegner erhalten. Besonders wichtig wäre es gewesen, Gefangene einzubringen, durch die man feststellen konnte, welche italienischen Truppenteile gegenüberlagen.

Zwei Kaiserjägerpatrouillen sollten diese Aufgabe lösen. Der Plan ging dahin, die gegnerischen Stellungen von den höchsten Punkten der Scharte aus in den Flanken zu umgehen und im Rücken der italienischen Linien die Erkundung durchzuführen.

In der eisigen Winternacht des 1. März gingen um 2 Uhr früh die beiden Patrouillen vor. Bis zu 4 m hoch lag der Schnee auf den Felshängen, die ganze Welt schien in Schnee, Finsternis und Ruhe begraben.

Die rechte Patrouille mußte bald umkehren. Die Leute brachen bis zur Brust im Schnee ein und jeder Meter mußte mit solchen Anstrengungen erkämpft werden, daß jedes Beginnen, bis hinter die Linien vorzudringen, aussichtslos war. Die Patrouille wäre buchstäblich im Schnee ersoffen. Die andere Patrouille unter dem Kommando des Fähnrichs Mikosch hatte es etwas besser getroffen. Durch Mulden mit tiefem Pulverschnee, aus denen sich die Soldaten mühselig gegenseitig heraushelfen mußten, über abgewehte, vereiste Felsrippen und steile Halden ging die Patrouille ihren gefährlichen Weg. Unter den Wänden des Castelletto durchkletternd, gewann sie die steilen Hänge, die hinter die feindlichen Stellungen hinabführten. Lautlos im tiefen Schnee watend, horchend und spähend, brachte der Fähnrich seine Patrouille unbemerkt in den Rücken des Gegners.

Um 5 Uhr früh stieß sie auf den ausgeschaufelten Weg, der von rückwärts zu den italienischen Stellungen hinaufführte. In drei Stunden ermüdenden und aufreibenden Kletterns im Fels und Watens im Schnee hatte sie ein Stück Weges zurückgelegt, das im Sommer einem Bergsteiger kaum 10 Minuten kosten würde.

Bald tauchten die schwarzen Umrisse eines tief im Schnee vergrabenen italienischen Unterstandes auf.

Vorsichtig schob sich der Fähnrich an den Eingang heran. An der Tür hing ein Uniformrock, durch den er feststellen konnte, daß die Mannschaft dem 62. Infanterieregiment angehörte.

Dann öffnete er leise die Türe des Unterstandes. Zwei seiner Unteroffiziere schoben sich neben ihn in die Türöffnung. Nichts rührte sich im dunklen Raum. Nur das tiefe Atmen der Schlafenden zog durch die warme Luft des Unterstandes.

Der grelle Schein von drei Blendlaternen zuckte auf und beleuchtete die tief in Decken steckenden, eng aneinander gepreßten, schlafenden Italiener.

Der Fähnrich schrie in italienischer Sprache die Aufforderung in den Unterstand, sich zu ergeben. Verständnislos, verwirrt und mit weit aufgerissenen Augen starrten die Schlaftrunkenen die unheimlichen Erscheinungen an, dann hoben sie in der Erkenntnis, daß jeder Widerstand nutzlos sei, die Hände.

Kleiner Lagazuoi, 12-cm-Minenwerfer.

Aber ein italienischer Leutnant sprang mit gellenden Alarmrufen aus dem hintersten Winkel des Unterstandes hervor und versuchte, zum Ausgang zu gelangen.

Von einem Schuß aus der Pistole des Fähnrichs getroffen, schlug er über seine Leute hin.

Die Schreie und der Schuß hatten die Bemannung der Nachbarunterstände auf die Beine gebracht. Plötzlich wurde die ganze Nacht ringsum hell und lebendig, über die weißen Schneeflächen rannten schießend und schreiend von allen Seiten die dunklen Schatten der alarmierten Verteidiger.

Nun hieß es für die Patrouille blitzschnell handeln, um der Umzingelung zu entgehen. Drei Handgranaten flogen in den engen Raum des Unterstandes und explodierten dort mit verheerender Wirkung. Dann warfen die Leute der Patrouille den anstürmenden Italienern Handgranaten entgegen. Eine heillose Verwirrung entstand, die der Fähnrich mit seinen Leuten ausnützte, um sich auf den Weg, den er gekommen war, zurückzuziehen. Die ursprüngliche Absicht, auf dem kürzesten Wege zu den eigenen Linien zurückzukehren, war durch die Alarmierung der italienischen Stellungen vereitelt. Der Patrouillenkommandant verlor jedoch seine Geistesgegenwart nicht und schlug sich kämpfend mit seinen Leuten entlang den italienischen Stellungen durch, um so den Weg durch die steilen Hänge wieder zu erreichen.

Auf den Gefechtslärm hin begannen die österreichischen Maschinengewehre zu feuern. Der Rückweg brachte der Patrouille fast übermenschliche Anstrengungen. Gehetzt vom nachdrängenden Feind mußte sie den Weg über die steilen Hänge und im tiefen Schnee so rasch als möglich zurücklegen, um nicht abgeschnitten zu werden. Ein Jäger brach ohnmächtig zusammen und mußte von den Kameraden getragen werden.

Endlich gelangte die Patrouille in der Nähe der eigenen Stellungen in den Schutz der Maschinengewehre, die ihr den letzten Teil des Rückzuges deckten.

Ohne Verluste hatte der brave und schneidige Kommandant seine Patrouille zurückgebracht.

ÜBERFÄLLE AUF EIN FELSENNEST

Knapp nördlich über dem Falzaregopaß, 2117 m, den die Dolomitenstraße überschreitet, ragt massig gegliedert die Südwand des Kleinen Lagazuoi, 2778 m, empor. Die ganze Wand bis zur Trennungsschlucht zwischen dem Hauptgipfel und seiner östlichen Vorkuppe, 2668 m, durchzieht in halber Höhe und leicht abfallend ein Felsband, das sich an beiden Enden terrassenförmig erweitert, in seiner Mitte jedoch zu geringster Breite eingeschnürt ist.

Der Gipfel des Kleinen Lagazuoi und seine Vorkuppe waren schon von Kriegsbeginn an von den österreichischen Truppen besetzt.

Schon in den ersten Kriegsmonaten nisteten sich italienische Alpinipatrouillen auf dem Felsband in der Mitte der Wand hinter Felsblöcken ein. Den Zugang nahmen diese Patrouillen in schwierigem Aufstieg durch die Schlucht zwischen dem Lagazuoi und seiner Vorkuppe. Von dieser Felsbandstellung aus war die italienische Feldwache ein außerordentlich lästiger und ständig Verluste zufügender Gegner. Wie Raubvögel in ihren Horsten klebten sie in ihren felsigen Befestigungen eingenistet und unangreifbar. Auf dem Gipfel des Kleinen Lagazuoi, senkrecht über ihnen, lagen die österreichischen Feldwachen, die dem ganz in den Felsen verkrochenen Feind nichts anhaben konnten. Die österreichische Feldwache, die auf dem Felsband gegenüber der italienischen Felsbandstellung bezogen wurde, kam wegen der Verengung des Felsbandes nicht nahe genug heran, um sie in direktem Angriff von den Felsen herunterwerfen zu können.

Mit großer Eile und Tatkraft betrieben die Italiener den Ausbau ihrer Stellungen auf dem Felsband. Ein freistehender Zacken von 30 Meter Höhe erhielt Kavernen in mehreren Stockwerken übereinander, aus seinen felsigen Schußlöchern wirkten die Gewehre der Fernrohrschützen, eingebaute Maschinengewehre und sogar ein Gebirgsgeschütz, das die Italiener unter unsäglichen Anstrengungen bis dort hinauf gehißt hatten. Kirchturmhoch über den österreichischen Stellungen, die das Valparolajoch gegen den Falzaregopaß sperrten, konnten die eingenisteten Italiener gegen diese Stellungen und jene auf dem Sasso di Stria, 2477 m, verheerend in die Flanke und in den Rücken wirken.

Mit allen Mitteln versuchten die Österreicher, die italienischen Feldwachen vom Felsband zu verjagen.

Rollbomben und Ekrasitkisten. Am 17. Dezember 1915 fand die erste, groß angelegte Unternehmung gegen die italienische Felsbandstellung statt. In mehrtägigen, schwierigen Vorbereitungen hatte man die Zusammenarbeit mit der Artillerie so gefördert, daß der Unternehmung ein guter Erfolg beschieden sein mußte. Um 6 Uhr früh des 17. Dezember begann der erste Teil der Aktion. Vom Gipfel des Kleinen Lagazuoi flogen schwere Rollbomben und Ekrasitkisten mit Zeitzündung über die Felsen auf die italienische Stellung auf dem Bande herunter. Die freistehenden Unterstände der Italiener wurden gut getroffen und zerstört. Bald darauf legte die Artillerie konzentrisches Feuer auf das Felsband. Vom Gipfel wurden drei Bergführer an langen Seilen in die Felswände hinabgelassen. Zwischen Himmel und Erde frei schwebend, nur in kleinen Einbuchtungen der Felsen gedeckt, leiteten diese drei das Feuer der Artillerie. Kaltblütig der Gewehrschüsse nicht achtend, die von den italienischen Truppen im Tal gegen die frei in den Wänden hängenden Soldaten abgegeben wurden, gefährdet von den Granaten der feindlichen Artillerie, die schweres Feuer auf den Gipfel des Kleinen Lagazuoi legte, ja selbst von den Sprengstücken der eigenen Granaten bedroht, die knapp unter ihnen in den Felsen zerplatzten, ermöglichten die drei der eigenen Artillerie mit höchster Treffsicherheit einen Schuß nach dem anderen in das feindliche Felsennest zu setzen.

Eine ausgewählte Patrouille unter Führung eines Leutnants war vom Felsgrat des Lagazuoi tief in die Wände hinabgeklettert. Die einzelnen Leute wurden in den Wänden verteilt und hatten die Aufgabe, aus ihren sicheren Felsendeckungen heraus die italienische Besatzung, die fluchtartig das Felsband verlassen mußte, unter Feuer zu nehmen.

Der Erfolg des Überfalls war gut. Der Gegner hatte große Verluste zu beklagen, alle Unterstände, die nicht in die Felsen eingebaut waren, wurden zerstört, alle Kampfmittel, das Maschinengewehr, der Minenwerfer und eine Revolverkanone, wurden beschädigt oder vernichtet.

Aber die vollständige Vertreibung des Gegners vom Felsband war nicht gelungen. Ein Teil der Besatzung hatte sich in die zerklüfteten Wände gerettet und besetzte nach dem Abflauen der feindlichen Einwirkungen seine Stellungen wieder.

Handgranaten und Felsblöcke. Mit außerordentlich starken Schneefällen hatte der Winter die Berge zugedeckt. Durch eine kurze Zeit erlahmte jede Tätigkeit der italienischen Felsbandbesatzung. Doch kaum schienen dort oben die Unterstände wieder etwas in Ordnung gebracht zu sein, setzten täglich und stündlich Feuerüberfälle auf die österreichischen Linien vor dem Valparolajoch ein.

Von der österreichischen Seite schritt man bald wieder zu einer neuen Aktion gegen das Felsband. In der Nacht auf den 30. Dezember wurde ein Kadett der Kaiserjägerbesatzung über die Felswand abgeseilt. Mit Handgranaten gelang es ihm, einen Unterstand der Italiener zu treffen und in Brand zu setzen.

In der Nacht darauf, der Silvesternacht des Jahres 1915, bereitete man der italienischen Felsbandbesatzung einen furchtbaren Neujahrsgruß vor. Oben am Grat des Kleinen Lagazuoi lagerte ein riesenhafter Felsblock, so groß wie ein Einfamilienhaus. Unter ihm wurde eine kleine Höhle gegraben und mit 300 kg Donarit geladen.

In majestätischer Ruhe lagen die tief verschneiten Berge in der letzten Stunde des Jahres 1915. In den niederen Unterständen wurde beim flackernden Licht der Kerzen und Lampen voll froher Hoffnung bei Freund und Feind der Einzug in das neue Jahr begrüßt. Nur wenige Minuten war das neue Jahr alt, da löste ein gewaltiger Schlag auf dem Gipfel des Lagazuoi einen donnernden Widerhall von allen Bergen ringsum. Der gewaltige Felsblock hob sich, taumelte wie trunken und stürzte über die Wände auf die gegnerische Felsbandstellung hinunter. Es schien, als wollte der Berg den Berg erschlagen. Dieser furchtbare Neujahrsgruß hatte der italienischen Besatzung auf dem Felsband wiederum schwere Verluste zugefügt.

Italienische Kriegsbaracken auf der ersten Bandnische
am berühmten Felsband des Kleinen Lagazuoi (italienisch: „Cengia Martini"). ➔

12-cm-Luftminenwerfer

G a s. Wohl war man imstande gewesen, die italienischen Befestigungsanlagen auf dem Felsband durch jede der Unternehmungen schwer zu beschädigen, aber die Stellung selbst wurde von den Italienern hartnäckig gehalten. In rastloser Hast wurde auf dem Felsband der Ausbau der Stellung betrieben, überall wurden Kavernen in den Felskörper gebohrt und bald mußte der Ausbau soweit gediehen sein, daß man einen Überfall der Österreicher aus den Wänden nicht mehr zu befürchten brauchte.

14 Tage später schon ging man von der österreichischen Seite daran, den Ausbau der italienischen Stellungen wieder kräftig zu stören und allenfalls die Stellung selber zu besetzen. Ein umfassender Plan war zurechtgelegt, alle verfügbaren Kampfmittel waren bereitgestellt worden, um nunmehr endgültig die Felsbandstellung zu erdrücken. Maschinengewehre sollten von der Vorkuppe aus die Besatzung niederhalten, drei Minenwerfer hinter dem Felsgrat des Kleinen Lagazuoi warfen ihre Minen auf das Felsband, leichte und schwere Artillerie vereinten ihr Feuer auf das Felsband und sollten mit Gasgranaten die Besatzung zwingen, aus ihren Felslöchern zu flüchten. Zwei Patrouillen waren wiederum längs des Grates aufgeteilt und eröffneten das Spiel mit dem Abwurf von Rollbomben und Handgranaten.

Dann kam die Reihe an die Artillerie, die mit vollendeter Treffsicherheit das Felsband einhagelte.

Als man die von einem dichten Gasschleier überzogene Stellung sturmreif hielt, versuchten Patrouillen von der eigenen Felsbandstellung zur gegnerischen hinüberzuklettern und diese zu besetzen.

Jedoch der Erfolg der Unternehmung war nicht den Erwartungen entsprechend gewesen. Die ankletternden Patrouillen wurden von lebhaftem Gewehrfeuer aus den Felslöchern wieder zurückgetrieben. Wohl hatte man auch diesmal dem Feinde wieder schweren Schaden an seinen Anlagen beigefügt, aber die italienische Felsbandstellung bestand weiter.

Man mußte zum letzten Mittel greifen, das ermöglicht, den Gegner im Hochgebirge aus uneinnehmbaren Stellungen zu vertreiben: Die Mine. (Vgl. den Abschnitt: „Der Minenkrieg in der Lagazuoiwand.")

DIE WIEDEREROBERUNG DES RAUCHKOFELS

Am 1. April 1916 gelang es einer kühn geführten italienischen Abteilung den Rauchkofel, 2175 m (Cristallomassiv, Dolomiten), durch Überfall zu erobern. Der ganze Frontabschnitt am Cristallomassiv und um Schluderbach war dadurch in eine furchtbar bedrängte Lage geraten. Von seiner beherrschenden Stellung aus konnten die Italiener alles, was sich im Tal rührte, vernichten. Es gab nur zwei Möglichkeiten, entweder den Rauchkofel zurückzuerobern, oder den ganzen Frontabschnitt auf neue Stellungen zurückzunehmen.

So ungeheuer und aussichtslos das Unternehmen anmutete, vom Tale aus über eine Höhendifferenz von 800 Meter in steilstem Lawinengehänge durch meterhohen Schnee diesen Berg zu stürmen, so entschloß man sich doch dazu.

150 Mann aus Tiroler Truppen meldeten sich freiwillig zu diesem denkwürdigen Angriff.

In fünf Nächten arbeitete sich die Truppe unter übermenschlichen Schwierigkeiten durch den meterhohen Schnee bis auf 200 Schritte an die gegnerische Stellung heran.

Im Morgengrauen des sechsten Tages half eine umfassende Artillerievorbereitung der verwegenen Truppe den letzten Sturm auf den Gipfel zu erleichtern. Mit großen Verlusten arbeiteten sich die Braven im tiefen Schnee durch die letzten Steilhänge zur Stellung des Gegners vor und hatten noch die Kraft, im wütenden Handgemenge den Gipfel zu nehmen und die feindliche Besatzung gefangenzunehmen.

Gruppe der Cadinspitzen

Westhang des Monte Piano, 2324 m

Verlauf der Stellungen bei Schluderbach zwisc
miten. Der Kamm rechts mit den zahlreichen
leitenschnei

Cristallo, 3216 m

Cristallino, 2786 m Piz Popena, 3152 m Cris:allopaß, 2822 m

Cresta Bianca, 2932 m

:e Piano und Cristallo-Gruppe, Dolo-
ıen und der Seilbahn ist die Schön-
ı.

= Österr. Stellungen
= Ital. Stellungen
= Geschütze
= Scheinwerfer
= Artilleriebeobachter
= Zugangswege
= Seilbahn

Minenkrieg

DIE MINEN IN DER LAGAZUOIWAND

Beide Stellungen auf dem Felsband des Kleinen Lagazuoi, 2778 m, sowohl die österreichische als auch die italienische, waren von größter Bedeutung für den ganzen Frontabschnitt am Falzaregopaß. In andauernder, nie erlahmender Tätigkeit versuchten die österreichischen Truppen, die italienische Stellung zu vernichten und die Besatzung vom Felsband zu verjagen. Überaus zäh klammerten sich die Italiener an diesem Punkt ihrer Stellung fest, trotzdem sie im Laufe der Zeit sehr große Verluste erlitten hatten.

Schon in den Oktoberkämpfen des Jahres 1915 machte sich der Italiener aus dieser Stellung unangenehm fühlbar. Eine italienische Patrouille nistete sich nach schwierigem Aufstieg hinter Felsblöcken auf dem Felsband ein und wirkte mit flankierendem Gewehrfeuer äußerst unangenehm und verlustbringend gegen die österreichischen Stellungen vor dem Valparolajoch. Das feindliche Felsband in der Hand der Italiener kostete den Österreichern mehr Opfer als die Abwehr sämtlicher italienischer Massenstürme.

Gegen Ende des Jahres 1915 und im Winter 1916 unternahmen die Österreicher zahlreiche Patrouillengänge und Überfälle auf das italienische Felsband. Zwar wurden dem Feinde durch abgeseilte Bergführer, die Handgranaten warfen und Rollbomben abließen, durch mächtiges Artillerie-, Minenwerfer- und Infanteriefeuer sehr schwere Verluste beigebracht, doch gelang es nie, das Felsband vollkommen zu säubern.

Um Schutz vor den zahlreichen Angriffen zu finden, betrieben die italienischen Truppen mit größter Tatkraft den Ausbau ihrer Felsbandstellung. Sie bohrten zahlreiche Kavernen in den Fels, in welchen sie vor einem konzentrischen Artilleriefeuer sicher waren und verstärkten die Besatzung mit dem Fortschreiten des Ausbaues auf eine ganze Alpinikompagnie. Vor der Sprengung war das italienische Felsband ein vorzüglich ausgebautes Stellungssystem im Fels, in welchem zwei deutlich sichtbare Anlagen unterschieden werden konnten. Der österreichischen Stellung zunächst gelegen und für sie am gefährlichsten waren die Kavernenbauten in der Lagazuoiwand selbst und daran anschließend im sogenannten „Strebestein". Diese kleine Felsburg war ein auf dem Felsbande sich frei erhebender Felszacken von etwa 30 m Höhe und 18 m Breite. Er barg Gallerien und Kavernen in mehreren Stockwerken übereinander und war mit einem Gebirgsgeschütz und einem Maschinengewehr armiert. Die zweite Linie bildete der sogenannte „Tätowierte Stein", ebenfalls ein freistehender Zacken von 20 m Höhe. Auch dieser war kaverniert. Eine dritte Linie war in der Lagazuoivorkuppe selbst sichtbar. Der Gegner hatte sich an der Wand im Laufe der Monate in beträchtliche Höhe emporgearbeitet und stand kaum mehr als 30 m unter den eigenen Kampfanlagen auf der Vorkuppe.

Die Sprengung der italienischen Felsbandstellung am Kleinen Lagazuoi, 2778 m (Dolomiten), am 22. Mai 1917. Aufgenommen von Major Karl von Raschin des 1. Kaiserjäger-Regimentes, fünf Minuten nach der Explosion.

Als im Sommer 1916 die Gefahr einer Ausbreitung des Gegners in der Lagazuoiwand noch drohender wurde, und mit dem weiteren Vordringen sein Ende und seine Waffenwirkung in den Rücken der österreichischen Stellungen wuchs, entschloß man sich auf der österreichischen Seite zur Aufnahme des Minenkampfes.

Die kleine Mine

Im Juli 1916 wurde der erste Stollen begonnen. Gegenmaßnahmen der Italiener, die mit ihren besseren Mitteln einen bedeutend rascheren Fortgang ihrer Arbeiten erzielten, zwangen jedoch vorerst zu abwartendem Verhalten. Der Gegner rückte in der Felswand zwischen der eigenen und der österreichischen Stellung mit zwei Stollen vor. Es blieb nichts anderes übrig, als ihm den Weg durch einen genügend weit von der eigenen Stellung gelegten Querstollen mit zwei Minenkammern zu verlegen. Als die Italiener mit ihren Bohrarbeiten schon sehr nahe an die eigene Anlage gekommen waren, erfolgte am 14. Januar 1917 die erste Sprengung. Der Erfolg war sehr zufriedenstellend. Die Sprengung zerstörte die feindlichen Angriffsstollen vollkommen und riß gleichzeitig eine bereits geladene, italienische Minenkammer mit sich. Die Gefahr eines nochmaligen Minenangriffes durch die Italiener war auf lange Zeit hinaus gebannt.

Die große Mine

Sobald sich die Bewegung der abgesprengten Gesteinsmassen etwas gelegt hatte, wurde mit der Weiterführung des angebohrten Angriffsstollens begonnen. Die erste Sprengung hatte die italienischen Feldwachen zurückgedrängt und versetzte die Verteidiger in die vorteilhafte Lage, den Minenkampf nunmehr weiter in das Vorfeld der eigenen Stellungen zu tragen.

Die Höhe des Minenstollens, der vorgestoßen wurde, betrug 1,80 m, die Breite 80 cm. Diese Breite erwies sich als Mindestmaß, um den Förderdienst ohne Störung aufrecht erhalten zu können. Das ausgebrochene Gesteinsmaterial wurde in Säcken aus dem Stollen zutage gefördert und außerhalb der Sicht des Feindes als Verdämmungsmaterial bereitgestellt. Bis zu 40 Mann waren notwendig, um mühsam das Gestein aus dem Stollen herauszubringen. Eine Hauptbedingung für das gute und rasche Fortschreiten der Minierarbeit war die Zufuhr frischer Luft, ohne welche jede Tätigkeit im Stollen unmöglich wurde. Sie wurde durch den Ventilator einer elektropneumatischen Bohranlage erneuert, die sehr gut funktionierte. Trotzdem gingen nach jeder Sprengung bis zum vollständigen Abziehen der durch die Sprenggase vergifteten Luft 2 bis 3 Stunden für die Arbeit verloren. Der Stollen war in dieser Zeit ohne Sauerstoffatmungsapparat unpassierbar. Auch später blieb noch lange viel feiner Kalkstaub in der Luft zurück, der Atmungsbeschwerden und Herzbeklemmungen verursachte. Die vorgesehene Länge des Stollens vom Anbruch bis zum Verdämmungswinkel betrug 85 m, von dort bis zur Minenkammer 8 m. Der Fassungsraum der Minenkammer war mit 58 cbm vorgesehen. Bis Anfang März wurden die Bohrarbeiten mit Handbetrieb durchgeführt und hiebei ein Vortrieb von 33 m erzielt. Von Anfang März bis zur Sprengung am 22. Mai stand eine einhämmrige, elektropneumatische Bohrmaschine in Verwendung. Die bei diesen Bohrarbeiten gemachten Erfahrungen ergaben, daß mit einer einhämmrigen Maschine eine tägliche Durchschnittsleistung von 1 m, bei einer zweihämmrigen eine Leistung von 1,75 m und bei Handbetrieb durch Mineure ein Vortrieb von nur 30 cm im Tag erreicht werden konnte. Trotz dem geringen Fortschritt

Der von Minen zerrissene Kleine Lagazuoi, 2778 m, vom Falzaregopaß aus gesehen.
Vorne ein italienisches Kriegerdenkmal.

Die große Klammer bezeichnet die Stelle, wo österreichische Minen am 14. Jänner und 22. Mai 1917 zur Explosion gebracht wurden. Jene im Mai war mit 23 000 kg Sprengstoff geladen. Die Höhe des abgesprengten Bergteiles betrug 200 m, die Breite 136 m, die Masse des abgesprengten Gesteins 130 000 m³. Die kleine Klammer bezeichnet die Absprengung durch eine italienische Mine am 20. Juni 1917. Die italienische Mine besaß einen Sprengstollen von 1110 m Länge und war mit 33 000 kg Sprengstoff geladen.

= Österr. Stllg.
×××××× = Ital. Stllg.
= Zugänge

beim Handbetrieb mußte derselbe doch als der verläßlichste bezeichnet werden, da nur allzuoft Defekte bei den Bohrmaschinen auftraten, die oft nicht sofort zu beheben waren und großen Zeitverlust brachten. Am 20. Mai um 9 Uhr abends waren sämtliche Arbeiten am Minenstollen und an der Minenkammer beendet.

Für die Sprengung waren 24 000 kg Explosivstoff zugewiesen, deren Transport in die eigene Felsbandstellung wegen der denkbar ungünstigen Verhältnisse eine hochtouristische Leistung war. Das eingetretene Tauwetter hatte den Abgang zahlreicher Grundlawinen verursacht. Die auf das Felsband führende Seilbahn war durch Lawinen und durch das gegnerische Artilleriefeuer gänzlich zerstört. So mußte jede einzelne Sprengstoffkiste durch Träger an ihren Bestimmungsort gebracht werden. Bei Nacht beleuchtete der italienische Scheinwerfer vom Monte Averau den Aufstieg, der bei der geringsten vom Gegner bemerkten Bewegung unter starkes Artilleriefeuer genommen wurde.

Dank der Aufopferung und der Energie der Bergführer und der alpinen Abteilung des Kaiserjäger-Bataillons, das in Stellung lag, gelang es in sechs Tagen, den Munitionstransport von 1003 Kisten zu bewältigen. Außer einem Beinbruch kamen bei den Trägern keine Verletzungen vor. Die für die Ladung bestimmten Sprengstoffe waren: Chlorat, Dynamon G, Dynamon M, Ekrasit und Initialbüchsen. Die Schichtung in der Minenkammer wurde so vorgenommen, daß die Kisten mit den stärkeren Sprengmitteln feindwärts zu liegen kamen. Das Ekrasit wurde in Form eines liegenden Kreuzes auf halber Höhe der Ladung verteilt und die Initialbüchsen in der Mitte dieses Kreuzes angebracht.

Als Zündmittel waren zwei Leitungen mit elektrischer Zündung und zwei mit Knallzündschnur vorbereitet, welche in Wasserleitungsröhren geführt wurden, um sie gegen Beschädigungen zu schützen.

Als Verdämmungsmaterial wurden die mit Schotter gefüllten, vorbereiteten Säcke verwendet. Die Verdämmungslänge betrug 37 m und das dazu notwendige Material etwa 7 Eisenbahnwaggons Schotter.

Das Laden und Verdämmen wurde in 36 Stunden durchgeführt. Um beides in dieser kurzen Zeit bewältigen zu können, wurden 50 der stärksten Leute des Bataillons nur für diesen Zweck auf das Felsband kommandiert.

Als Zeitpunkt für die Sprengung wurde die zehnte Abendstunde des 22. Mai bestimmt. Denn es war festgestellt worden, daß um diese Stunde die italienischen Verpflegungs- und Munitionstransporte im Aufstieg auf das Felsband waren.

Da die Sprengung in ihrer Wirkung auch in der eigenen Stellung fühlbar sein konnte, und mit einem Steinregen und einem Emporschleudern von Felstrümmern zu rechnen war, mußten besondere Vorsorgen für die Besatzungen aller eigenen Stellungen des Kampfabschnittes getroffen werden.

Um der Möglichkeit zu begegnen, daß der Zeitpunkt der Sprengung aus eigenen Telefongesprächen durch den Feind abgehorcht würde, gab man den Zeitpunkt der Sprengung durch eine kurze, verschleierte, telefonische Depesche an sämtliche Stellungen und Batterien bekannt. Die Depesche lautete: „Hauptmann Eymuth trifft heute um 10 Abend beim Kampfabschnittskommando Travenanzes ein."

Das Programm klappte in jeder Beziehung und voller Erfolg, der die Erwartungen weit übertraf, war der Lohn für die monatelange, aufreibende und schwierige Arbeit.

Zur anbefohlenen Stunde am 22. Mai 1917 erfolgte die Sprengung.

Die ganze Stellungsanlage des Gegners in der Lagazuoiwand wurde vollkommen zerstört. Der „Strebestein" mit seinen sämtlichen Befestigungen bis zum „Tätowierten Stein" und auch ein Teil dieses wurde in die Tiefe gerissen. Alle Sandsackstellungen, darunter eine besonders starke hinter dem „Tätowierten Stein", ferner eine mächtige

Betonmauer waren wie weggeblasen. Alle Baracken zwischen der Lagazuoiwand und dem „Tätowierten Stein" waren verschwunden. Die mit Holz gedeckten und ausgekleideten Laufgräben im Fels brannten aus.

Die Höhe des abgesprengten Bergteiles betrug 200 m, die Breite 136 m. Die abgesprengten Felsmassen wurden auf 130 000 cbm geschätzt.

Die mühevolle und verlustreiche Arbeit von 1½ Jahren der Italiener in den Felsen des Lagazuoibandes war in wenigen Sekunden vernichtet worden. Der Großteil der italienischen Besatzung fand hiebei den Tod.

Noch Wochen nach der Sprengung stürzten zeitweilig gewaltige Steinmassen ab und brachten Stellungsmaterial und Leichenteile zu Tal.

***

Der Minenkampf auf dem Lagazuoiband wurde von beiden Seiten auch weiterhin fortgesetzt. Bald darauf, am 20. Juni 1917, sprengten die Italiener die österreichischen Stellungen auf der Lagazuoi-Vorkuppe, 2668 m, in die Luft. Von der italienischen Felsbandstellung aus hatten sie in fünfmonatiger Arbeit einen steilen Stollen von 1110 m Länge durch die Felswände des Lagazuoi bis unter die Spitze der Vorkuppe getrieben. Die Mine war mit 33 000 kg hochexplosivem Sprengstoff geladen.

DIE SPRENGUNG DES CIMONE D'ARSIERO

Der Gipfel des Cimone d'Arsiero, der sich einer Bastion gleich zwischen Posina- und Asticotal auf den Sieben Gemeinden einschiebt, war am 23. Juli 1916 von seiner kleinen Besatzung, einer Feldwache des Salzburger 59. Infanterieregiments, vor dem übermächtigen feindlichen Geschützfeuer befehlsgemäß geräumt worden. Die Italiener hatten den Gipfel kampflos besetzt. Damit mußten sie sich allerdings begnügen, denn eine von den Österreichern rasch errichtete Sandsackstellung, welche quer über den schmalen Grat nördlich des Gipfels gelegt wurde, setzte ihrem weiteren Vordringen ein Ende. Diese schmale Brücke von der österreichischen Stellung zum Cimonekopf mußte natürlich ein ebenso schwieriges Hindernis für einen Gegenangriff bilden. Die Angriffsabsicht beschäftigte die österreichische Führung stets und ernstlich. Man hatte nie daran gedacht, dem Feind die Früchte seines Erfolges unbestritten zu überlassen.

Schon am 4. August hatte eine kleine Abteilung der Neunundfünfziger in kühnem Handstreich den Cimonegipfel genommen, ihn aber unter dem überaus heftig einsetzenden feindlichen Artillerie-, Maschinengewehr- und Minenwerferfeuer räumen müssen. Das Blut der Braven war zu kostbar, um es auf diesem verlorenen Posten zu opfern. Man entschloß sich deshalb, den Gipfel des Cimone zu sprengen.

Dieser Entschluß löste umfangreiche und schwierige technische Vorarbeiten und Studien aus, mit denen der ganze Monat August ausgefüllt wurde.

Die Leitung der technischen Arbeiten war in guten Händen: Sie war dem von der Einnahme des italienischen Panzerwerkes Casa Ratti rühmlichst bekannten Sappeur, Oberleutnant Mlaker, anvertraut worden.

Die nach der Aufgabe des Gipfels von den österreichischen Truppen bezogene, vorderste Stellung war vom Cimonegipfel durch einen kaum 3—4 Meter breiten Grat mit beiderseitigen Steilabfall getrennt. In geringer Entfernung vor den Feldwachen und von der italienischen Gipfelstellung überhöht, lag eine Kaverne isoliert zwischen beiden Fronten. Sie sollte den Ausgangspunkt für den unterirdischen Angriff bilden. Ein Verkehr dorthin bei Tag war ausgeschlossen, bei Nacht infolge der großen Wachsamkeit des Gegners äußerst gefährlich. So mußte denn zunächst schrittweise unter dem

Schutze der Nacht aus Sandsäcken ein gegen Infanteriefeuer schützender, eingedeckter Verbindungsgraben vorgetrieben werden, eine zeitraubende, mühevolle Arbeit, die zudem der Gegner wiederholt durch nächtliche Feuerüberfälle zu stören versuchte. In 10 Tagen war der gesicherte Verbindungsgang zur Kaverne fertig. Auf 18 Meter, fast Auge in Auge, hatten sich die wackeren Sappeure an den Gegner herangearbeitet, dessen Alpini noch einmal ohne Erfolg einen Überfall versucht hatten.

Noch schwieriger gestalteten sich die eigentlichen Minenarbeiten. Sorgfältige Messungen legten die erwünschte Richtung der Stollen und die zweckmäßigste Lage der Minenkammern fest. Am 26. August konnte mit dem Bohren des Minenstollens begonnen werden, zunächst freilich nur mühsam mit Handbetrieb, denn das Hinaufschaffen der schweren Bohrmaschinen in zerlegtem Zustande aus dem Tal, deren Zusammensetzung und Installierung in der Kaverne nahm einige Tage in Anspruch. Die ganze Maschinenanlage mußte mit Rücksicht auf die ungünstigen Wegverhältnisse vollkommen zerlegt, die einzelnen Teile von der Mannschaft bis zum Aufstellungsplatz, der etwa 200 Meter von der Kaverne entfernt war, getragen werden. Da auch dieser Weg zum Teil in feindlicher Sicht und im Gewehrfeuerbereich der italienischen Posten war, mußte der Transport, um Verluste zu vermeiden, mit größter Vorsicht durchgeführt werden.

Ein einsamer Heldenfriedhof knapp unter den Felsen des Lagazuoi in den Dolomiten. Nach Fertigstellung des Ehrenmales auf dem Pordoijoch wurden die Toten exhumiert und im dortigen Ehrenmal beigesetzt.

Deutsches Krieger-Ehrenmal am Pordoijoch (Piera Clocia, 2200 m). Von hier aus überblickt man einen großen Abschnitt der Frontlinien von der Marmolata bis zu den Bergen der Tofana-Gruppe. In der Gruft unter der Ehrenhalle liegen etwa 8000 deutsche und österreichische Gefallene des Krieges 1914—1918 einzeln in Sarkophage gebettet. Sie wurden aus den verstreuten Kriegerfriedhöfen der Dolomitenfront hierher umgebettet. ➔

So zeitraubend und ermüdend dieses Verfahren war, mörderisch für Muskeln und Nerven, es wäre trotzdem einfach gewesen, wenn der Gegner müßig geblieben wäre. Doch der Feind arbeitete entgegen. Er minierte ebenfalls aus seiner Linie heraus, noch schiefer, noch tiefer auf den Angreifer zu. Er lauschte in seinem Stollen dem Wühlen des Gegners und richtete danach die Achsen seiner Brunnen. Lud der eine die Sprengkammern, dann würde der andere keinen Augenblick zögern: Er würde selbst laden und sprengen. Darum die furchtbaren Stunden des nahen Entgegenarbeitens, die noch unheimlichere Spannung vor dem Laden, Stunden, die nie enden wollten. Wer zündete zuerst? Raschheit ist alles!

Am 31. August meldete Oberleutnant Mlaker das erstemal über gehörte feindliche Minenarbeiten. Seine und seiner Leute Arbeitskraft und Wille zum Enderfolg erfuhren dadurch nur eine Steigerung.

Am 1. September wurde ein gegnerischer Angriffsstollen festgestellt, dessen Richtung auf einen Vorstoß gegen unsere Kavernen schließen ließ. Er wurde durch einen schleunigst vorgetriebenen Gegenstollen unschädlich gemacht. In fieberhafter Eile nahm die Arbeit am Hauptstollen ihren Fortgang, trotz fortgesetzter Handgranatenangriffe des Gegners. Am 6. September war der Hauptangriffsstollen genau unterhalb der italienischen Stellung, eine von niemanden, selbst nicht von Oberleutnant Mlaker vermutete Arbeitsleistung war vollbracht worden. Unhörbar, aber unerbittlich näherte sich das Verhängnis dem Feinde.

Die taktischen Grundlagen für die eigentliche Kampfhandlung konnten nunmehr festgelegt werden. Die Infanterie trat in den Vordergrund. Sie sollte nach der Sprengung die gegnerische Stellung beiderseits des Cimonegipfels und diesen selbst in Besitz nehmen. Dem ersten Bataillon der Neunundfünfziger unter seinem Kommandanten, Major Schad, war die Lösung des infanteristischen Teiles der Aktion übertragen worden. Während zwei Kompagnien dieses Bataillons als Rückhalt in und hinter der Hauptstellung bereitgestellt bleiben sollten, hatte die erste Kompagnie unter Oberleutnant Huber mit einigen Sappeurpatrouillen, ihrerseits wieder in drei Staffeln gegliedert, die eigentliche Angriffskolonne zu bilden.

Nur mit Munition, Verpflegung und dem nötigsten Werkzeug versehen, hatte die Staffel zunächst auf dem schmalen Rücken gemeinsam vorzugehen, die feindliche Linie von beiden Flügeln aus zu umfassen, aufzurollen und das Zerstörungswerk zu vollenden.

Mehr als ein Dutzend Batterien leichten und schweren Kalibers waren zur Niederhaltung des erwarteten feindlichen Artilleriefeuers bestimmt. Unauffällig hatte schon lange vorher das Einschießen begonnen, am Tage der Aktion selbst sollte sich dann das Sperrfeuer um den todgeweihten Raum legen, den Cimonegipfel und dessen Besatzung von jeglicher Hilfe isolieren.

Indessen nahmen die technischen Arbeiten ungehinderten, flotten Fortgang. Noch mußte die Sprengmunition herangebracht und eingelagert, noch mußte verläßlich festgestellt werden, ob der Sprengstollen auch genau unter der italienischen Stellung angelangt sei. Die Festsetzung des Zeitpunktes für die Sprengung war nur mehr von diesen Umständen abhängig.

Unter den schwierigsten Verhältnissen wurde die Munition mit einer Raschheit herangebracht und eingelagert, die auch die höchsten Erwartungen weit übertraf. Raschheit war alles! Ihr war es vor allem zu danken, daß die Sprengung am 23. September nicht allein gerade in dem für den Feind ungünstigsten Zeitpunkt erfolgen konnte, nämlich gelegentlich der Ablösung, da die neue feindliche Besatzung kaum in ihre Stellung gelangt, unorientiert, unvertraut dem moralischen Eindruck ungleich rascher erlag, sondern daß auch die kostbare Sprengmunition vor einer längeren Lagerung in den durch die regnerische Witterung feucht gewordenen Kammern bewahrt wurde.

Aus diesem Grunde und weil man italienische Gegenminen fürchtete, drängten sowohl Oberleutnant Mlaker als auch Major Schad auf baldigsten Beginn der Aktion.

Am 11. September wurde tatsächlich wieder entferntes Minieren vernommen, am 12. September der Vortrieb eines Stollens aus dem näherkommenden Klopfen festgestellt. Rasch wurde sicherheitshalber ein Gegenstollen vorgetrieben, um im Falle der Annäherung dem Gegner entgegenzutreten. Aber der kam nur sehr langsam, sehr vorsichtig entgegen, er kam zu spät. Er hatte sich keine Klarheit über die Absichten der Gegenseite verschaffen können und infolge der Täuschungsmaßnahmen das Laden der Kammern nicht bemerkt. So wurde ihm der 23. September zum Verhängnis.

Am 20. September früh wurde unter Anwendung jeden Täuschungsmittels mit dem Laden der Kammern begonnen und dies am 22. um 6 Uhr abends beendet. Darauf wurde die Meldung gegeben, daß die Sprengung am 23. erfolgen könne.

Sie wurde für diesen Tag anbefohlen, der Feind war reif für sein Schicksal!

Im Dunkel der frühen Morgenstunden des 23. September befanden sich Abteilungen des italienischen Infanterieregiments 153 und das Alpinibataillon Val Leogra im Abstieg vom Cimonegipfel ins Tal. Wenige Stunden zuvor, unter dem Schutze der Nacht, waren sie vom ersten Bataillon des Infanterieregiments 219, das eben aus Schio gekommen war, abgelöst worden. Müde und abgespannt zogen die Abgelösten den Ruhequartieren entgegen. Plötzlich durchbrachen zwei rasch aufeinanderfolgende Donnerschläge von furchtbarer Gewalt die Stille des Morgens. Die Kolonne stockte und horchte entsetzt auf. Ächzend und widerwillig hob und dehnte sich oben der Berg in seinen Fugen, ein kurzer Moment noch und schon durchschnitten zentnerschwere Felsblöcke in rasendem Flug die Luft, schon wurde das Jammergeschrei vom Cimonegipfel hörbar, der völlig verschwunden war und unter seinen Trümmern das italienische Bataillon begraben hatte.

Planmäßig, unerbittlich genau, hatte das Zerstörungswerk eingesetzt. Um 5 Uhr 45 Min. früh hatte Oberleutnant Mlaker durch einen Druck auf den Knopf des Glühzündapparates die Sprengladung entzündet — die Spitze des Cimone war nicht mehr. Ein ungeheurer, 22 Meter tiefer Sprengtrichter klaffte wie eine schwere Wunde dort, wo vordem der Gipfel weithin sichtbar aufgeragt hatte. Ringsum ein wüstes Trümmerfeld.

Nun war die Reihe an der Infanterie. Kaum war der Donner der Explosion verhallt, brachen die Sturmpatrouillen aus den schützenden Kavernen hervor, wo sie auf der Lauer gelegen hatten. Einzeln abgefallen stürmten sie den schmalen Grat entlang dem Sprengtrichter zu, den es rasch zu besetzen galt. Unerwartete Hindernisse stellten sich den Stürmenden entgegen. Noch war die Dunkelheit der Nacht nicht gewichen. Unsicher tasteten auch die gut Orientierten vorwärts, es fehlte die Bergspitze als gewohnter Richtungspunkt. Ihre Trümmer hatten den Zugang zum Trichter fast ungangbar gemacht.

Doch nichts vermochte die Braven aufzuhalten. Bald war der Trichter erreicht, rasch ordneten sich die Verbände, eine kurze Atempause und schon brachen die drei Kolonnen aus dem Trichter hervor, entfalteten sich fächerförmig zum entscheidenden, umfassenden Angriff auf den Feind, der sich nach der ersten Betäubung aufgerafft hatte und die Stürmenden mit wütendem Feuer vom Südrand des Cimonemassivs empfing, an das er sich angeklammert hatte. Zwei von den drei Kolonnenkommandanten, die Leutnants Hayer und Wachtel starben den Heldentod, mit ihnen manch einer ihrer braven Leute. Aber keine Gruppe ließ die andere im Stich; im schwierigsten Felsgelände, noch immer im ungewissen Dämmerlicht kämpfend, gelang trotz allem die Umfassung, der Rest der italienischen Cimonebesatzung streckte die Waffen.

Es war 6 Uhr. Die österreichischen Geschütze legten Sperrfeuer um den Cimone. Ununterbrochen hielt das starke feindliche Geschützfeuer an, das zwischen 8 und 12 Uhr vormittags und gegen Abend zu außerordentlicher Heftigkeit gesteigert wurde. Schwere Stunden müssen die tapferen Erstürmer durchleben. Am Abend sind die lästigsten der feindlichen Batterien zum Schweigen gebracht. Alle Feldwachen meldeten übereinstimmend, daß sie trotz großer körperlicher Erschöpfung sich im Sprengtrichter jedem Angriff gewachsen fühlen. Aber es kam zu keinem Gegenangriff. Um so mehr versuchte die feindliche Artillerie, die Gipfelbesatzung zu vernichten. Sie verhinderte den Zuschub warmer Nahrung und nur auf ihre kalten Vorräte beschränkt, mußten die Feldwachen im Trichter, nur notdürftig gegen den Eisen- und Steinhagel gedeckt, die ganze Nacht verbringen. Erst der frühe Morgen des 24. September brachte den Braven die wohlverdiente Ablösung.

Eine reiche Siegesbeute krönte die Tat. An die 500 Mann mit 10 Offizieren wurden gefangen genommen, 8 Maschinengewehre, Granatwerfer, Minenwerfer, Bohrmaschinen, Flammenwerfer und zahlreiches sonstiges Kriegsgerät wurden eingebracht. Das erste Bataillon des italienischen Infanterieregiments 219 war vernichtet. 19 Offiziere und 1118 Mann waren zum Großteil mit der Mine in die Luft geflogen und unter ihr begraben worden.

Unter den Trümmern des gesprengten Gipfels mußten noch zahlreiche schwerverwundete Italiener liegen, deren Bergung jedoch infolge des außerordentlich starken feindlichen Artilleriefeuers nicht möglich war. Herzzerreißend drangen die Klage- und Hilferufe der Verschütteten durch die Trümmer zu der Gipfelbesatzung hinauf. Nur aus rein menschlichen Gründen entschloß man sich bei dem österreichischen Kommando zu einem Ersuchen an das italienische Kommando, einen vierstündigen Waffenstillstand einzuschieben, um das Leben der verschütteten Italiener zu retten. Ein österreichischer Generalstabshauptmann überbrachte das Ersuchen dem italienischen Kommando, das aus nichtigen Gründen und in der Annahme, es handle sich möglicherweise um eine Kriegslist der Österreicher, ablehnte. So wurden diese unglücklichen italienischen Soldaten, die in Ausübung ihrer Pflicht ein furchtbares Verhängnis ereilt hatte, von ihrem eigenen Kommando herzlos ihrem Schicksal überlassen. Mit gerechter Entrüstung wurde diese Entscheidung der italienischen Heeresleitung von den gefangenen Italienern aufgenommen, die sich freiwillig erboten, ihre verschütteten Kameraden auszugraben.

Voll Selbstverleugnung und Opfermut schritt jedoch die österreichische Besatzung selbst zum Rettungswerk. Sie setzte im feindlichen Feuer ihr Leben aufs Spiel, um das der wehrlosen, verschütteten Feinde zu retten. Noch am 28. September, 120 Stunden nach der Katastrophe, wurden Hilferufe unter den Trümmern gehört. Bis zum 2. Oktober wurden etwa 90 Italiener, freilich vollkommen erschöpft und verwundet, ihrem Steingrabe entrissen.

Nicht nur im Kampf auf dem Schlachtfelde, wo im Toben der Schlacht oft das klare Empfinden der Todesnähe fehlt, hatten sich die österreichischen Soldaten als Helden erwiesen, sondern auch als selbstlose Kämpfer im Dienste der Barmherzigkeit und Menschlichkeit. Höher noch als die glänzende Waffentat steht dieses höchste Heldentum.

Nicht nur der Erfolg, auch das Menschentum war auf seiten der Österreicher.

Die Front im Eis

Leo Handl

Der Krieg im Bauch des Gletschers

Die Leistungen im Hochgebirgskrieg gipfeln in den Begriffen: Kameradschaft und Heimatliebe. Unter der Macht der Naturgewalten des Hochgebirges war die rückhaltlose Hingabe und Aufopferung des einzelnen ein Gebot des Selbsterhaltungstriebes. Jeder Posten war sich seiner Wichtigkeit bewußt, damit sich die Kameraden in der Kaverne ruhig ausstrecken konnten. Gemeinsame Gefahren steigerten das Gefühl der gegenseitigen Verbundenheit und des Vertrauens. Auch das Verhältnis zwischen Offizier und Mannschaft war dort oben viel enger und freundschaftlicher und wurde mit der Zeit zu einer richtigen Bergkameradschaft. Trotz des jahrelangen Stellungskrieges sorgte schon der Wandel der Jahreszeiten für ständige Abwechslung und ließ das Gefühl der Langeweile nicht aufkommen. Zudem wurden die Besatzungen nur selten abgelöst, weshalb wir trachten mußten, Stellungen und Unterkünfte möglichst gut und wohnlich auszugestalten. Der chronische Mangel an Bohrmaschinen und Sprengstoff zwang uns, die Holzhütten nahe an Steilhängen anzubauen. Italienische Blindgänger wurden bei Nacht oder im Nebel unter Lebensgefahr geborgen, um den kostbaren Inhalt zum Sprengen verwenden zu können.

Mit der Zeit hatten auch wir die Entbehrungen und Gefahren mehr als satt, oft, wenn neben den Gefahren des Krieges die Leiden und Entbehrungen im Hochgebirge übergroß wurden, kamen leise Gefühle des Überdrusses gegen den Krieg auf. Wenn dann aber unser Blick über die grünen Matten ging, aus denen wie Flammen die graugelben Dolomittürme zum Himmel loderten, dahinter das sonnige, sagen- und rebenumwobene Etschland am Fuße des weitglänzenden Gletschersaumes der Ötztaler und Zillertaler Alpen, die marmorn gegen den tiefblauen Himmel abschlossen — da wurde solcher Mißton tief in der Seele erstickt und Stutzen und Steinbohrer wieder fester in die Faust gepreßt: Für Gott, Kaiser und Vaterland!

Wer Freude an der Natur hatte, dem war der jahrelange Aufenthalt in den Hochalpen ein tiefes Erlebnis. Allenthalben konnten wir die Natur bei ihrem Zerstörungswerk der Erdkruste belauschen und sie dabei nach Kräften in unseren Dienst stellen. Oft wurden wir da oben an die Erlebnisse der Arktisforscher und das Leben der Eskimos erinnert. Die vier Jahreszeiten schmolzen ober der Baumgrenze auf kaum zwei zusammen. Oft sehnten wir im Sommer bei Blitz, triefenden Eisstollen und der großen Splitterwirkung der auf Fels krepierenden Geschosse den Winter herbei. Besonderen Einblick taten wir in die Geheimnisse des Gletschers, seiner Spalten, seiner verschiedenartigen Bewegungen im Winter, wo das Eis kalt und spröd, und im Sommer, wo es plastisch ist. Es stellten sich die Bedürfnisse heraus, an die kein Gelehrter, Glaziologe oder Bergsteiger gedacht hatte. So brauchten wir zum Füllen der Sandsäcke Schotter, aber ringsum war nur fester Fels und Eis. Vom Gletscherrand bis zum Grat

Marmolata. Baracke in einer großen Gletscherspalte auf 2800 m. Ein Unterstand mit Küche für 45 Mann, später von den wandernden Eismassen zerquetscht.

war es weit; nun gingen wir auf die Grundmoräne, die wie ein Schotterbrecher arbeitet, in verschiedenen Höhen los. Dabei machten wir die für den Stollenbau wichtige Beobachtung, daß im Winter das Eis wie ein Wellblech auf dem Fels abwärts rutscht, im Sommer hingegen überall gleichmäßig drückt und aufliegt. Unter solchen Verhältnissen ist fast jeder zum Naturforscher geworden.

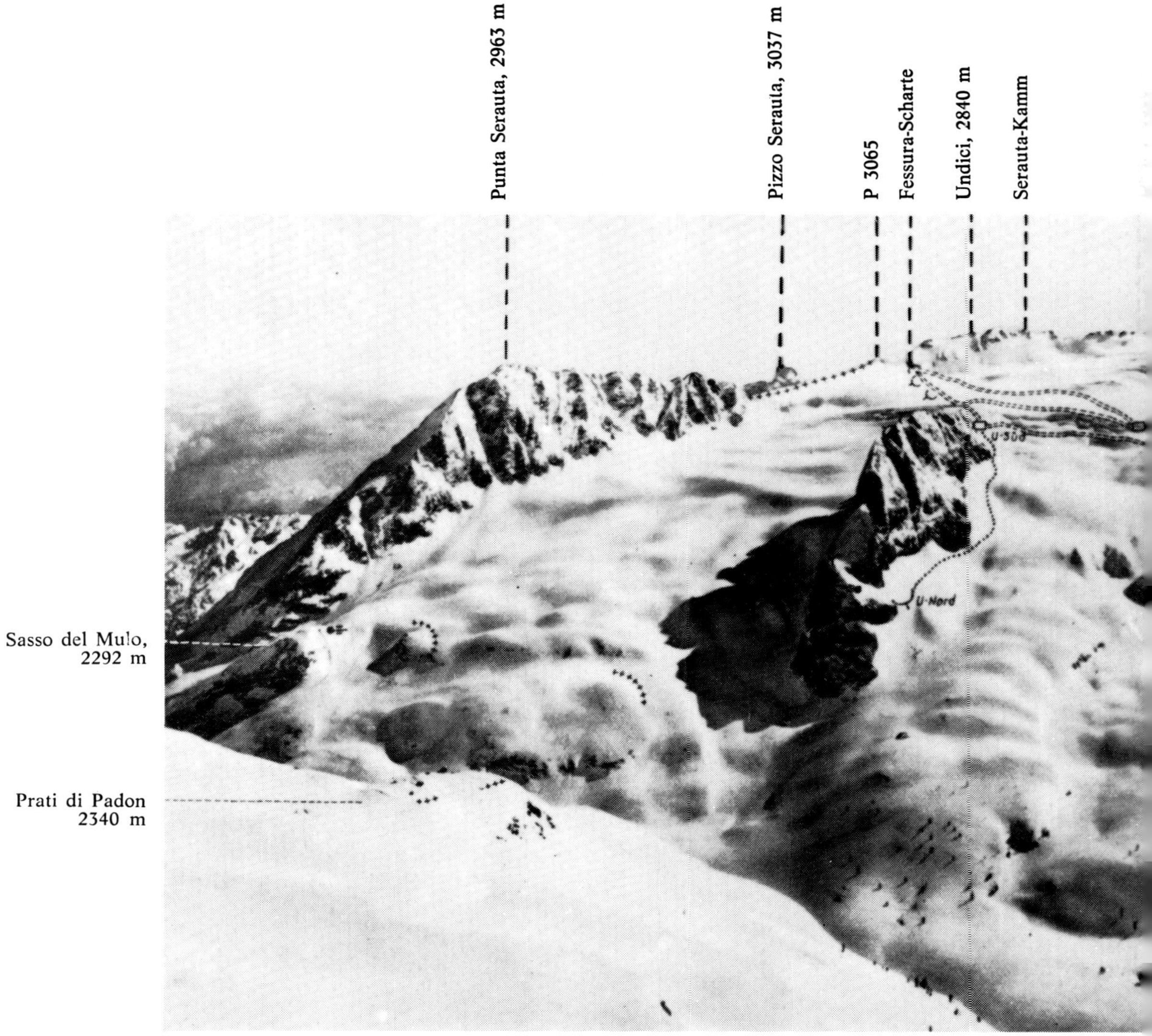

Fedaja-S

Marmolata-Massiv im Winter 1916/17 von den österrei
Die gestrichelten Linien der Angaben U n
auf die in der Bildmitte liegend
Vgl. die Zeichnung über

☐ = Unterstände im Gletscher

–o–o –o–o– = Seilbahn

= Geschütz, Batterie

= Eisstollen

und = österr. Inf.-Linien

= Zugangswe

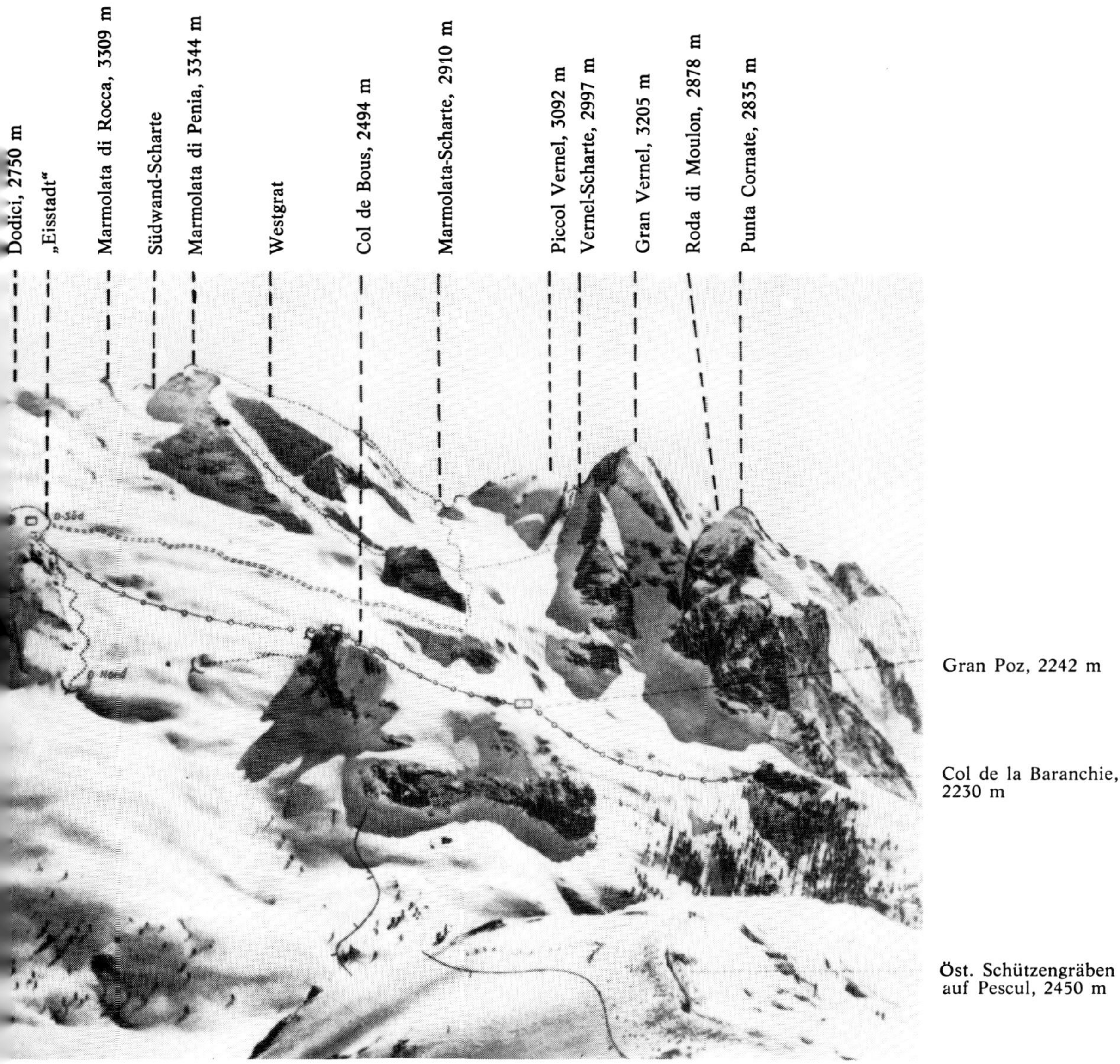

·7 m

Stellungen auf dem Padon-Kamm (Norden) gesehen.
40 m, und D o d i c i, 2720 m, sind bis
mme fortgesetzt zu denken.
dt im Text, Seite 159.

+ + + + + + + und × × × × × = ital. Inf.-Linien

= Scheinwerfer

= Art.-Beobachter

LEHRZEIT AUF DER COSTABELLA, 2759 m

Meine Pionierabteilung hatte bei Kriegsausbruch mit Italien Befehl, von Vigo di Fassa durch das San-Nicolò-Tal auf die Costabella, 2759 m, zu ziehen. Von hier gegen Osten mußten wir den zerrissenen Grat dem Gegner überlassen, der ihm von dort leichter zugänglich war. Trotzdem setzten wir uns ruhig am Fuße der steilen Nordwände fest, denn wir sagten uns, daß wohl eine italienische Abteilung leichter über die steilen Schutthalden herunterkommen könne, als im eigenen Feuer wieder zurück.

Der erste Kriegssommer wurde fleißig zum Ausbau von Sandsackstellungen und Baracken an gedeckten Steilhängen ausgenützt. Freilich brachen die Stellungen bei dem italienischen Munitionsüberschuß zusammen. Aber die Nacht war unsere Helferin, da wurden alle Schäden wieder gutgemacht. Da es noch wenig Minenwerfer und Handgranaten gab, hatten wir geringe Verluste.

Die nächste Sorge war die Herrichtung und Maskierung der vom Gegner meist eingesehenen Zufahrtswege, was durch kulissenartige Astbehänge gelang. Der Mangel an Trägern zwang zum Seilbahnbau. Dabei halfen uns tüchtige deutsche Spezialtruppen, die auch genug Material mitbrachten. Nach ihrem Abgang setzten eigene Seilbahnabteilungen diese Bauten in großem Stile fort.

Im Herbst 1915 wußten wir eigentlich noch nicht, ob es möglich sein würde, den Winter auf den Graten zu verbringen. Man sagte sich aber, daß der Gegner im Frühjahr viel leichter auf der aperen Südseite werde heraufklettern können, als wir vom Norden. Deshalb wurden alle Anstrengungen zur Versorgung mit dem Notwendigen gemacht. Der Winter hatte auch Einsehen und war im allgemeinen mild. Trotzdem hatten wir Gelegenheit, den Eismann gründlich kennenzulernen und seine Eigenheiten auszunützen.

Vor allem mußten viele Steige wegen Lawinengefahr verlegt werden, auch keilförmige Lawinenbrecher und schiefe Schutzwände erwiesen sich brauchbar. Gefährliche Schneebretter wurden durch angeseilte Schiläufer abgetreten, auch geschickte Sprengungen gelangen mitunter. Auf dem Lusia-Paß und auf Prà di Contrin entstanden lange Schneetunnels, die — wie bei Betonbauten — mit hölzernen Schablonen oder Leergerüsten hergestellt wurden. Die Praxis ergab, daß man schon nach einigen Stunden das Holz entfernen und andernorts verwenden konnte, da sich der Schnee bald durch den eigenen Druck (durch die Regelation) gefestigt hatte.

Wo steile Rinnen mit Lawinen- und Steinschlaggefahr begangen werden mußten, stellten wir aus Rundholz sattelartige Blöcke auf, die seitlich mit Drahtseil verankert und mit Schwarten und Fichtenzweigen verschalt waren. Der Felsboden wurde in solchen Fällen mit einfachen Holzstiegen belegt. Alle diese Fertigkeiten und Erfahrungen kamen uns im Gletscher ein Jahr später sehr zugute. Die Arbeiten mußten immer gut vorbereitet und organisiert sein, denn der Italiener verfolgte bei Tag mit Schrapnell und Maschinengewehr jeden einzelnen Mann. Auf der Nordseite der Costabella stellten wir an Stelle des Zeltes im Herbst 1915 eine mittelgroße Baracke auf, die in zwei Tagen mit etwa 750 Trägerlasten auf 2750 m befördert wurde. Am zweiten Tag wütete ein wilder Schneesturm. Kaum hatten die braven Träger auf schmalem Steig die 300 m hohe Nordwand durchstiegen, empfing sie auf der Banca di Campagnaccia der eisige Sturm. Die Bretter und Kanthölzer am Boden nachschleifend und mit blutigen Wangen

Stollenausgänge aus dem Gletscher,
die durch die Wanderung des Gletschers sich immer schiefer stellen (Marmolata). ➜

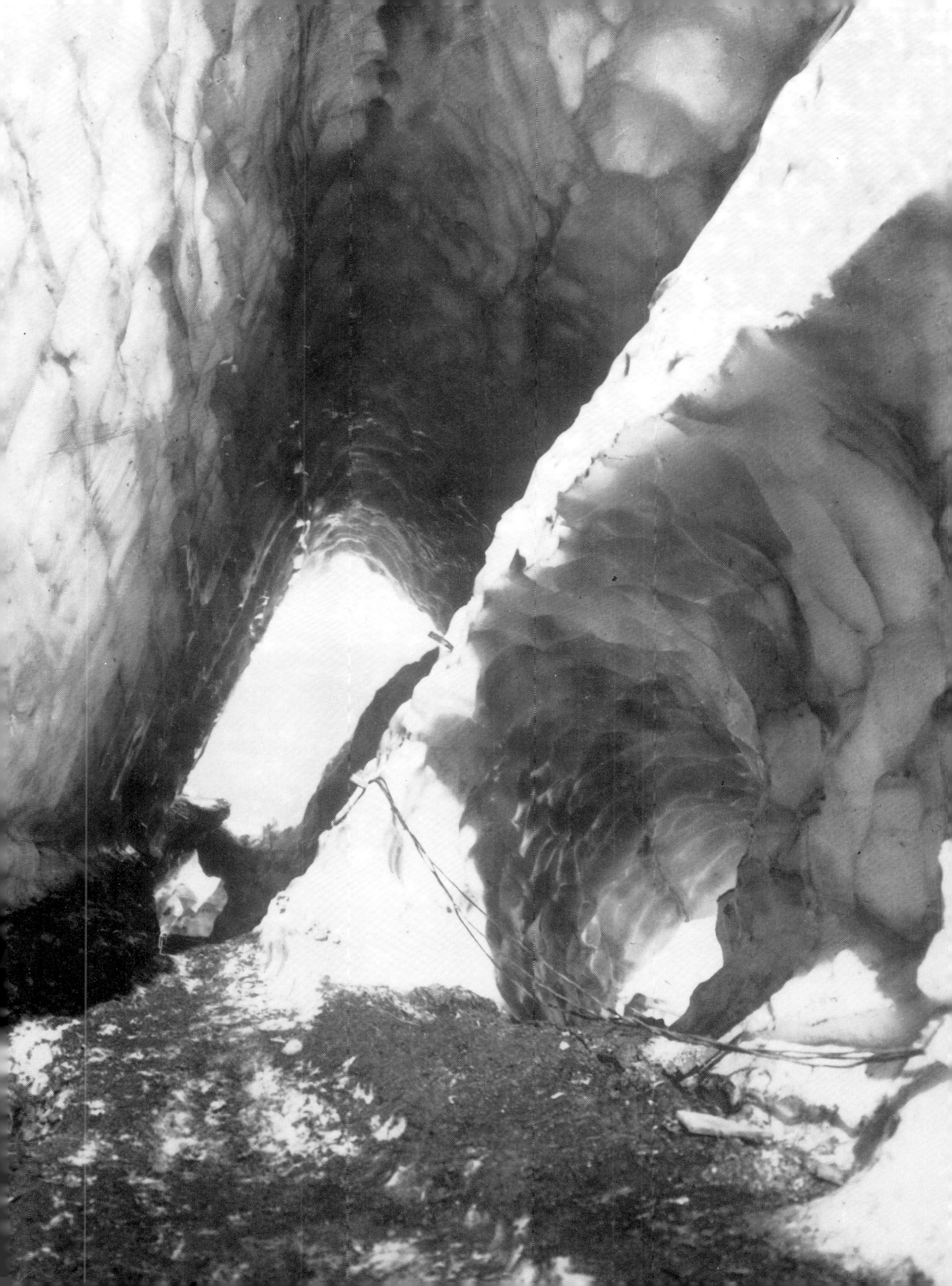

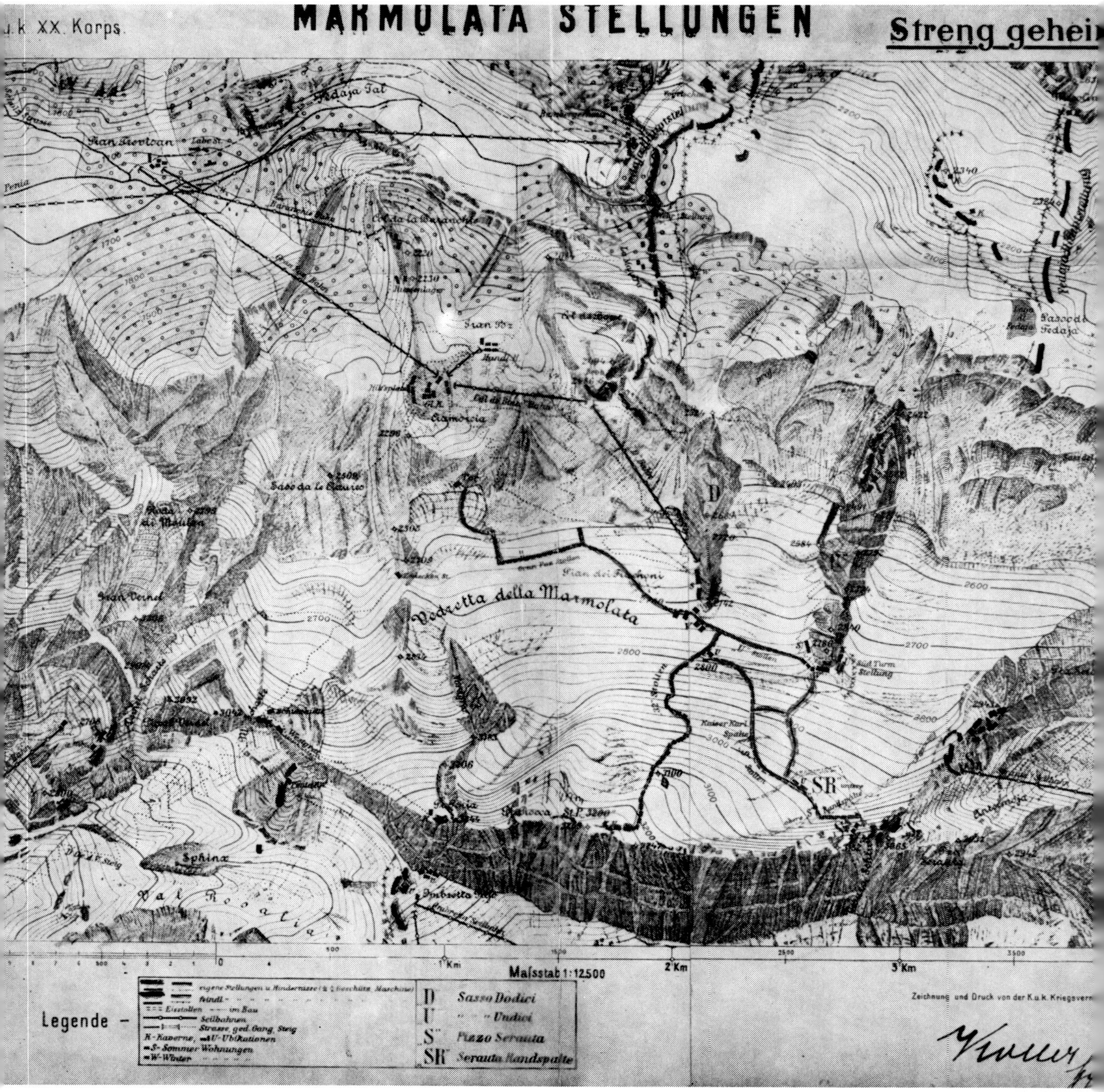

Marmolata-Stellungen „Streng geheim".

krochen sie zum Gipfel; es war kein Wunder, daß einige wichtige Konstruktionsteile oben nicht ankamen.

Später entstand auch hier von Ciampei bis Banca eine Seilbahn. Die Mittelstation war an einen haushohen Felsblock angebaut. Doch im Frühjahr vernichtete eine Staublawine diese Station samt Bedienung, drückte die obere Bergstation wie ein Kartenhaus an den Fels, nahm ein Schwungrad von etwa 300 kg durch die Lüfte ins Tal mit und zog die Holzstützen aus dem Boden. Als wir zum erstenmal an den Ort der Verwüstung kamen, sahen wir etwa 90 m hoch an einem Seil ganz schief einen Holzständer hängen. Ein Freiwilliger ließ sich an einer Rolle zu ihm abseilen, um den Bock abzuschneiden. Die gleiche Lawine nahm von oben einen Posten mit, der sich nach etwa vierstündigem Aufstieg im allgemeinen gesund bei seinem Kommandanten meldete. Der unerschrockene Mann hatte im Lawinenwirbel etwa 300 m Höhenunterschied zurückgelegt.

Durch die Lawinenkatastrophe Mitte März 1916 waren alle Telefonleitungen zerstört. Erst nach einigen Tagen gelangte eine Schipatrouille im Lastei-Kar so nahe an die Nordwand heran, daß man wieder Verbindung durch Rufe bekam. An einem noch gespannten Eisendraht ließ der Kommandant der Costabella eine Blechbüchse mit einer Situationsmeldung herabsausen, aus der wir entnahmen, daß oben die Besatzung keine Verluste gehabt hatte, aber mit Brennmaterial ziemlich knapp war.

Durch die Nordwand der Costabella von der Lastei-Scharte aus sprengten und zimmerten meine Pioniere einen gedeckten Gang. Die große Gipfelwächte wurde als Tunnel, Magazin und feindwärts als erhöhter Postenstand ausgewählt.

Als auch der Costabella-Südgrat gut überwächtet war, reifte in mir der Plan, über denselben einen Vorstoß zu versuchen. Die enorme Lawinengefahr hatte sicher auch den Italienern viel zu schaffen gemacht und ihr vorgeschobener Posten schien unbesetzt. In einer mondhellen Märznacht ging ich mit 6 Bergführern los, während im Osten im Sattel des Col Ombert ein scheinbares Feuergefecht inszeniert wurde, um die Aufmerksamkeit dorthin abzulenken. Wir krochen in Schneemänteln vor. Auf der Bocche stiegen farbige Leuchtraketen auf und schwankten wie Fixsterne in das Pellegrinotal hinab. Die nächtliche Stille wurde durch einen Gewehrschuß unterbrochen. Wir legten uns platt, denn die Kugel war knapp über uns hinweggegangen. So lagen wir etwa eine halbe Stunde, bis wir die Kälte nicht mehr länger aushalten konnten. Wir schoben uns weiter, dann ging es durch eine steile Schneerinne hinunter. Möglichst still, am Seil hintereinander, den Stutzen am Rücken und den Gürtel voll Handgranaten hinab auf das unbekannte Schneefeld. Die Luft war rein. Wir stapften noch ein Stück vor bis auf die Höhe. Bald traf auch die bereitgestellte Halbkompagnie ein. Es begann zu dämmern, als wir mit den wichtigsten Schneelaufgräben fertig waren. Beim Ausbau der neuen, rechten Flankenstellung gegen das Pellegrinotal wurden drei Mann von einer Wächte mitgerissen und kamen so mit Schwung und ganz unschuldig in italienische Gefangenschaft.

Damals lebten wir lange Wochen in den Schneekavernen. Die Schneelage war gut 4 m hoch und wir lernten bald, dieses Eskimoleben richtig zu führen. Wir fühlten uns im tiefen Schneeloch gegen Feind und Natur geborgen. Die Eigenwärme sorgte für die Vereisung der Wände und dadurch für eine Versteifung der romanischen und gotischen Deckenformen. Durch Abbrennung von kleinen Tafeln Hartspiritus hielten wir die Höhlentemperatur ohne Schwierigkeit über +10° C. Der Boden wurde mit Strohmatten und — soweit es die primitive Seilbahn mit Handkurbelbetrieb leisten konnte — mit dünnen Brettern belegt. Die Vorhänge bestanden aus Decken. Die Verpflegung kam am Seil in Kochkisten, die aber vom nahen Gegner immer heftig beschossen wurden.

So hatten wir im ersten Kriegswinter Gelegenheit genug gehabt, eine Reihe von Erfahrungen in Fels und Schnee zu sammeln. Nun kam eine weit schwierigere Aufgabe.

EISKRIEG IM GLETSCHER DER MARMOLATA, 3344 m

Im Jahre 1915 wagte es weder Freund noch Feind, das Marmolata-Massiv zu besetzen. Der Gletscher schien wie ein Meer die Kämpfenden zu trennen. Wohl stiegen manchmal ortskundige, italienische Patrouillen auf die Marmolata di Penia, 3344 m, und es kam zu Patrouillengefechten, aber erst im Frühjahr 1916 stießen eigene Kräfte unter Führung erfahrener Hochgebirgsoffiziere überraschend auf die wichtigsten Punkte am jenseitigen Rand des Gletschers los und besetzten diese. Dadurch fühlte sich der Gegner im Rücken seiner Col-di-Lana-Front ernstlich bedroht. Durch eine überlegen starke Gegenaktion eroberte er den östlichen Teil der Serauta-Stellung. Hier baute er sich nun felsenfest ein und erstellte eine Seilbahn.

Zum Ausbau der Gletscherstellung wurde auch meine Kompagnie im Mai 1916 auf die Marmolata befohlen. Mit Begeisterung gingen wir ans Werk. Wir hatten durch mehr als ein Jahr vom Westen her ihre wunderbare Südwand mit der Eishaube bewundert und nun kam es so, daß wir sie in eineinhalb Jahren bis in ihre geheimsten Spalten kennenlernen sollten.

Ich suchte für uns unter dem Gletscher einen offenen, vor Lawinen sicheren Bauplatz. Ein Teil der Sappeure baute hier auf dem letzten grünen Rasen, der erst nach dem Rückzug des Eises vor kurzer Zeit entstanden sein dürfte, einige Hütten. Mit den übrigen Leuten wurde in den Stellungen, an den Wegen und Gletscherbrücken fleißig gearbeitet.

Das Zentrum des Nachschubes lag unter der Gletscherzunge auf Gran Poz, 2300 m, zugleich war dort die Hauptseilbahnstation. Bei Dunkelwerden starteten hier die Träger zur „M-Scharte" (Marmolatascharte), nach „3259", nach „D" (Dodici)* und „U" (Undici), nach „2800" und nach „S" (Fessura-Scharte). Wehe, wenn zu dieser Zeit einige Lagen Schrapnells prasselnd über den Gletscher fegten, dann stoben alle wie eine Schar Vögel auseinander.

Die Italiener hatten sich mit Fliegerbeobachtung auf unsere Station gut eingeschossen. Wir hatten deshalb nach größeren Verlusten die Maschinenanlage durch einen hohen und 3 m dicken Steinkasten geschützt, der eine Reihe Volltreffer glücklich abfing.

Auf der Col-de-Bous-Spitze gingen wir daran, aus der steilen, von früheren Gletschern glattgeschliffenen Felswand eine Fläche für einen Unterstand auszusprengen. Am zweiten Arbeitstag zeigte sich ein kleines Loch. Ein Jäger steckte den Kopf hinein und vernahm ein unheimliches, dumpfes Brummen. Wir stellten eine große Höhle fest. Nach einem Monat war diese schöne, natürliche Höhle von den Versturztrümmern gesäubert und ein großer Unterstand mit etwa 30 m Felsüberlagerung, wind- und bombensicher aufgestellt.

Die Nächte auf dem Gletscher waren eigentlich nie recht dunkel, wenn man nicht gerade in einer schweren Gewitter- oder Schneewolke steckte. Dazu sorgten die Scheinwerfer und Leuchtraketen ständig für ungebetene Erhellung. Dies machte sich am unangenehmsten nahe bei „S" bemerkbar, wo der Gegner den Zuschub energisch unterbinden wollte. Stundenlang lagen die Träger zeilenweise auf dem Gletscher und wurden im gleißenden Lichtkegel der Scheinwerfer mit Maschinengewehren angeknattert. Wenn dann am Morgen von „S" telefonisch angefragt wurde, warum wieder das Notwendigste nicht eingelangt sei, wußte man, daß die Träger wieder einmal unverrichteter Dinge hatten umkehren müssen.

Alles drehte sich beinahe um diese „S-Stellung". Sie lag rund 3000 m hoch am Grat, am Rand der ungeheuren, 600—800 m fast senkrecht abfallenden Südwand, die sich

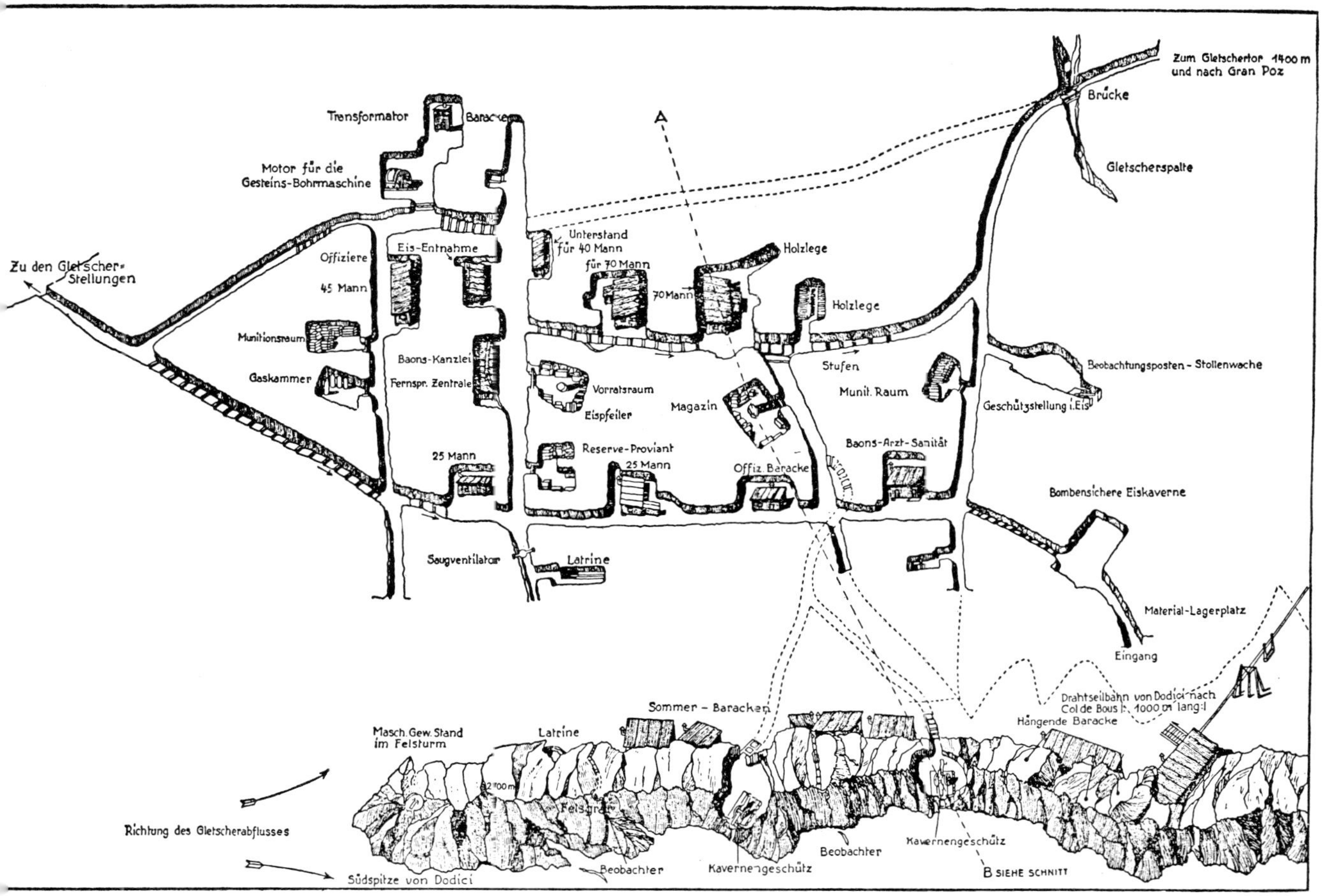

Die Eisstadt in der Marmolata (vgl. Abb. Seite 152 und 153). Zeichnungen von Leo Handl

Feldmesse auf dem Marmolatagletscher. Im Hintergrund die Langkofelgruppe und das Sellajoch (Dolomiten).

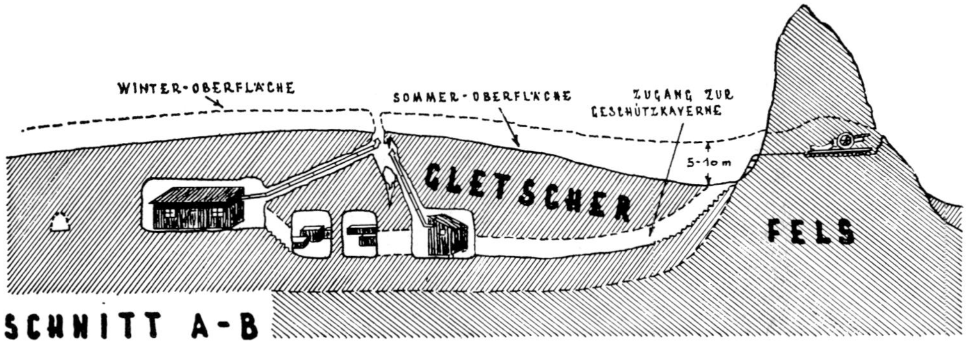

Schnitt durch die nebenstehende Zeichnung der „Eisstadt“

Zeichnung von Ing. Leo Handl

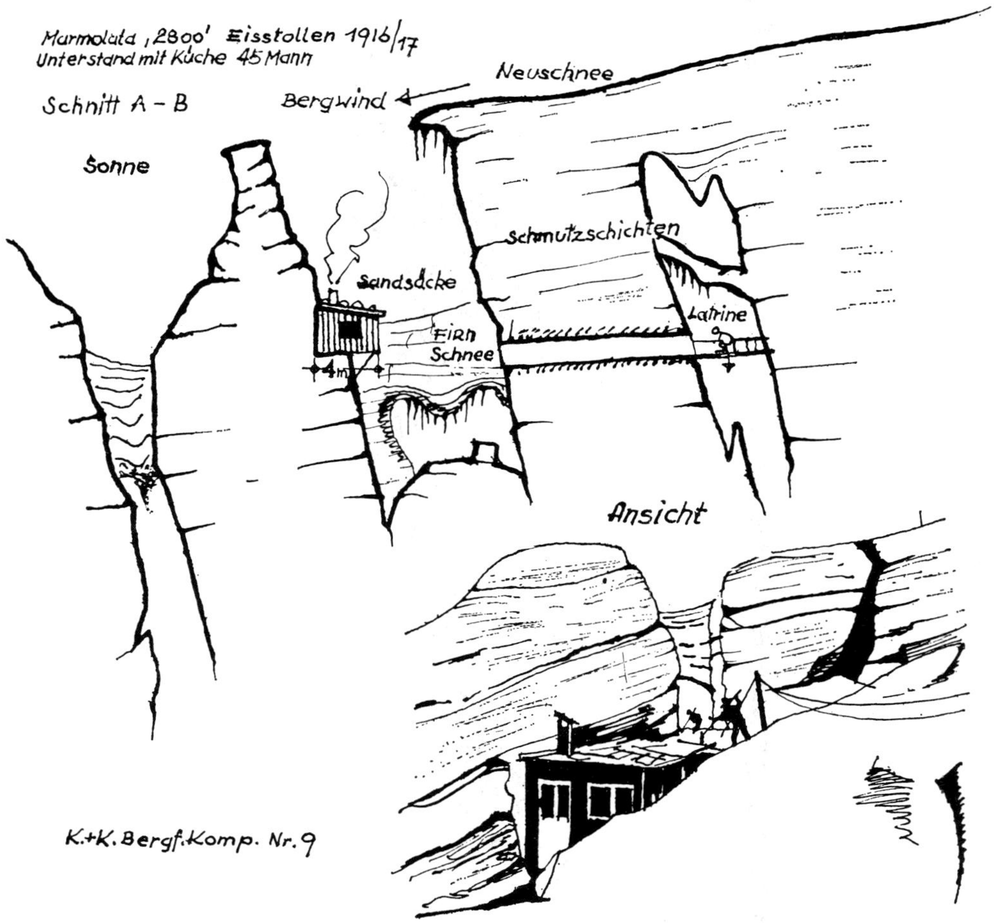

Skizze zu Ansicht auf Seite 151.

bis zur Marmolatascharte volle 3 km gegen Westen hinzieht. Die dürftige Stellung saß nur oberflächlich auf dem Schnee und die Brustwehr bestand aus wenigen Sandsäcken, die mit Eis und Schotter gefüllt wurden. Schotter war dort oben kostbares Gut, denn der Zuschub langte kaum für Munition, Essen und Holz.

Fast täglich konzentrierten die Italiener das Feuer von über 40 Geschützen auf diese Scharte, so daß niemand geglaubt hätte, es könne dort menschliches Leben übrigbleiben. Wenn aber die italienischen Patrouillen vortasteten, wurden sie immer wieder auf ihren Felskopf „3065" zurückgeschlagen. Sowohl die braven Kaiserschützen, als die nachfolgenden Kaiserjäger erlitten fast täglich schwere Verluste. Anfangs August 1916 meldete der Gletscherkommandant, Kaiserjäger-Hauptmann Samen, der den Befehl hatte, die „S-Stellung" um jeden Preis zu halten: „. . . Meine Jäger werden selbstverständlich auf diesem Posten bis zum letzten Mann ausharren, doch mache ich darauf aufmerksam, daß ich, wenn ich so wie heute durch einen einzigen Volltreffer, 7 meiner besten Leute verliere, in den nächsten Tagen, wenn die Schneeschmelze fortschreitet, meine ganze Mannschaften verloren haben werde." Da mit dem Fall von „S" auch die darunterliegende „U-Stellung" in hohe Gefahr gekommen wäre und damit die ganze Fedaja-Front, mußte uns die Brigade endlich Reservemannschaft und Material zur Verfügung stellen.

Die Not machte erfinderisch. Ich hatte schon früher eingesehen, daß ein Offenhalten von Schneelaufgräben, die oft nach Stunden vom Wind wieder eingeebnet und in ihrer ganzen Länge vom Gegner eingesehen waren, vergebliche Mühe wäre. Wir bekamen zwar versuchsweise lange, weiße Maskiertücher, doch auch diese fegte der Sturm hinweg.

Nun war bei meiner Bergführerkompagnie ein Zugführer, der acht Jahre in amerikanischen Kohlenbergwerken gearbeitet hatte. Er fertigte aus Flacheisen verschiedene Handbohrer an, mit denen man in einigen Minuten bis zu 1 m tiefe Löcher in das Eis bohren konnte. Wir ließen ihn in eine Spalte hinab und probierten dort die Wirkung der verschiedenen Sprengmittel aus. Am besten eignete sich Ekrasit, das durch seinen heftigen Schlag das Eis in Firn verwandelte. Eine briefliche Anfrage bei den zwei prominentesten Glaziologen Brückner (Wien) und Finsterwalder (München) ergab, daß bisher noch nie tiefe Stollen in Gletschereis gebohrt worden waren. So blieb uns nichts anderes übrig, als das Eis wie Fels zu behandeln und Erfahrungen zu sammeln.

Die Eisstadt in der Marmolata (vgl. Abb. v. S. 159)

Wir bauten an drei Stellen des Gletschers Unterstände in halb offene Spalten und begannen von hier aus Stollen nach oben und unten vorzutreiben. Nach jeder Sprengung wurde das zertrümmerte Eis mit Hacken und Spießen entfernt und mit kleinen Rodeln auf rinnenartig aufgebogenen Wellblechen abwärts zur nächsten Spalte geschafft. Anfangs machte uns die Lüftung vom Ekrasitdampf Sorge. Dies währte nicht lange, denn der Zuschub von Sprengstoff wurde wegen Mangel eingestellt. Wir mußten uns mit der Eishacke allein helfen. Und wirklich ging es kaum langsamer als früher, nur waren die Leute in dieser Höhe bald müde und mußten alle 2 Stunden abgelöst werden. Die Leistungen schwankten in 24 Stunden um die 6 Meter. Nur dort, wo sich Gletscherspalten in der Trassenrichtung ausnützen ließen, ging es rascher. Daher verbrachten wir viele Nächte auf dem Gletscher auf der Suche nach geeigneten

Die Stellung „U“-Süd, 2786 m, auf dem Marmolatagletscher mit den Mündungen der Eisstollen.

= Offene Zugänge

= Eisstollen

Gebirgskanone in einer Eiskaverne auf der Marmolata di Rocca, 3259 m, das höchste Geschütz der Dolomitenfront. Es beschoß über die 1000 m hohe, senkrechte Südwand der Marmolata italienische Nachschublinien im Val Ombretta.

Spalten. Aus den teils glatten, teils mit Firnschnee verstürzten Spaltenwänden hackten wir Halb- oder Vollprofile mit Fenstern zur Spalte hinaus, durch die das Eis hinausgeworfen wurde. Auch oben überbrückte Spalten wurden durch Ausfüllen mit Eisschotter oder Zerkleinern von Eisblöcken begehbar gemacht. Stinkende Petroleumfakkeln und Karbidlampen dienten zur Beleuchtung bei der Arbeit in den Spalten und verursachten viel schlechte Luft. Die Kampftruppen hackten in der freien Zeit eifrig mit, denn Winter und Feind ließen uns keine Rast und Ruhe. In den unteren Partien zeigte sich bald, daß durch die Bewegung des nach abwärts schiebenden Gletschers die Stollen gequetscht und verschoben wurden. Deshalb nahmen wir gleich bei der Arbeit darauf Rücksicht und verlegten den Scheitel des Spitzbogens entsprechend nach oben.

Einmal wurde versucht, in der „S-Randkluft", wo einige Baracken entstanden waren, eine Bohrmaschine mit 2 Kompressoren zu installieren. Es war eine mühsame Arbeit, die vielen, schweren Bestandteile der Bohrmaschine von „D" auf dem Gletscher zur „S-Randspalte" zu schleifen. Lange Kanthölzer wurden als Kufen untergelegt und so ging es mit größter Vorsicht über die vielen Schneebrücken des Gletschers. Wir hatten übrigens durch Spaltensturz nur einen Toten und wenige Schwerverletzte zu beklagen. Wenn man bedenkt, wie viele Menschenleben durch die Eisstollen erhalten blieben, ist dies sehr wenig. Ebenso minimal war die Geschoßwirkung unter dem Eis. Ich weiß nur einen Fall, wo ein 21er eine Spaltenbrücke durchschlug und gerade im Unterstand zur Explosion kam, wodurch 2 Mann getötet wurden.

Der elektrische Strom wurde vom Dampfkraftwerk in Roa bei Canazei heraufgeleitet. Für kurze Zeit erstrahlte in den Stollen alle 50 m eine elektrische Lampe. Leider

Eine Hochgebirgspatrouille in weißen Tarnanzügen erkundet im Marmolata-Gletscherbruch die Begehbarkeit der Spalten und ihre Eignung für Unterkünfte (März 1916).

dauerte die Herrlichkeit nicht lange, da kein Nachschub an Glühbirnen mehr war und schließlich gingen bei einem Benzinbrand Baracke und Bohrmaschine in Flammen auf.

Die Gletscher- und Winterwege wurden mit langen Stangen markiert, an denen hölzerne Pfeile mit gelber, phosphoreszierender Farbe die Richtung angaben. In den Eisstollen waren an den Abzweigungen Tafeln mit wohlklingenden Decknamen für jeden Stollen angebracht.

Der Winter setzte schon im Oktober 1916 mit großer Heftigkeit ein. Nach mehrtägigem, nassem Schneefall wurde auf „2800" die große Baracke mit 50 Mann verschüttet. Ich war 1 km weiter oben unter 3000 m gerade bei einer Stollenpartie, als wir über uns ein dumpfes Geräusch vernahmen. Wir erkannten, daß diese Lawine auch unseren Ausgang zugedeckt hatte. Als wir uns endlich am nächsten Tage aus dieser Lage befreit hatten und bei Nebel nach „2800" hinabstapften, sahen wir die Verwüstung und die vielen Toten. Es war eine ernste Mahnung, in Zukunft die Baracken tief in das feste Eis zu verlegen. Wir stellten dann die Hütten nahe an die Spaltenwände, da hier der Rauchabzug noch am ehesten möglich war. Die Rauchrohre kühlten sich nämlich derart ab, daß der anfänglich warme Rauch infolge Erkältung nicht mehr hinauskroch, sondern zurückfloß und bei der Ofentür in weißen Schwaden herunterfiel. Erstickungsanfälle und Vergiftungserscheinungen waren an der Tagesordnung. Wenn die Ofenrohre mit Fetzen oder Dachpappe umwickelt und isoliert waren, ging es bedeutend besser. Immerhin lagen wir oft weinend und mit beißenden Augen auf den Pritschen und bliesen uns die Lunge aus, um Feuer entfachen zu können.

Stolleneingang in den Gletscher der Marmolata bei Gran Poz, Eingang „D".
Der vom Feind eingesehene Zugang ist durch einen Flechtzaun maskiert. →

Im Spätherbst waren einige Kilometer Eisstollen fertig und auf „S" war frischer Mut eingezogen. Auf dem Gletscher sah man immer weniger Fährten und der große italienische Caproni-Flieger konnte sich wohl nicht erklären, daß „S" und „U" und „3259" dennoch vollbesetzt und verteidigungsbereit waren.

Meine Mineure hatten in der feindwärtigen Wand der Fessuraschlucht auf „S" eine Felskaverne begonnen. Dies veranlaßte den Gegner, uns einen Felsstollen entgegenzutreiben. Um dies zu parieren, verfolgten wir die „S-Randkluft" gegen Osten und trachteten die dominierende Kote 3153 m zu erreichen. Es wurde steil aufwärts im Zickzack ein 140 m langer Eisstollen gehackt, bis die Eisdecke so dünn war, daß das Tageslicht durchschimmerte.

Wir befanden uns nun ungefähr 60 m über dem eigentlichen Bergschrund. Das Eis war vollständig am rauhen Felsen festgewachsen und die Eisbewegung daher fast Null. Wir brachen bergwärts eine Felshöhle aus und bogen nach 6 Metern im rechten Winkel ab, um das hinaufgebrachte Gebirgsgeschütz nach dem Schießen zurückziehen zu können.

Dann wurde alles klar zum Gefecht gemacht. Mit großer Spannung hackten wir das Ausschußloch aus und konnten endlich durch ein faustgroßes Loch hinausschauen. Es war eine sternenhelle Sommernacht. Zwei italienische Scheinwerfer ließen ihre gleißenden Lichtkegel über den Gletscher spielen. Unter uns, von schwarzen Minentrichtern umgeben, die eigene Stellung. Etwas darüber sahen wir mit dem Glas die italienischen Hindernisse und dahinter Wege, Holzbauten und dunkle Kaverneneingänge, also Ziele genug. Als der Monte Pelmo und die Civetta im Osten im fahlen Morgenrot erglühten, sauste die erste Granate aus dem Eisloch. Dumpf widerhallten die Wände des Antermoja-Kares. In kurzen Abständen schossen wir hundert Granaten hinüber, dann wurde das Geschütz in Sicherheit gebracht. Es war auch höchste Zeit zum Verschwinden. Der Gegner hatte nach dem ersten Schrecken doch das Loch entdeckt und konzentrierte allmählich das ganze Maschinengewehr- und Geschützfeuer darauf. Der Steilhang war wie aufgeackert und der Morgenwind hatte gerade zu tun, um die schweren, schwarzen Sprengwolken wegzublasen.

In den nächsten Monaten folgten aufreibende Felskämpfe um die Fessura-Scharte. Der Gegner hatte mit schweren Bohrmaschinen seinen Felsstollen in unglaublich kurzer Zeit bis in die Nähe unserer Felskaverne vorgetrieben. Hinter unseren Mineuren standen immer die Sturmpatrouillen bereit. Plötzlich wurde das Rattern der italienischen Bohrmaschine immer heftiger. Stein bröckelte ab und der Bohrer stieß durch, wurde aber gleich wieder zurückgezogen. Die Besatzung wurde alarmiert und verstärkt. Nach der nächsten, besonders scharfen italienischen Sprengung versuchten unsere tapferen Kaiserjäger sich mit Handgranaten tiefer in den Stollen hinein vorzuarbeiten, fielen aber dem Maschinengewehr zum Opfer. Später bemerkten wir, daß der italienische Felstunnel in der Richtung unter unsere Stellung im Eis fortgesetzt wurde. Alle paar Stunden hörten wir unter uns Bohrschüsse. Wir versahen alle Eisstollen mit hängenden spanischen Reitern und Sandsacktraversen. Inzwischen wetterte mehrmals kurz aber kräftig unser Geschütz durch das gesäuberte Eisloch hinüber, worauf jedesmal eine wütende Beschießung folgte. Dabei wurde unser Zickzackstollen durch Granateinschlag aufgebrochen und abgequetscht.

Marmolata „U"-Nord, Geschützstellung im Eisstollen. ➔

Außer den kräftigen Bohrschüssen hörten wir aber noch ein anderes Geräusch. Um eine Umgehung im Eis ober uns zu verhüten, trieben wir von der Stellung bergwärts, nicht weit vom Fels, noch einen Eisstollen vor. Das Geräusch wurde immer vernehmlicher. Kaum zwei Tage vergingen, da erzitterte die ganze Eisfestung durch einen dumpfen Schlag. Bald darauf rief der Artilleriebeobachter von „D" telefonisch an, ob wir noch da seien, denn es sei über uns wie aus einem Vulkan eine Rauchwolke aufgestiegen, Eistrümmer seien aufgeflogen und der Gletscher sei weit herunter schwarzgelb gefärbt. Also hatten wir richtig vermutet und richtig abgewehrt. Sicher wollten die Italiener einen Eisstollen zu unserem Geschütz vortreiben und uns dann umgehen.

Noch im August hatten wir auch einen Stollen von „U" gegen „S" in Angriff genommen. Anfangs wollten wir uns mit einem zweireihigen Drahthindernis und dahinter einigen Stützpunkten auf Eistürmen begnügen.

Als eine dreiköpfige Kaiserschützenpatrouille von einer nächtlichen Streifung über den Gletscher nicht mehr zurückkam und trotz allem nächtlichen Nachforschens bis unter die italienischen Hindernisse nicht zu finden war, kam uns der Gedanke, daß vielleicht schon italienische Eisstollen in unserer Nähe vorhanden sein könnten. Zudem sahen wir bei Tag vom „U-Süd-Turm" verdächtige Stäbe aus dem Gletscher herausschauen, die wir bei Nacht vergeblich suchten. Daher gingen wir nach kurzer Beratung mit Unterstützung von Sappeuren an einen Verbindungsstollen von „U" nach „S" mit Ausstiegen zur oberirdischen Stellung und einigen feindwärtigen Horchstollen. Weiter erkletterten wir die Felstürme von „U-Süd" und bauten übereinander Maschinengewehrstände ein, um auch nach eventuellen Verlusten im Eise die Stellung gut verteidigen zu können. Wie ein Schlachtschiff im Meer, ragte „U-Süd" aus dem Gletscher.

Endlich, an einem nebligen Tage, fand man die drei Vermißten. Sie waren durch ein Seil verbunden und scheinbar von einem Eisturm, auf dem sie sich eingenistet hatten, tot herabgestürzt. Unser Arzt fand in ihren furchtbaren Rißwunden Stücke von Handgranaten und suchte das Unglück so zu erklären, daß die drei von dem Eisturm aus Handgranaten werfen wollten, wobei eine zu früh krepierte und alle drei sofort tötete.

Eine zweite Aufnahmsstellung stellte auch der bei „2800" abzweigende „32er"-Stollen dar, an dessen Ende am Grat und am Rand der Südwand die Stellung „3259" lag. Ende 1916 war auch dieser Tunnel fertig geworden. Dieser steile Stollen war mit der Zeit schlecht zu begehen, da aus den Eisstufen zwei knietiefe Rinnen, die stellenweise mit feinem Eissand bedeckt waren, entstanden. Dieses Eismehl war nicht nur durch das Gehen, sondern mehr durch Rauhreif entstanden, der im Winter manchmal spannenlang von der Decke hing. Auf „3259" lag eine Feldwache in einem Zelt, die viel unter Sturm und Schrapnells zu leiden hatte. Im Juli meldete sie das Aufbrechen einer gefährlichen Spalte neben ihrer Behausung. Mit Strickleitern und Seilen versehen, zogen wir im Morgengrauen, wenn die italienischen Kanoniere meist schliefen, zur Höhe, damals noch über gut 30 schwache Holzbrücken über Gletscherspalten. Der Riß war unter heftigem Knall entstanden, mußte noch ein wenig erweitert werden, dann legten wir ein Kantholz darüber, an dem die Strickleiter hing. Der erste Bergführer ließ sich langsam hinab und hackte sich mit dem Pickel durch die Eiszapfen. Dann folgten wir anderen und schließlich bis auf den Posten die ganze Feldwache. Wir hatten festen Boden gefunden und verfolgten kletternd und hackend diesen Märchenpalast, bis wir

Unterstand in den Felsen am Turm von „U"-Süd (Marmolata). Im Hintergrund die Serautascharte, der am hartnäckigsten umkämpfte Punkt der Marmolata-Front. Der Gletscher ist vom Granateinschlag schwarz gefärbt. →

nach einer Biegung einen Lichtschein erblickten. Durch diese Spalte kamen wir mit Mühe wieder an die Oberfläche. Vier Monate später mündete hier der Eistunnel in die von uns so getaufte „Kaiser-Franz-Josef-Spalte". Man hatte vom Gletschertor bis hieher fast 900 m Höhe zu überwinden. Die Länge der Stollen betrug hieher gegen 3½ km, also gute 3 Wegstunden. Beiderseits der Haupttunnels waren 4 Holzbaracken aufgestellt. Vom Ende des Eisstollens auf „3259" gelangte man durch einen kurzen Felsstollen in eine geräumige Felshöhle mit einem modernen Gebirgsgeschütz, dessen Mündung direkt in die Südwand hinauslugte. Drüben am Sasso Vernale und auf den Cadinwänden gab es in der ersten Zeit nicht selten gute Ziele. Das Felsloch war kaum 8 m unter dem Grat. Ringsherum war der Dolomit von Tausenden Geschossen fein zermalmt und schließlich hatte gar eine Gasgranate ins Schwarze getroffen. Es war ein Glück, daß einige Kameraden gleich herbeisprangen und die betäubte Mannschaft an die frische Luft schleppten.

Die Übermächtigen Kampfmittel des Gegners von Minen und Geschützen zwangen uns, immer mehr mit unseren Behausungen in Eis und Fels zu verschwinden. Morgens verließen wir einmal auf „D-Süd" unseren eleganten, an Drahtseilen an die Felswand geschnürten Unterstand. Wallend zogen um die Langkofelgruppe die weißen Nebel, als wir abends nach schwerer Eisarbeit aus dem Stollen traten und uns über die Leitern zu unserem hängenden Palast begeben wollten. Zu unserem Erstaunen hing der Palast schlaff an den Seilen herab, unser Heim war von Sprengstücken wie zersiebt und alle Herrlichkeit war aus. Wieder hatte eine Riesenmine auch dieses Versteck gefunden und war am Gletscher unter der Hütte krepiert. Wir mußten also hinein ins naßfeuchte, dumpfe Eis. Diesmal bauten wir weiter in die Eiskuppe hinein, denn die Unterstände vom Herbst 1916 schauten an mehreren Stellen aus dem Eis heraus. Wer hätte auch gedacht, daß in dieser Höhe Verdunstung im Winter und Abschmelzung im Sommer dem Eise um einige Meter zusetzen würde. Die Skizze der Eisstadt auf Seite 159 und 160 zeigt den letzten Stand 1917, also nach allen bösen Erfahrungen mit Lawinen, Abschmelzung und Minen; nur die Endstation der Seilbahn, die in einem steilen Felsriß ziemlich gedeckt lag, durfte sich noch an Licht und Sonne erfreuen.

Für die Vergrößerung der „D-Eisstadt" war besonders das große Lawinenunglück vom 13. Dezember 1916 maßgebend. Auf Gran Poz-West hatten sich etagenförmig und gegen Beschießung gedeckt die Baracken vermehrt. Unser Brigadekommando wollte hier die Reserven haben, da die Möglichkeit nicht von der Hand zu weisen war, daß rasch über die Marmolata-Scharte stärkere Kräfte gegen den Ombrettapaß oder zum Schutze des Contrintales hätten eingesetzt werden müssen. Meine Vorschläge, diese Gran-Poz-Kolonie wegen Lawinengefahr aufzulösen, wurde aus taktischen Gründen abgelehnt. Etwa 50 m unter dem Barackenlager, wo eine alte Gletscherbachschlucht endete, stellten wir noch im Herbst unter überhängender Felswand auf Sprengwerken eine geräumige Baracke auf.

Da kamen anfangs Dezember 1916 jene verhängnisvollen, ungeheuren Schneefälle und als es in der Nacht vom 12. auf 13. Dezember warm und heftig zu regnen begann, kam die ungeheure Fläche unter dem Eisabbruch der Gipfeleishaube — vielleicht eine Million Kubikmeter Schnee — ins Rutschen, flog über die Gletscherzunge wie ein Springer hinaus und zerdrückte in Sekunden die ganze Kolonie. Der Luftdruck war so heftig, daß die untere Hütte am Ende der schiefen Schlucht etwa 500 m durch die Luft ins Kar hinuntergetragen wurde, wo die Sanität noch Ende Mai über 40 Leichen barg. Nur die „Handl-Kolonie" östlich unter Gran Poz war verschont geblieben, und so konnten meine 45 anwesenden Bergführer sofort zu Hilfe eilen. Die Toten der größten Lawinenkatastrophe aller Zeiten waren an die 300.

Felsenweg in die Postenstände auf „U“ (Marmolata). Im Hintergrund links die Langkofelgruppe, rechts Piz Boè, 3145 m.

Ein erschütterndes, unglaubliches Ereignis geschah bei den Bergungsarbeiten. Mein Kriegstagebuch berichtet darüber unter dem 17. Dezember 1916:

„Mit meiner gesamten Mannschaft Bergungsarbeiten bei der Lawinenkatastrophe. Nachmittag kriecht plötzlich seitlich aus dem Schnee ein Mann fast nackt heraus. Es ist ein junger Kaiserschütze. Er hatte sich mit den Fingernägeln durch den 6 m tiefen, eisharten Lawinenschnee gegraben, ohne Nahrung, nur in Hemd und Sokken. Als die Lawine um 6 Uhr früh abging, hatten alle in der Baracke geschlafen. Er selbst lag in der obersten Pritschenreihe. Der ganze Unterstand wurde wie ein Kartenhaus zerdrückt, nur bei ihm bildete sich ein Hohlraum. Er glaubt, daß noch einige seiner Kameraden leben. Nach 105 Stunden! Tatsächlich sind bis abends 8 Mann teils mit schweren Verletzungen und Erfrierungen geborgen. Es geschehen noch Wunder! — Es rücken 5 Bergführer ein, die volle 5 Monate auf „3259" waren, dafür bekommen sie eine Woche Erholung in Alba."

Durch Wochen beförderte die Seilbahn als traurige Rückfahrt diese Berge von Leichen. Die übrigen Eisstellungen hatten weniger Verluste gehabt.

Auf der Suche nach einem sicheren Platz kamen wir auf Schi durch die steile Schlucht in das Gletschertor. Eine ungeheure Höhle tat sich uns auf. Durch das Hinausschieben des rund 30 m dicken Eisstromes über die 25 m hohe Felswand war hier ein Hohlraum entstanden, der im Winter bei sprödem Eis sicher schien. Hier war also ein idealer Bauplatz gefunden. Ich ließ im Tal sogleich einen großen Unterstand zum Aufstellen an die Felswand abbinden und von Gran Poz herauf einen Zugang an der Sohle der Bachschlucht als Schneetunnel herstellen. Bald zogen 60 Mann ein, die wohl geborgen waren. Nur gegen das Frühjahr hin löste sich von der Grundmoräne, die ein bombensicheres Dach bildete, Schotter los, der die Wärme in sich aufgenommen hatte, und fiel aus einer Höhe von 20 m auf das Hüttendach. Man mußte sich durch eine Packlage Steine auf dem Dach und Abschießen der größeren Steine Ruhe verschaffen und schützen. Diese Siedlung im Gletschertor sollte bis zum Sommer, in dem wahrscheinlich der Gletscherbach seine Rechte geltend machen würde, aushalten. Inzwischen wurde von hier durch die Zunge ein Eistunnel bis zum „D-Stollen" vorgehackt. Zuerst stieg man über eine 10 m hohe Felswand über eine Holzleiter, dann am Fels ein Stück weniger steil — beiderseits die vielschichtige, mit Eis vermischte Grundmoräne sichtbar — und schließlich ganz im Eis bis zu einer schmalen, ellipsenartigen Kluft. Während hier im Jänner 1917 die ganze Eiszunge so starr war, daß sie in großen Bogen — wie ein Wellblech — am Fels auflag, was für die Eisarbeiter eine große Ersparnis an Arbeit bedeutete, kamen wir nach 40 m Vortrieb auf feuchtes Eis. Die Temperatur nahm rasch auf beinahe 0° zu und als die Kluft angeschlagen wurde, schoß ein dicker Wasserstrahl heraus, der die Bohrmannschaft in die Flucht schlug. Erst nach einer Stunde ging er zu Ende. Solche Bassins trafen wir auch weiter oben an. Sie enthielten warme Schmelzwasser vom Sommer her. Auch das folgende Tunnelstück von 100 m mußten wir im August 1917 um 5 m tiefer legen, weil es schon im Juli ausaperte und unpassierbar wurde, denn es war vom Gegner von Fedaja her eingesehen.

Damit war ein sicherer Zugang zum ganzen, weit über 8 km langen Stollennetz des Marmolatagletschers geschaffen. Das steile, erste Stück über die Schotterterrasse, das bisher von Gran Poz aus benützt werden mußte, schied aus. Auf ihm wurden im Frühjahr 1917 durch ein Schneebrett 104 Träger verschüttet, doch kam der größte Teil mit dem Leben davon. Der steile Tunnel am Gletscherrand hatte bei Sturm eine Zugwirkung nach oben wie ein Kamin und so fanden ihn die Leute einmal nach zweitägigem Schneetreiben bei großer Kälte mit Schnee verstopft. Trotz fleißiger Arbeit dauerte die Freilegung an die acht Tage, denn die Verwehung war bis weit hinein vorgedrungen. Wir zogen daraus die Lehre, daß man in solchen Fällen Türen in die Stollen einbauen müsse.

Beim Leben im Eis gab es wenigstens keinen Wassermangel, solange ein Ofen glühte. Neben der Hütte wurde reines Eis oder Firn gewonnen und geschmolzen. Auch

Marmolata. Mannschaftsbaracken „D"-Stellung. ➔

Ausbau der Unterkünfte am Col de Bous – Marmolata 1917 Felshöhlenerschliessung

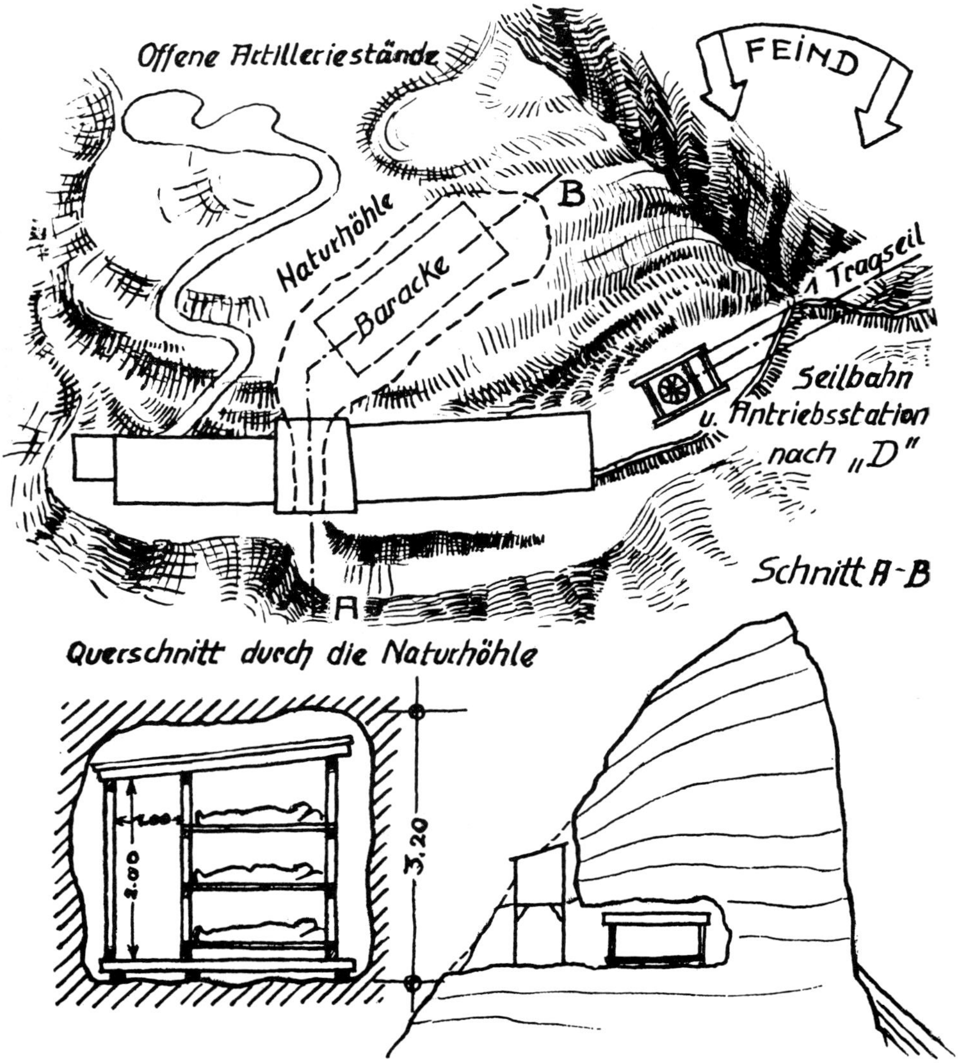

Unterstände, die wegen der winterlichen Schneemassen auf hohen Pfählen erbaut und mit Drahtseilen an den Felsen verankert sind. Seilbahnstation; Bergführerbaracke „D".

Stolleneingang, der durch die Schneeschmelze im Sommer einige Meter hoch im Gletscherabbruch liegt. Rechts mit Flechtwerk maskierter Zugangsweg (Marmolata). Im Hintergrund die Langkofelgruppe.

Kühlkammern und Vorratsräume waren immer in Fülle vorhanden. Die Unterstände jedoch mußten oft verlegt werden, weil Spalten unter ihnen aufrissen, die sich langsam erweiterten. Wir bekamen anschaulich einen Begriff, welch ungeheurer Kräftekampf mit Reibungen und Pressungen in den abwärts schiebenden Eismassen vor sich geht. Im Winter waren die Eistemperaturen im Vergleich zur Außenluft warm und ruhig, 3—5° C. Im Sommer jedoch, bei nahe 0° C, war das Wohnen im Eis weniger gesund und angenehm.

Als der Gegner die Stellungen verlassen und sich hinter den Piave zurückgezogen hatte, eilten wir hinüber, freuten uns über die reiche Beute an praktischen Kälteschutzmitteln, Alpinmaterial, Hartspiritus und vielen anderen Sachen. Bald aber kam der Befehl, der uns über Bozen in die Ortlergruppe führte.

Vom Gletscherkrieg in der Ortlergruppe

Nach einer unvergeßlich schönen Weihnachtsfeier wurden wir einwaggoniert. Durch das winterstille Meran dampfte die Vinschgaubahn unserem Ziele Spondinig zu. Silberweiß glänzten die Trafoier Gletscher, für deren Verteidigung wir bestimmt waren, ins Tal. Am nächsten Morgen marschierten wir von Prad an der Sperre Gomagoi vorbei in das Trafoier Tal. Erst die Brandruinen des Hotel Trafoi erinnerten an den Krieg. Aus schier unerreichbarer Höhe schauten die Kolosse des Ortler, Eiskögelen, Trafoier Eiswand und der Madatschspitzen, von denen tief verschneit zerrissene Gletscherzungen hingen, herunter. In lockerem Gänsemarsch ging es auf dem ausgetretenen Schneepfad die Stilfser-Joch-Straße hinauf. Obwohl der Gegner vom Ortlerpaß und der Thurwieserspitze, 3652 m, Einblick in das ganze Tal hatte, fand er es nicht der Mühe wert, uns zu beschießen. Uns nahm für diese Nacht die festgemauerte Kaverne auf Franzenshöhe, 2188 m — zwischen hohen Lawinenwänden eingeschlossen — auf, von wo aus am letzten Tage des Jahres 1917 unsere Besatzungstruppen zur Payerspitze, 3430 m, Geisterspitze, 3476 m, und Hohen Schneid, 3431 m, aufstiegen. Daß dieser Grat überhaupt gehalten werden konnte, war das ausschließliche Verdienst der Patrouille des Gendarmerieoberleutnants Steiner, der bei Kriegsbeginn den Monte Scorluzzo, 3094 m, besetzte und mit seiner Schar tapfer behauptete. Damit war das Stilfser Joch als Mittelpunkt der westlichen Ortlergruppe gesichert. Im Schatten der Dreisprachenspitze *), 2843 m, entstand längs der Schweizer Grenze ein Barackendorf mit Kapelle und Kino, das vor Einwirkung der italienischen Artillerie vollkommen sicher war, weil diese neutralen Schweizer Boden hätte überschießen müssen. Und die Schweizer Besatzung war gut darauf bedacht, daß auch die Neutralität ihrer Luft bewahrt blieb. Zu diesem Dorf wurde von Franzenshöhe herauf eine 2000 m lange, stützenlose Seilbahn durch das baumlose, trogartige Tal gebaut.

Die nächste größere und interessante Eisarbeit war der Einbau einer Gebirgskanonenbatterie in den Gipfel der Payerspitze, 3430 m. Die dicke Eishaube dieses Gipfels lag nach meiner Vermutung auf einer schwach geneigten Felsschicht auf. Ich hatte die Situation kurz vorher mit dem Glase vom Ortler, 3902 m, aus studiert. Damals führte vom Suldental in 20 Minuten ein Aufzug zur Payerhütte und in 3 Stunden befand man sich schon auf dem höchsten Gipfel der Ostalpen, der ein ganz hervorragender Beobachtungspunkt war und den messerscharfen Hochjochgrat zu verteidigen hatte. Wir begannen also die Payerspitze von Nord nach Süd zu durchbohren. Das gehackte Eis wurde beim nördlichen Mundloch abgestürzt. Auf dieser Seite waren die Eistemperaturen viel kälter als gegen Süden. Aus der gleichmäßig steigenden Temperaturkurve und der schwachen Neigung der Eisbinder schlossen wir, daß die Annahme vom ebenen Felsuntergrund richtig war.

Wenn auf dem eisigen Grat unter scharfem Knall die Eisdecke zersprang, dann wußten wir, daß es besonders kalt war. Es kam einmal vor, daß die ganze Besatzung alarmiert wurde und vergeblich nach dem angreifenden Gegner forschte, bis am nächsten Morgen ein findiger Posten die Sprünge kreuz und quer im Eis fand und den Vorfall aufklärte. Wind und Verdunstung verhinderten dort oben vielfach das Anlegen von Schnee.

---

*) Heute Dreiländerspitz

Bei wallenden Nebeln und Sonnenschein konnten wir einmal vom Nagler, 3274 m, das Brockengespenst durch längere Zeit beobachten. Wir tanzten am Grat die Hände schwingend hin und her und bewunderten unsere Silhouetten mit dem Heiligenschein.

Nach meiner Erinnerung hatten wir Windstärken bis zu 14 m/sec. und Kälten bis zu 38° gemessen. Bei solchen Verhältnissen durfte kein Mann, und schon gar nicht allein, die Stellung verlassen, denn Zehen, Ohren und Finger waren schnell erfroren. Oft mußten sich die Leute etwa alle 10 Minuten gegenseitig auf erfrorene Körperteile genau kontrollieren.

Über die Lawinengefahr waren wir in diesen Höhen erhaben. Dafür setzten uns die Hochgewitter manchmal ganz gehörig zu. Ich führe folgende Tagebuchaufzeichnungen unseres Leutnants Hannes Schindler an, die ein anschauliches Bild davon geben.

Königsspitze, 3860 m, Gipfelbaracke. K. u. k. 10. Bergführerkompagnie

„22. 9. 18. Ein ereignisreicher Tag. Schon in aller Frühe meldet das Telefon, daß der Seilbahnwagen bei Habicht (= untere Schulter) mit Proviant und Postkiste vom Sturm in die Tiefe gerissen wurde. Später stellt sich heraus, daß noch ein Sack Kartoffeln und 10 kg Armeeschmiere (= Marmelade) in den Spalten der Nordwand verschwanden, statt in unsere ewig hungrigen Mägen. Also keine Post! Hier oben sehnen wir uns doppelt danach. Zwei Proviantkisten kommen erbrochen und halb ausgeraubt an — oh, diese Etappenschweine in Sulden! Nachmittag nebelt es ein, stürmt, wird unheimlich dunkel, das Telefon knaxt und knistert und versagt — Drahtriß oder . . . Der abgelöste Posten poltert herein, ganz vom Schneesturm bereift und meint: „Bei der Luft haltet's der Hias koane Stund' aus!“ Die Besatzung besteht aus 3 Offizieren und 45 Mann, die Hütte steht tief in der Gipfeleishaube in einer ausgehackten Eishöhle, Luft und Rauchabzug schlecht, Brennholz naß und immer knapp, Menschen und Montur dreckig, aber Humor trotz Polenta und Stacheldraht (= Dörrgemüse) recht gut. Man fühlt sich hier oben von der Welt abgeschnitten.

25. 9. 18. Ein unvergeßlicher Tag. Ich löse um 1 Uhr nachts Lt. Fischer ab, visitiere die Posten. Seltene, bleierne Stimmung am Cevedale. Um 5 Uhr brodelt der Kaffee, die Ablösung richtet sich gerade — da plötzlich ein Riesenschlag und Krach — neben mir eine grünlich-gelbe Stichflamme und schon die ganze Bude in Flammen! Heiliger Gott! Sind wir in die Luft gesprengt? Nur hinaus über die brennenden Trümmer. Alles brüllt durcheinander, ein wilder Menschenknäuel. Nur nicht lebend verbrennen! Drüben der Unterstand auch in Flammen, Hilferufe, Verwundete, Barackenstücke fliegen, Fenster klirren. Ich will hinaus, da ein heller Blitz und Donnerschlag. Die Spitze ist noch ganz, nirgends ein Feind — erst langsam kommen wir zur Besinnung. Schnell zum Magazin am Stollenende, um Fackeln zu holen. Die Posten taumeln daher mit Brandwunden im Gesicht und an den Füßen, vom Unterstand kommen die Leute — kaum bekleidet. Die Verwundeten werden verbunden, der Brand ist mit Schnee gelöscht. Nun heißt es wieder in Ordnung kommen. Ich wandere mit zwei Mann zur Seilbahnbaracke. Auch hier hat es eingeschlagen und die drei Mann sind noch halb betäubt. Wir schicken kurze Meldung und Materialanforderung ins Tal, später folgen die Schwerverwundeten. Die Posten besetzen wieder ihre Plätze und das Leben, das unterbrochen schien, geht wieder weiter.

26. 9. 18. Die italienische Stellung am Suldengrat muß das Hochgewitter auch erwischt haben, da der Schnee dort so auffallend geschwärzt ist.“

Noch eine kühne Tat der Bergführer sei hier erwähnt. Wer von Sulden zur Kristallhaube der Königsspitze blickt, wird rechts unterhalb eine domartige Eiskuppe bemerken. An diesem Mitscherkopf, 3444 m, hatten wir vom Hinteren Grat am Ortler aus

Anstieg von der Payerhütte über den Tabarettaferner zum Ortler, 3902 m.

ein schwarzes Loch bemerkt. Die Vermutung lag nahe, daß die Italiener vom Payerjoch herüber einen Eisstollen getrieben hätten. Eine freiwillige Bergführerpatrouille erzwang sich den Aufstieg durch die äußerst schwierige Wand. Aber knapp am Ziel und am Ende ihrer Kraft empfing sie ein Hagel von Handgranaten. Daß die Leute unter solchen Umständen noch die übermenschliche Kraft zum nächtlichen Abstieg über die furchtbare Wand hatten, dünkte uns wie ein Wunder.

Von den höchsten Feldwachen der Ortlergruppe, die nahe an die 4000 m waren, genoß man einen unermeßlichen Fernblick. An wolkenlosen Wintertagen hörte man hier die Zwiesprache der Geschütze an der ganzen Alpenfront und sah die gelben Fesselballons bis gegen Venedig. Wunderbar sah man die Berge und Stellungen von der Punta di San Matteo, 3692 m, herüber bis Monte Pasquale, 3554 m, und am König, 3860 m, und Thurwieserspitze, 3652 m, vorbei bis zum langen, von einem Eiskamm gekrönten Grat der Hohen Schneid, 3431 m.

Die Hohe Schneid, 3431 m, stand im Mittelpunkt unseres Schaffens. Als wir zu Neujahr diese Eisstellung bezogen, wurden geheimnisvolle Dinge erzählt. Mehrmals sollen feindliche Soldaten aus dem eigenen Eisstollen vertrieben worden sein; in der großen Eisspalte müsse ein italienischer Stollen münden. Der damalige Zugang zur Hohen Schneid war ebenso originell wie mühsam. Man gelangte nach langer Wanderung über den Eben- und Vitelligletscher an hohen gebänderten Eiswänden vorbei zum Fuß des eigentlichen Eisberges. Durch mehrere Hängegletscher führte der Weg in die Stellung. In der Luft darüber ein dünnes Seil, das in einer Spalte unter dem Gipfel verschwand und vom Ostgrat des Nagler bis hier in 2600 m freier Spannweite baumelte. An dieser Seilbahn hing die Versorgung der ganzen Hohen-Schneid-Stellung.

Wir zündeten die Karbidlampen und Fackeln an, nahmen Abschied vom Licht und zwängten uns durch enge Schneelöcher. Knorrige Holzleitern brachten uns durch die kaminartigen Hohlräume der Hängegletscher steil empor. Der Weg wollte kein Ende nehmen, wir keuchten rascher; die Lungen müssen in dieser Höhe von über 3000 m doppelte Arbeit leisten. Endlich ein rußiger Geruch, der die Nähe eines Unterstandes verriet. Wir standen vor einer mit Dachpappe verschalten Holzhütte. Durch ein kleines Fenster leuchtete der matte Schein einer alten Petroleumlampe und man sah ein gebräuntes Gesicht mit schwarzer Zipfelhaube auf dem Kopf und den Telefonapparat in der Hand und hörte heftig hineinschimpfen: ... „Wenn wir kein neues Umlaufrad für die Seilbahn kriegen, können wir zusperren. Länger als zwei Tage haben wir kein Holz mehr und kalte Menage fressen wir nicht mehr!“

Hier war also das Zentrum der Hohen Schneid. Von hier führte eine Eisröhre von 20 m zur Seilbahnstation und steil hinauf zum Gipfel, eine andere nach Süden zum gefährlichen Zebruposten und eine nach Westen abwärts zur Eisseespalte. Hier stellten wir nach Abschießen der langen Eiszapfen einen Unterstand auf. Doch noch vorher mußte das zerrissene Zugseil vom unteren Hängegletscher in langwieriger Nachtarbeit eingefangen und gespannt werden, was nach vielen Mißerfolgen endlich gelang, und die neue schwere Scheibe eingebaut werden konnte. Wir verlängerten den Eingangsstollen bis an den Fels, an den wir das Tragseil direkt verankerten. Dann ging es dem unmöglichen Zugangsstollen an den Leib, den wir durch einen neuen von der Geisterspitze her ersetzen wollten. Er bot den Vorteil, daß der Zugang weniger eingesehen und beschossen war und fast horizontal und mit mehreren Querschlägen rascher fertiggestellt werden konnte. Das Eis war mit einer durchschnittlichen Temperatur von —5° sehr spröd und mit der Eishacke gut zu bearbeiten.

Im Bild auf S. 215 sind die herabfließenden Eisschotterrinnen gut sichtbar. Im Mai kamen wir dem schwarzen Seilbahnloch immer näher. Nun wurde der alte, steile Stollen aufgelassen und das letzte Stück außen gegangen. Noch ist mir in Erinnerung, wie uns auf diesem kurzen Stück der Schneesturm einmal so zusetzte, daß wir zu ersticken glaubten. Dann schätzte man doppelt die windstillen, warmen Eisgänge. Nur die Rauchplage nahe den Unterständen war oft kaum zu ertragen.

Der nächste Plan galt nun der Umfassung der italienischen Stellung. Da nordseitig ein dicker Eispanzer vorhanden war, bohrten wir umfassend von der Eisseespalte weiter nach Westen und dann direkt nach vorne. Das war dem Gegner nicht verborgen geblieben, denn der ital. Posten rief herüber, wir sollten das Bohren bleiben lassen. Einer

Posten am Ortler. ➔

unserer Unteroffiziere, der italienisch sprach, leugnete dies ab, doch der Alpino lachte und sagte, sie würden ohnehin bald abgelöst. Mir war es verdächtig, daß man drüben so rasch unsere Arbeit bemerkt hatte. Erst nach einigen Wochen klärte sich diese Geschichte auf, als plötzlich einer von den Eisarbeitern gelaufen kam und meldete, der italienische Stollen sei ganz nahe, sie hätten sogar das Licht durchschimmern gesehen. Wir alarmierten und beobachteten tatsächlich, daß an einer Stelle, wo das Eis gut durchsichtig war, unter uns manchmal ein Lichtschimmer sichtbar wurde, wenn jemand vorbeiging. Wir hatten also kaum ½ m über dem vorhandenen italienischen Stollen vorbeigebohrt. Nun zogen wir uns hier zurück und richteten uns auf jeden Fall mit genügend Sprengkisten, Bohrern und Gas ein.

Die Maulwurfarbeit schritt auf der Nordseite weiter. Bei einem Querstollen in der Richtung zum Berg trafen wir auf eine Kluft, deren Decke beim Lampenschein in tausendfachem Strahlenkranze erglänzte. „Lauter Monstranzen!" raunte ein Unteroffizier. Bei näherer Besichtigung waren es wunderbare Eiskristalle von noch nie geschauter Größe mit Seitenlängen bis zu 22 cm. Ein herrlicher Kristallpalast! Die Kristalle schienen hier in absoluter Stille und Dunkelheit die einzigen Lebewesen zu sein. Im warmen Unterstand stellten wir manchmal schöne Exemplare wie Kristallpokale auf und sahen zu, wie langsam die Tropfen herabrieselten.

Anfangs Juni setzte ein eisiger Nachwinter ein, unser Gesundheitszustand hatte infolge geringer Ablösung und schlechter Verpflegung merklich nachgelassen. Es war Zeit zum Ausbrechen.

Der vordere Stollen war an einer Eiswand herausgekommen, etwa 30 m unter dem gegnerischen Grat. Nun kam eine fast 70° geneigte, breite Eisrinne, die an die 300 m zum spaltigen Vitelligletscher abstürzte. In der Eisseespalte standen 2 große Polarzelte, deren Boden dick mit Holzwolle belegt wurde. Für Wärme sorgte der drüben im Cordevoletal in einem italienischen Alpinmagazin ergatterte, amerikanische Hartspiritus und die Menschen selbst. Man fühlte sich wie auf hoher See in einem U-Boot. Der Feldkurat gab noch die Absolution und sprach tröstende Worte. Alle Waffen wurden genau nachgesehen, Steigeisen und Pickel verteilt und dann hieß es: „Nieder bis zum Alarm!"

Nachts um eins, bei schneidendem Wind versuchte ich am Seil den letzten Aufstieg über den Eishang. Es lag hier firniger Schnee und meine guten, langzackigen Steigeisen griffen bis auf das Eis. Am Pickel zog ich mich hoch, steckte ihn oben tief hinein, legte die Seilschlinge herum und stieg wieder zum Stollenloch ab.

Beim Morgengrauen um ½4 Uhr gingen wir los. Das Wetter war leider zu einem trockenen Schneesturm umgeschlagen, der unser Gesicht unter dem Stahlhelm mit Eisnadeln bombardierte. Die rückwärtige Gruppe des Leutnants hatte schon gegen ein Dutzend Mann auf dem Grat liegen, während unser Eishang vorne schon nach dem dritten Mann sich als heimtückisch erwies. Die Firnlage, die mit dem Eis nicht verbunden, sondern nur fest angeweht war, begann in Schollen loszubrechen. Schon bei den nächsten Leuten kam das stahlharte grüne Eis zum Vorschein, in das stumpfe Steigeisen überhaupt nicht eingriffen. Alle gegnerischen Eingänge waren verweht, nur am Südhang knapp unter dem Grat trippelte der Posten und dachte eher an seine schwarzhaarige „Amorosa" im Süden, als an die kühnen Männer, die wenige Meter ober ihm mit Handgranaten in den Fäusten im Schnee kauerten.

Fast eine Stunde war vergangen, blaßblaue und rötliche Töne zogen über den weißen Kämmen der Ötztaler und der Bernina auf. Nun mußten wir jeden Augenblick entdeckt werden. Gleichzeitig fast, als der italienische Posten feuerte, gaben unsere Posten und das Maschinengewehr vom Gipfel Deckungsfeuer. Wir konnten mit den

Das höchste Geschütz des Weltkrieges, eine Gebirgskanone knapp unterhalb des Ortlergipfels. Im Hintergrund der Gipfel, 3905 m.

Handgranaten nichts ausrichten. Wir mußten abbrechen und zurück. Von Bormio her griffen immer mehr Geschütze ein, der ganze Abschnitt wurde rebellisch. Es war nicht leicht, in voller Rüstung, halb erfroren am Seil über den Eishang hinabzuturnen. Zwei Mann flogen an die 50 m über die untere Eiswand hinunter, blieben aber noch im tiefen Schnee stecken und wurden von den Kameraden im heftigsten Feuer aufgeseilt. Allmählich trafen wir uns am Ende unserer Kräfte in der Eisseespalte; die Natur hatte uns bezwungen.

Das war der letzte Kampf im Kristallpalast der Hohen Schneid.

Franz Kern

Kampf im Frühling über den Gletschern

Ende April 1916 setzte in der Gletscherwelt des Adamello auf den Bergen, Pässen und Gletschern zwischen 3000 und 3500 m von italienischer Seite eine erhöhte Gefechtstätigkeit ein. Abteilungen auserlesener Gebirgstruppen gingen zu Angriffen über. Italienische Schiabteilungen hatten in den letzten Apriltagen die österreichischen schwachen Stützpunktbesatzungen auf dem Adamellogletscher und in der Presanellagruppe überraschend angegriffen und auch bemerkenswerte Erfolge errungen. Der Crozzon di Lares, 3354 m, und der Crozzon di Fargorida, 3082 m, waren in italienischen Besitz gekommen. In Trient lagen zur Zeit des Eintrittes dieser Ereignisse, neben den aus Rußland herabgelangten, für die Offensive bestimmten Formationen auch zwei Infanteriebataillone, die schon seit 1915 im Dienste der Tiroler Landesverteidigung standen und nun mit anderen Truppen aus Rußland ebenfalls für die Frühjahrsoffensive gegen Italien bereitgestellt waren. Es waren die 10. Marschbataillone der k. u. k. Infanterieregimenter Ernst Ludwig, Großherzog von Hessen und bei Rhein Nr. 14, des Linzer Hausregiments, und Erzherzog Rainer Nr. 59, des Salzburger Hausregiments. In den Dolomiten und auf der Hochfläche von Folgaria hatten sie gegen den übermächtigen italienischen Gegner ein Jahr lang erbitterte Verteidigungskämpfe bestanden. Der Monte Piano, die Drei Zinnen, der Coston, der Plaut und die Pioverna waren zu Zeugen der Heldentaten der Hessen und Rainer geworden. Nun sollten sie in der Offensive zeigen, daß sie auch im Angriff wagemutige und zähe Kämpfer sind. Es sollte anders kommen, nun, da die unerwarteten Ereignisse auf den Gletschern eingetreten waren, und die den Gletscherabschnitten zur Verfügung stehenden Reserven nicht ausreichten, die Scharten wieder auszuwetzen. Auch bestanden diese Reserven zumeist aus Landsturmformationen älterer und ältester Jahrgänge, die zwar hervorragend in der Verteidigung, zur Durchführung schwieriger Gegenangriffe in unwegsamstem Hochgebirgsgelände aber kaum geeignet waren.

So wurden die beiden Bataillone in der Mittagspause des 29. April in Trient alarmiert und mit Laustautos in den Raum Tione an den Beginn der Gletschertäler befördert. In Pinzolo erhielt ein Halbbataillon der Hessen den Befehl, auf den Fargorida-Paß abzumarschieren. Im Morgengrauen verließ es den Ort und trat den Aufstieg an. Zwischen 3 und 5 Uhr früh des nächsten Tages, nach fast 24stündigem Aufstieg mit nur einer Rast von einer Stunde langten die beiden Kompagnien auf dem Fargorida-Paß ein. 2300 m Höhenunterschied von dem 770 m liegenden Dörfchen Pinzolo bis auf den 3000 m hohen Gletscherpaß wurden in einem Zuge zurückgelegt. Durch steile Waldtäler, über Felsensteige, durch Gletscherbrüche und über endlose Firnfelder führte

Erkundungspatrouille in voller Hochgebirgsausrüstung in einer Gletscherspalte (Schneemäntel, Eispickel, Seil, Schneemütze). ➔

dieser Hochgebirgsmarsch die zu Tod erschöpfte Truppe. Es war eine Gewaltleistung, wie sie nur das Hochgebirge einer Truppe in Bewegung aufzwingt.

Trotzdem der Aufstieg den Leuten furchtbare Beschwerden aller Art verursachte, blieb kein Mann des Bataillons zurück. Willig schleppte jeder seine Last aufwärts. 200 Patronen im Tornister, behangen mit Handgranaten, beschwert durch Kälteschutzmittel, so keuchten die Braven aufwärts. Aus dem sonnigen Trient, wo das Tal in vollster Fruchtbaumblüte stand, von den blauen Wellen der Etsch, hinauf in die Gletscherwelt des Adamello: Der Wechsel war etwas arg, und doch trugen die Leute alle Strapazen ohne Murren und Klagen. Bald gewöhnte sich Offizier und Mann an die dünne Luft der Dreitausender, an den eisigen Gletscherwind und die kalten Nächte.

Der letzte Teil des Aufstieges hätte noch böse werden können. Plötzlich teilte sich der Nebel, unter dessen Schutz die Kolonne, unbelästigt vom Feuer des Gegners, über die weiten Gletscherfelder aufwärts zog. Zum Greifen nahe lag der maschinengewehrgespickte Crozzon di Lares da. Auf schmaler Spur, in den deckungslosen Schneefeldern, Mann hinter Mann dahinstapfend, bot der lange Zug dem Feind ein mehr als verlokkendes Ziel. Im weichen Schnee und unter der drückenden Last war an Laufen nicht zu denken, kaum möglich, den langsamen, stampfenden Schritt des übermüdeten Bataillons zu beschleunigen.

Die Lage schien trostlos, ein fürchterliches Scheibenschießen konnte jeden Augenblick beginnen.

So bös es aber der Gletschernebel mit den braven Hessen gemeint hatte, so gut schien der Schlaf des Feindes zu sein. Noch eine gute Weile marschierte die Truppe, schonungslos den feindlichen Gewehrläufen preisgegeben. Aber erst, als die letzten Männer sich der schützenden Felswand näherten, fielen einige Schüsse, die zu hoch gingen und nicht schadeten.

Wir hatten eine Besonderheit des Hochgebirges in ihrer vollen Auswirkung kennengelernt. Das plötzliche Einfallen des Nebels und das ebenso überraschende Sichzerteilen der Nebelschwaden, helfender Freund für wenige Minuten, um plötzlich zum tückischen Feind zu werden. Mit einem Schlag war die Stimmung eine gehobene. Munterer ging es wieder weiter.

Auf dem 3000 m hohen Firn des Fargorida-Passes lagen die armseligen Reste des in den Vortagen geworfenen Landsturmbataillons. Die armen Leute hatten schwere Tage hinter sich. Zumeist alte Leute, hatten sie einen Blutzoll geleistet, der neben Verlusten an Gefangenen und Abgängen durch Erfrierungen und die Witterungsunbill, das Bataillon im Stande auf ein unansehnliches Häuflein herabgebracht hatte. Freudig begrüßten sie die über Fels, Schnee und Eis heranstapfende Ablösung, die trotz der Marschstrapazen nun sogleich zum Gegenangriff schreiten sollte.

Das war vorerst unmöglich. Die Erschöpfung unserer Leute war so groß, daß sie mit angetanem Gepäck in den Eislöchern lagen und ohne zu schlafen, mit geschlossenen Augen bewegungslos ruhten. Die Bereitstellung der Angriffstruppe am hellichten Tage war undurchführbar. Die den Paß vollständig beherrschenden Felstürme des Crozzon di Lares und des Crozzon di Fargorida waren in Händen der Italiener. Scharfschützen und Maschinengewehre suchten jede Bewegung in unserer unausgebauten Stellung auf dem Gletscherpaß zu unterbinden. Der Feind zeigte sich aufmerksam und wachsam. Da war er empfindlich und ließ nicht spaßen. Ruhig und regungslos mußten wir in den Eislöchern liegen.

Im Verlaufe der nächsten Nacht zogen die Reste des braven Landsturmbataillons zu Tal. Mit glücklichen Gesichtern verabschiedeten sie sich aus dieser Gletscherhölle. Noch in dieser Nacht traf eine dritte Kompagnie unseres Bataillons ein.

bitte ofzir hier rittm graf starzsensky .

Aufgenommen	Telegramm – Phonogramm	Befördert
von R. III. Rayon III	von Rayon III	an
am 29. IV.	Nummer · Klasse · Wortzahl · Zeit der Aufgabe 2h 20	am
um		um
durch	bp /—um	durch 3/32
Dienstliche Zusätze:		

+ sehr dringend != hochdrall ,

von rayonskmdo suedtyrol 29/4 1./30- nachm =

op no 1000/627 b :

~~feind hat~~ vom dosson di genova mit 4 komp unsere in der fargorida stellung befindlichen kraefte angegriffen. und sich des passo di lares und crozzon di lares bemaechtigt . eigenerseits haelt ca 1/2 komp den fargorida pass , 1/2 komp rueckt gegen passo del diavolo (kote 2973 oes tl crozzon di lares) 2 1/4 komp werden nach bereitstellung von passo topete in der richtung m . fumo zum gegenangriff schreiten . fuer sicherung des rendenatales wurde 3/4 ldsch komp 2, mit mga und inft gesch . abtg aus abschnitt doss dei morti ueber vigo rendena richtung care alto disponiert . gleichzeitig wird gemeldet , dass mandronabschnitt unter starkem art feuer steht , angriff gegen diesen wahrscheinlich . durch entbloessung des doss dei morti erscheint dringend zuweisung eines baons gebirgsgewohnter truppen als res erforderlich . rayonskmdo bittet um deren zudisponierung nach tione . bitte erfolgt dringlichkeit halber direkte und wird zur kenntnis dem l . v . k . vorgelegt op. 1000/627 b

luxkalif suedtyrol

→ an 11. Armee

präs. 29./4. 2h15m nachm.

HGK Stiftl., Konf.

Rayon III verst. 1h30m nachm.

< >

Das L VK bittet dringend um Zuweisung eines gebirgsgewohnten Baons aus dem Bereiche der 11. Armee bis auf weiteres. Die 21. Gebtrg. ist

Wir hatten rekognosziert, daß zum Gelingen eines Gegenangriffes ausreichende Artillerieunterstützung notwendig sei. Die Felsgrate schienen fast unzugänglich. Es war undenkbar, den Feind aus diesen Felsennestern herabzuwerfen, wenn es nicht gelang, ihn zumindest während des Hinaufkletterns unseres Sturmes niederzuhalten.

Wie zwei Panzertürme überhöhten die zwei Felsgipfel des Crozzon di Lares und des Crozzon di Fargorida die zwei Gletscherpässe, auf denen wir lagen: Unseren und den benachbarten Passo delle Topette, den das Bataillon der Salzburger hielt. Wenn wir den höheren Crozzon di Lares, 3354 m, stürmen wollten, mußte der Crozzon di Fargorida zuerst fallen.

In einem fürchterlichen Schneesturm setzte das Bataillon der Salzburger, dem eine Hochgebirgskompagnie beigegeben war, zum Sturm an.

Mit übermenschlicher Opferwilligkeit und Tapferkeit arbeiteten sich diese Helden durch Eis und Fels und Sturm gegen den Feind empor. Nur zu bald jedoch mußte man einsehen, daß diese natürliche Festung des Feindes, diese mit Maschinengewehrnestern gespickten Felsgrate ohne starke artilleristische Unterstützung nicht zurückzuerobern waren. Das Abschnittskommando ließ diesen Plan fallen und gab Befehl, die beiden Gletscherpässe zu halten. Den Hessen blieb der blutige Kletterweg auf den Crozzon di Lares erspart.

Der Leiden gab es auch so mehr als genug. Die Truppen litten unter schweren Schneestürmen. Klärte der Himmel auf, setzten sofort die Feindseligkeiten ein. Von drei Seiten eingeschlossen, blieb uns bei sichtigem Wetter nichts anderes übrig, als bewegungslos in den Eislöchern zu verharren. Das brachte unseren Leuten Massenerfrierungen, die neben den täglichen blutigen Verlusten in den Kompagnien arg aufräumten. Mit wunderbarer Aufopferung arbeiteten die Ärzte und die braven Sanitätsleute, die in jenen schweren Tagen unmöglich Scheinendes leisteten. Vorbildlich leisteten sie die unendlich mühselige und gefährliche Arbeit des Abtransportes der Verwundeten aus 3000 m Höhe in das Tal. Schritt für Schritt, stundenlang mußten die Schwerverwundeten, die vor jeder Bewegung verschont bleiben sollten, über vereiste Felssteige hinabgeschafft werden. Jeder Schritt drohte Verwundeten und Samaritern tödlichen Absturz und feindlichen Feuerüberfall. Brav und unverdrossen kehrten diese Helden der Pflicht in die eisigen Stellungen zurück, um andere Kameraden zu holen. Immer mehr wurden die Opfer, die sich der Feind aus den tragenden und kletternden Sanitätskolonnen holte. Oben auf dem Gletscher sehnten, während sie einen der armen Verwundeten zu Tal brachten, zehn andere ihre Rückkehr herbei, um neben den Schmerzen der Wunden nicht auch noch die furchtbaren Leiden des Hochgebirges ertragen zu müssen. Die zwei einzigen kleinen Baracken im Eis waren mit Schwerverwundeten überfüllt. Viele die dringendst eines Daches bedurft hätten, mußten Tag und Nacht im Freien im Schnee gebettet bleiben, wo sie, hilflos und bewegungslos, zu den Verletzungen noch scheußliche Erfrierungen abbekamen.

Krieg im Hochgebirge! Kampf und Leben in Fels und Eis über 2000, über 3000 m! Unvorstellbar sind für jenen, der ihn nicht miterlebt hat, die Leiden, die er in sich schließt. Die herbe Schönheit der Natur, die sich dort dem Menschen offenbart, sie wird in ihrer Wildheit zum zweiten, unbarmherzigen Feinde des Hochgebirgskrieges. Trotz der außerordentlichen Leistungen der wackeren Verpflegungsträger blieb der Nachschub doch ein sehr mangelhafter. Warmes Essen bekamen wir überhaupt nie. Oft blieb es ganz aus. Die Trägerkolonne kam in Nächten des Schneesturmes nicht durch und mußte dann bei Tag und sichtigem Wetter, an einen Felsen gedrückt, warten, bis entweder Nebel einfielen, oder der Schleier der Nacht sich wieder herabsenkte und den Weitermarsch wieder möglich machte. Der Nebel wurde wie ein Ge-

Österreichische Stellungen am Vorgipfel der Albiola-Stellung im Tonalegebiet.
Albiola-Spitze, 2978 m.

schenk herbeigesehnt, um durch eingeschossene Räume durchzukönnen. Oben warteten mit Sehnsucht die hungernden und frierenden Kameraden. Und das wußten diese braven Menschen und nützten jede Minute, die ein Weiterkommen möglich machte, Helden der Pflicht, deren heute kaum mehr jemand gedenkt. Keine stolzen Taten konnten sie setzen, ein langsames und stets Sichselbstaufopfern für die Kameraden auf dem Gletscher war ihr Dienst.

Eines Tages dann geschah etwas Furchtbares.

Eine starke italienische Schiabteilung versuchte über den unserem Paß vorgelagerten Lobbiagletscher einen überfallsartigen Angriff. Durch die Wachsamkeit unserer Posten blieb uns knappe Zeit, unsere Stellungen dicht zu besetzen. Mit wütendem Feuer unterstützte die Besatzung des Crozzon di Lares den Angriff ihrer Schipatrouillen und versuchte uns niederzuhalten. Vor unseren Augen entrollte sich ein imposantes Bild, eine tollkühne Glanzleistung Todgeweihter. Blitzschnell schoß die weitaufgelöste

Schar in weißen, wehenden Schneemänteln in voller Schußfahrt über den Gletscher auf unsere Linien zu, ihrem sicheren Verderben entgegen. Unsere Maschinengewehre begannen hart und kurz zu bellen, Infanteriefeuer prasselte über die Firnfelder. Die Wirkung war entsetzlich. Wirre Haufen schlagender Menschenleiber zerrissen die fliegende Linie des Feindes. Mit unglaublicher Todesverachtung rasten die Reste auf uns zu. Kein Mann blieb übrig.

Tiefe Achtung fühlten wir im Herzen für diese heldenmütigen, tollkühnen Soldaten, die eine unlösbare Aufgabe zu lösen hatten. Ihr Angriff mußte furchtbar zusammenbrechen, so kühn und groß er auch in Anlage und Durchführung war.

Der einzige große Angriff auf Schi im Weltkrieg hatte ein entsetzliches Ende genommen.

Jetzt lagen sie in ihren blutgetränkten Schneemänteln draußen auf dem Gletscher herum. Tagelang hörten wir ihr Schreien und Klagen. Der Gegner unternahm nichts, um ihnen Hilfe zu bringen. Ein braver Sanitätskorporal von uns unternahm mit Freiwilligen den Versuch, ihnen Hilfe zu bringen. Heftiges Feuer der Laresbesatzung trieb die selbstlosen Männer, die nichts anderes wollten, als den Ärmsten helfen, in ihre Eislöcher zurück. Wahrscheinlich vermutete man beim Feind eine Kriegslist. So blieben diese armen Opfer ihrer unerhörten Todesverachtung dem langsamen Sterben preisgegeben.

Die Unmöglichkeit, den Crozzon di Lares in freiem Ansturm zu erobern, hatte das Kommando nicht auf die Wiedergewinnung desselben verzichten lassen. Man wollte dem Berge anders beikommen. Vorerst sollte die gegnerische Besatzung des Crozzon di Fargorida abgeschnürt werden. Ergab sie sich, so war von dort die Flankierung aus der Welt geschafft und man konnte der Angriffsidee neuerdings nähertreten. Die schwierige Aufgabe des Abschnürens wurde einer halben Kompagnie übertragen. Sie stieß in der Nacht, von den Italienern unbemerkt, auf dem Gletscher vor und bezog eine Feldwachenlinie, die den Verkehr des Feindes zwischen dem Lobbia-Paß und Crozzon di Lares unterband. Die Feldwachen hatten sich so geschickt postiert und im Gletscher eingegraben, daß sie längere Zeit unbemerkt blieben. Erst in den späten Nachmittagsstunden wurden sie entdeckt. Ein mehr als zweistündiges Artilleriefeuer entlud sich über die Braven, die trotz schwerster Verluste ihre Löcher nicht räumten. Ein Volltreffer tötete den dort kommandierenden Leutnant und seine Kadetten. Ein wilder Schneesturm in der Nacht begrub die Feldwachen und ihre Toten unter seinen weißen Massen. Ungeborgen und unbeerdigt mußten die Toten auf dem Gletscher zurückgelassen werden, als der Rest der Halbkompagnie, ein verschwindend kleines Häuflein, durch eine Halbkompagnie der Rainer abgelöst wurde.

Mühseligkeiten und Entbehrungen nahmen von Tag zu Tag zu. Sie wurden von dem immer schütterer werdenden Rest, zu dem drei stolze Kompagnien zusammengebrochen waren, ohne jenen Erfolg erringen zu können, dessen die großen Opfer wert gewesen wären, mit bewundernswerter Geduld und einer wahren Märtyrerstandhaftigkeit ertragen. Mit zehn Mann war der Feuergewehrstand schon so weit gesunken, daß eine wirksame Verteidigung kaum mehr gewährleistet schien. Das Kommando stellte Ablösung in Aussicht. Wir wünschten gerne, daß die ablösenden Truppen die Frucht der Abschnürung des Crozzon di Fargorida ernten würden, auf dem sich die abgeschlossenen Italiener, die dorthin, eine schier unglaubliche Leistung, sogar ein Gebirgsgeschütz gebracht hatten, ganz unfaßbar lange hielten.

Es sollte nicht mehr dazu kommen. In der Nacht, in der die Ablösung sich bereits im Aufstieg befand, wurde plötzlich im Nachbarabschnitt aus der Richtung vom

Felsennester im Hochgebirge.
Cop di Casa, 2950 m (Care Alto, 3462 m), im südlichen Adamellogebiet.

Diavolo-Passe her, starkes Infanteriefeuer hörbar. Die Telefonverbindung versagte. Wir wußten nicht, was dort geschah, konnten aber aus der starken Schießerei auf einen harten Kampf schließen. Gegen Mitternacht funktionierte endlich wieder das Telefon. Um diese Zeit kamen gerade die ersten Leute des ablösenden Bataillons auf dem Gletscher an. Gleichzeitig langte aber auch der telefonische Befehl ein, die Ablösung sei nicht mehr durchzuführen, da der Diavolo-Paß gefallen sei; das zur Ablösung bestimmte Bataillon habe sofort zurückzumarschieren, der Rest der Hessen aber, nach Vernichtung des nicht tragbaren Kriegsgerätes, die Stellung zu räumen. Nachdem diesem Befehl entsprochen worden war, löste sich, unbemerkt vom Gegner, das kleingewordene Häuflein von der Stellung los, in der es so viel harte Unbill ertragen und Opfer gebracht hatte, die nur eine Truppe von höchster Moral zu bringen vermag. Undankbar war die Aufgabe des Bataillons gewesen. Aus dem sonnigen Trient über Nacht in die Eiswelt versetzt, hatte es die Verteidigung einer Stellung übernommen, in der die Natur allein schon Opfer forderte, die allgemach die Kompagnie verzehren mußten. Restlos hatte das Bataillon seine Pflicht erfüllt. Den letzten Kämpfern, den wenigen, die am Ende noch mit dem Gewehr in der Hand den Paß sperrten, wurde die bittere Aufgabe zuteil, eine Stellung kampflos räumen und dem Gegner überlassen zu müssen.

Wilhelm Winkler

Sturm auf Gletschergipfel

Es war im letzten Kriegsjahr. Unsere Bergführerkompagnie wurde an den Stellungen am Monte Corno, Monte Spiel und Monte Testo abgelöst. Wir wissen nicht, wo man uns hinwerfen wird. Nur das ist sicher, daß wir als Bergführerkompagnie in unseren herrlichen Bergen bleiben werden.

Bald wird das Raten um unser Ziel gelöst:

Ortlergruppe! Wir sind dazu ausersehen, die höchste Stellung des Weltkrieges zu beziehen. Dreitausender sind wir gewöhnt, nun aber geht es noch an die Tausend höher in die herrliche Eiswelt. Der Ortler mit seinem ewig schneebedeckten Haupte grüßt uns schon von der Ferne. Stolz und königlich neben ihm einer der schönsten Berge der Alpen: die Königsspitze. Auf ihrem Scheitel im ewigen Eis, dürfen wir nun, getreu unserer Tradition, Heimat und Vaterland verteidigen. Eine natürliche Festung, gleicht sie einem eisernen Ring, durch welchen kein Tor, kein Eingang führt.

Ein schöner Frühlingstag ist angebrochen. Wir erreichen nach mehrtägiger Reise Sulden, das reizende Bergdörflein am Fuße dieser Bergriesen. Die Bewohner dieser kargen Bergtäler, die sich recht und schlecht durchs Leben schlagen, durften in ihrer Heimat bleiben, trotzdem ringsum auf den Gipfeln ihrer Berge die Front verläuft.

Zwei schöne Tage schenkt uns der Himmel und das Kommando noch in diesem Tale. Warme Frühlingssonne liegt auf den Eisflanken der Riesen, die gigantisch in den Himmel ragen.

Ferner Geschützdonner zittert durch die Luft und begleitet unseren Aufstieg in die Stellung. Das Knattern der Maschinengewehre, der Knall der Gewehre und die kalte Luft der Gletscher kommen näher.

Wie viele Menschenherzen mag der Zauber dieser herrlichsten Bergwelt schon erfreut haben. Wieviel Glück und Seligkeit mag sie schon gespendet haben! Und nun tobt auch um diese Bergflanken der Krieg mit seinen Opfern und Bitternissen, mit Leid und Freud!

Auf schmalem Bergpfad steigen wir in die Höhe. Nach zweistündigem Marsch ist die Schaubachhütte erreicht. Von hier aus steht uns ein vielstündiger Gletschermarsch bevor. Dann muß die steile Eisrinne zum Königsjoch, 3295 m, durchstiegen werden und erst der steile Felsgrat aus dem Joch bringt uns an unser Ziel, auf die 3860 m hohe Königsspitze.

Nach kurzer Rast bei der Hütte setzen wir den Fuß auf Eis. In mühsamer Arbeit durchsteigen wir den wildzerklüfteten Gletscherbruch. Eine Spalte löst die andere ab, kreuz und quer durchziehen sie den Gletscher, ringsum nichts als Spalten und Gletscher. Jeden Schritt umlauern gähnende Tiefen. Jeder Schritt kann uns Verderben bringen. Unter morschen Eisbrücken glänzt dunkel auf dem Grund das Wasser des Gletschers. Der Gedanke drängt sich auf, daß vielleicht schon der Gletscher Arbeit für den Feind machen wird.

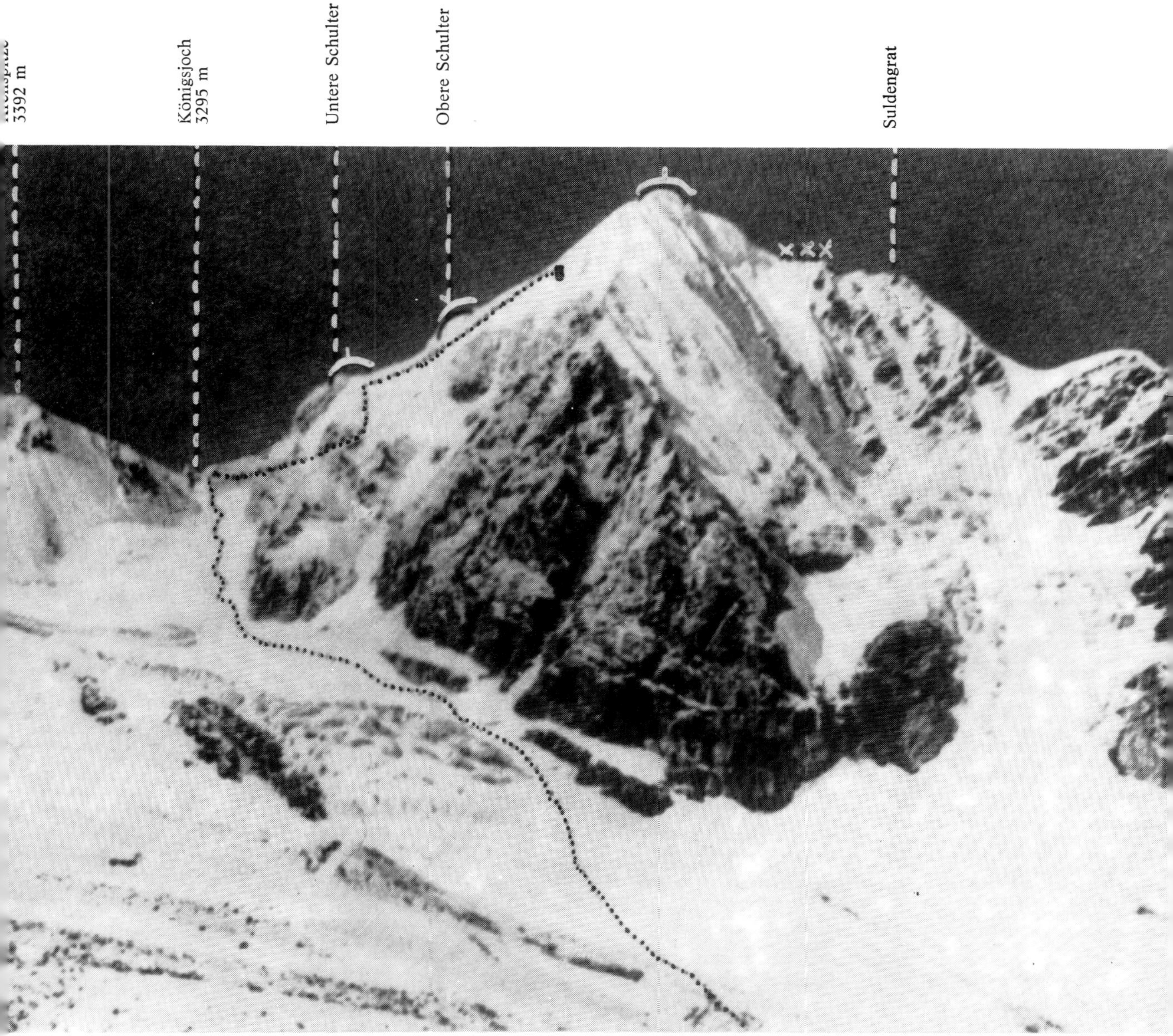

Die Stellungen auf der Königsspitze, 3860 m (Ortlergruppe). Wo die Einzeichnung des Zugangsweges unterhalb der Spitze aufhört, begann der Schneetunnel durch den Gipfelfirn.

⌒ = Österr. Stellungen
xxxxxx = Ital. Stellungen
.... = Zugangswege

Der Gedanke an die Kameraden, die der Ablösung harren, zwingt uns stetig weiter. Die Hitze wird immer drückender: Die Zunge klebt. Das Verlangen nach einem Tropfen Wasser wird immer stärker, aber die Feldflaschen sind leer. Eisbrocken kühlen die Zunge und verstärken bald den Durst noch mehr. Schritt für Schritt kämpfen wir uns vorwärts, jeder Meter Höhenunterschied zeigt an den keuchenden Lungen, daß die Luft immer dünner wird. Schwer drückt die Last unserer Alpenausrüstung für mehrere Wochen auf dem Rücken.

Aus dem sanft ansteigenden Gletscher setzt mit einer 5 m breiten Randspalte der mit glattem Eis bedeckte Steilhang zum Königsjoch an. Eine Strickleiter hilft uns, die Randspalte zu überwinden. Aber der Eishang birgt noch mehr Gefahren. Die kleinste Unvorsichtigkeit, ein schlechter Tritt kann uns eine sausende Abfahrt in die Randspalte bringen. Die letzten hundert Meter erfordern übermäßige körperliche Anstrengung. Mit keuchenden Lungen und wildpochenden Herzen betreten wir das Königsjoch. Dort singen die ersten Kugeln durch die Luft. Wir haben die vorderste Schützenstellung erreicht. Vom Joch führt der Aufstieg längs des Grates auf die Königsspitze. Der erste Teil des Weges geht über Felsen, die aus dem mächtigen Eisfelde hervorragen, ein schmales Felsband in 300 m schwindelnder Höhe muß überquert werden. Die Kletterei beginnt, doch bringt sie unseren Leuten keine großen Schwierigkeiten, die Schulung und Gewöhnung hat sie zu guten Alpinisten gemacht.

Ein mächtiges Poltern schreckt alles auf. Schrecken, Schauer und Starrheit überfällt uns. Ein Mann ist kopfüber in die Tiefe gestürzt. In lähmendem Entsetzen starren die Augen der ganzen Kompagnie dem wirbelnden Körper nach, der auf den Felsvorsprüngen aufschlägt und zehn Kirchturmtiefen unten mit zerbrochenen Gliedern auf dem Gletscher liegen bleibt. Armer Kamerad!

Unsicheren Trittes bewältigen wir das letzte Stück Gletscher. Wir treten auf die steilen Gipfelfirne aus. Schritt für Schritt, Tritt für Tritt wird der Berg genommen. Nach jedem Schritt ein Atemzug aus tiefster Brust, ein Schnappen nach Luft. Wir sind 100 m unter der Spitze. Rechts von uns eine viele Hunderte von Metern fast senkrecht aufgestellte Eiswand. Der Weg vor uns ist in feindlicher Sicht. Wir kriechen in einen Eisstollen, der uns tief in das Innere des Berges hineinführt.

Stockfinstere Nacht ist um uns. Auf allen Vieren kriechen wir vorwärts mit dem Gefühl, sich dem Tod langsam in die Arme zu schieben. Eine halbe Stunde mag vorbei sein, da bringt uns eine Eisgrotte wieder hellen Tag. Ein herrliches Bild! Das Eis selbst hat sich diesen glitzernden Tempel geschaffen. Es ist so schön darin, daß wir für einen Augenblick Krieg, Elend und Not vergessen.

Endlich ist der stolze Gipfel erreicht, wir stehen auf der Königsspitze. Die Besatzung begrüßt uns stürmisch. Sie freuen sich wie Kinder, daß sie für einige Zeit in das kleine Dörfchen hinunter dürfen.

Der aufreibende Dienst, der stete Kampf gegen die Unbilden der Witterung in 3800 m hat ihren Körper zermürbt, sie bedürfen wahrhaftig einer gründlichen Erholung.

Bald sind wir von der Nacht umhüllt. Wir beziehen die Feldwachen, die mühsam dem Sturm auf eisiger Höhe abgerungen wurden. Einige Sandsäcke, welche zu einer kleinen Mauer aufgetürmt sind, bieten Schutz vor der feindlichen Einwirkung. Diese Feldwachen an der Viertausendergrenze sind wundervolle Aussichtswarten. Ein Meer

Ausgang eines Gletscherstollens. Links Panzerkabel für Telefon und elektrische Kraft. ➔

von Gipfeln liegt unter und um uns. Auf viele Kilometer übersehen wir den Verlauf der Frontlinien, über Spitzen und Pässe und Täler. Vereinzelt irrlichtert das Aufblitzen von Geschützen und Gewehren an ihr entlang.

Schwere Wolken treiben über dem Horizont herein, und ein eisiger Sturmwind fegt mit ungeheurer Wucht über die Spitze hinweg. Es ist der Auftakt zu einem Hochgebirgsgewitter. Das mächtige Heulen des Sturmes klingt ununterbrochen in unseren Ohren. An der Front herrscht Ruhe. Kein Schuß stört das Treiben der entfesselten Elemente. Über unseren Köpfen zucken ununterbrochen Blitze und tauchen die Spitze in ein Flammenmeer, der Donner rollt und kracht in furchtbarer Stärke. Auf den Gewehrläufen leuchten flammende Lichtbüschel auf. Alle metallenen Gegenstände werfen wir in weitem Bogen fort. Bang horchen wir auf diese Kanonade des Himmels, die alle schweren Kaliber des Feindes übertrifft.

Die Posten stehen auf ihren Feldwachen und sehen mit Sorge den kommenden Ereignissen entgegen. Ihre Gewehre liegen unter dem Schnee vergraben, ebenso die Handgranaten, die Nahkampfmittel. Sie brauchen keine Waffen in diesem Sturm, ein Herannahen des Feindes, ein Angriff, ein Handstreich sind ausgeschlossen. Der Sturm, der immer mächtiger wird und zum Orkan anwächst, würde jeden in die Tiefe schleudern, der sich auf freier Fläche bewegt und ihm Angriffsfläche bietet.

Plötzlich schlägt der Blitz in einen Postenstand. In weitem Bogen fliegt der brave Soldat durch die Luft und bleibt 20 m von der Feldwache entfernt liegen. Seine Schafpelzkleidung und der weiche Schnee schützen seinen Körper vor einem schweren Aufprall. Er muß hart auf den Schnee gepreßt liegenbleiben, kann sich nicht rühren, seine Körperkraft reicht nicht aus, um dem Orkan zu trotzen. Er gräbt sich ein faustgroßes Loch in den Schnee und preßt das Gesicht hinein, um atmen zu können.

Ein zweiter Schlag läßt unseren Unterstand in der Eishöhle in allen Fugen krachen und erbeben. Die Telefonleitung steht noch unter Strom. Soldaten und Offiziere flüchten aus der Baracke. Aber es ist unmöglich, die Eishöhle zu verlassen, in der sie steht. Unfehlbar würde der Orkan jeden wie einen Ball auf den Gletscher hinunterwerfen.

Die unterirdischen Gänge, die kreuz und quer durch das mächtige Haupt des Bergriesen führen, nehmen uns alle auf. Wir glauben uns nun geschützt und sicher vor dem tobenden Element. Eisig durchströmt die Kälte unsere Glieder. Neben uns führt die elektrische Alarmleitung zu den Postenständen vorbei. Auch diese steht noch unter Strom. Einige Leute halten sich daran fest und werden wie ein Spielball im Eisgang hin- und hergeworfen. Des Himmels furchtbarste Waffe ist diese allmächtige Energie. Mit gelähmten Gliedern, unfähig sich zu rühren, liegt eine Anzahl der Leute im Eisstollen.

Endlich bricht der Tag an, mit seinem Kommen endet auch Sturm, Blitz und Donner.

Ein Teil der Mannschaft muß abgelöst werden, Reserven werden eingesetzt. In schwindelnder Höhe werden die vom Blitz Getroffenen mit der kleinen Seilbahn mit Handaufzug von Station zu Station zu Tal befördert. —

Die kommenden Tage bringen uns wieder herrlichen Sonnenschein. Die Natur hat sich ausgetobt, weit und breit bis zum Horizont kein Wölkchen am Himmel. Es sind herrliche Stunden des köstlichen Genusses für uns alle. Wir stehen inmitten der prächtigsten Riesen dieser Bergwelt und über allen anderen. Nur der König Ortler, 3902 m, der höchste Berg der damaligen österr.-ungar. Monarchie, überragt unsere Königsspitze um ein gutes Stück.

Unsere beschauliche Ruhe wird aber bald gestört. Ein Befehl des Abschnittskommandos stellt uns vor die Aufgabe, den Gegner von einem sehr wichtigen Punkt zu vertreiben. In lakonischer Kürze wird befohlen: In der Nacht von x hat ein Teil der

Palon-Stützpunkt. Blick gegen die Punta San Matteo und Pizzo Tresero (südl. Ortlerberge).

Spitzenbesatzung den Suldengrat zu stürmen und dort eine Feldwache aufzustellen. Eine ungemein schwierige Aufgabe steht uns bevor. Der Suldengrat zieht von der Königsspitze zum 3438 m hohen Suldenjoch hinunter. Die Feldwachen des Suldengrates bilden eine wichtige Stellung für den Gegner, weil er von ihnen aus fast das ganze Tal überblicken und bis in die Suppentöpfe von Sulden schauen kann. Für uns gerade keine angenehme Sache. Von der gegnerischen Seite bietet der Grat weniger Schwierigkeiten, wir können aber nur über den Gipfel der Königsspitze auf ihn hinunter gelangen.

Der Kampf mit dem Feind macht uns keine Sorgen, mehr jedoch, wie wir an ihn herankommen, ohne bemerkt zu werden. Die Bezwingung des Teiles des Eisgrates zwischen unserer Feldwache und der des Gegners ist auch für alpintechnisch vollkommen ausgebildetes Militär eine Musterleistung. Der Angriff muß über einen Eisgrat vorgetragen werden, von dem seitlich viele Hunderte von Metern Eisflanken auf die Gletscher hinabschießen und der mit unheimlicher Steilheit gegen die feindliche Feldwache abfällt. Die Schwierigkeiten werden noch durch eine 20 m hohe, felsige Abbruchstelle erhöht, die nur so bezwungen werden kann, daß man sich frei am Seil hinabläßt. Die Bezwingung dieser alpin sehr schwierigen Stelle liegt im Bereich der Möglichkeit, stellt uns aber in der Nacht, unter dem Feuer der Maschinengewehre und Infanterie, vor eine kaum zu lösende Aufgabe.

Palon della Mare, 3705 m, in der südl. Ortlergruppe. Unterstand auf Forno-Stützpunkt.

Die Vorbereitungen zum Angriff sind getroffen. Schon durch mehrere Wochen vorher ist an einem Eisstollen, der in die Richtung der gegnerischen Feldwache führt, fieberhaft gearbeitet worden.

Es ist 9 Uhr abends. Draußen ist stockfinstere Nacht und eine schwarzgraue Nebelkappe legt sich schützend um das Haupt der Bergriesen. Drei Sturmpatrouillen, unter der Führung junger Offiziere, stehen für den Angriff bereit.

Die Soldaten verschwinden geräuschlos in der Tiefe des Eisstollens. An seinem Ende wird die Decke ins Freie durchgeschlagen. Die Stürmer klettern durch das Loch auf den Eisgrat hinaus. Sie liegen jetzt ungefähr 30 m vor dem Italiener. In diesem Augenblick setzt von unseren Geschützen auf dem Ortler herüber ein mörderisches Artilleriefeuer auf die gegnerischen Feldwachen ein. Die Artillerievorbereitung für den Angriff hat begonnen. Unsere Ortlergeschütze konnten sich jedoch auf diesen Punkt nicht einschießen. Die Geschosse fliegen knapp um die eigenen Sturmpatrouillen und bringen sie in größte Gefahr. Endlich hat unsere Artillerie den Zielpunkt verlegt.

Ruhestellung hinter der Hochgebirgsfront. Rückwärts Suldengletscher, rechts Königsspitze, 3860 m (Ortlergruppe).

Nun setzt auch die Tätigkeit des Gegners ein. Scheinwerfer leuchten auf den Gipfeln auf und suchen über Fels und Eis. Die Sturmpatrouillen liegen unbeweglich draußen auf dem Eisgrat, eingehüllt in ihre weißen Mäntel. Die Lichtkegel der Scheinwerfer irren zuckend umher. Plötzlich stoppt einer: Die Patrouillen sind entdeckt. Mit seinem grellweißen Licht nagelt er sie gleich Schemen auf den Grat fest.

Ein Höllenlärm beginnt. Die ganze Front des Gegners konzentriert das Feuer auf diesen einzigen Punkt. Die Granaten der feindlichen Artillerie durchwühlen den Gletscher, Eisbrocken in mächtiger Größe fliegen in der Luft herum. Die Kugeln der Maschinengewehre und der Infanterie klatschen in den Schnee und gellen von den Felsen. Einige Stunden trommelt das Feuer auf die Patrouillen und unsere Stellungen und zermürbt unsere Nerven. Die Sturmpatrouillen liegen noch immer draußen auf dem Eisgrat, vor ihnen die gähnende Felswand. Sie vermögen sich mit den Steigeisen an den

Schartenstellung an der Gletscherfront.

Füßen kaum zu halten. Jede leichte Verletzung bedeutet sicheren Tod. Sie fliegen dann hinunter, Hunderte von Metern als tote Stürmer, dem Feind in die Arme.

Das Feuer legt sich etwas. Langsam schieben sich unsere Sturmpatrouillen bis an den Rand der Felswand vor. Rasch werden die Seilsicherungen angelegt und der erste Stürmer gleitet am Seil sicher und schnell über die Wand hinunter. Ein Aufleuchten einer feindlichen Rakete macht ihn für einen Moment sichtbar, der Gegner hat ihn entdeckt. Handgranaten fliegen ihm entgegen. Gewehre krachen aus kurzer Entfernung. Es ist umsonst. In fieberhafter Eile hissen die anderen den Mann wieder über die Felswand hinauf.

Der Angriff ist vorbei und mißglückt. Am frühen Morgen ziehen sich die Sturmpatrouillen in den Eisstollen zurück.

Unruhige Tage folgen. Die Italiener fühlen sich nun auch in diesen höchsten Nestern immer mehr bedroht. Unser Angriff hat sie in verstärkte Wachsamkeit versetzt.

Der westliche Teil der Gletscherfront in der Ortlergruppe (gesehen von der Stellung auf dem Ortler, 3902 m).

= Österr. Stellg.
++++++ = Italien. Stellg.

1 Thurwieserspitze, 3652 m
2 Großes Eiskögele, 3579 m
3 Kleines Eiskögele
4 Trafoier Eiswand, 3563 m
5 Schulter
6 u. 7 Kristallspitzen, 3482 m
8 u. 9 Große und Kleine Schneeglocke
10 Tuckettspitze, 3458 m
11 Hohe Schneid, 3431 m

Bald kommt auch unsere Ablösung. Wir sind müde, unser Geist ist abgestumpft. Freudig ziehen wir wieder in das kleine Sulden ein, sehen Menschen und Tiere und das wunderbare Grün der Wiesen und Wälder, das unseren Augen wie eine Erlösung dünkt, nach dem ewigen Weiß der Gletscher und Firne.

Der letzte siegreiche Kampf der alten Donaumonarchie am 3. September 1918

UM DIE PUNTA SAN MATTEO, 3692 m

Der 3. September 1918 ist in mehrfacher Hinsicht ein historisches Datum der Kriegsgeschichte und insbesondere des Ersten Weltkrieges geworden. An diesem Tage spielte sich auf den Gletschern des Fornokammes im südlichen Ortlerabschnitt der Tonalefront eine Kampfhandlung ab, die wohl zu den glänzendsten Waffentaten der ehemaligen Kaiserschützen zählt und als höchster Gletscherkampf beider Weltkriege und aller Zeiten überhaupt in die Geschichte eingegangen ist.

Schon seit Frühjahr 1918 hämmerte der Gegner mit weit überlegenen Kräften an allen Teilen der Tonalefront, um einen Durchbruch durch die Tonalesenke und weiter durch das Nonstal in den Rücken der ganzen südlichen Etschtalverteidigung zu erzwingen. Wichtige Punkte der Verteidigung gingen hiebei verloren, doch konnten die wichtigsten Eckpfeiler der Verteidigung (Punta Albiola, 2978 m, u. a.) mit anschließenden Stützpunkten gehalten werden.

UM DIE PUNTA GIUMELLA

Im Zusammenhang mit all diesen Durchbruchsversuchen gelang es dem Gegner Mitte August 1918, den ganzen sehr entlegenen schwer zu versorgenden, in Höhen zwischen 3500 m und 3700 m liegenden Gletscherkamm mit überraschendem Großangriff in die Hand zu bekommen; lediglich die tiefer gelegene 3599 m hohe Punta Giumella blieb als letzter Stützpunkt noch in eigener Hand, war aber durch die vom Gegner am 12. August 1918 eroberte 3692 m hohe Punta San Matteo infolge der überhöhenden Lage und der immer sich weiter verstärkenden Wirkung der feindlichen Artillerie aus nächster Nähe ständig bedroht. Weitere Angriffsabsichten des Gegners, die Punta Giumella als letzten Anklammerungspunkt der Österreicher schnell in die Hand zu bekommen, traten von Tag zu Tag stärker in Erscheinung; mit dem Verlust der Punta Giumella war jedoch dem Gegner der Abstieg nach Pejo, also in den Rücken der Tonaleverteidigung, freigekämpft und so blieb es dann der gegnerischen Initiative überlassen, nunmehr in die ganzen Kämpfe um die Einbruchstellen im Tonale auch von dieser Seite einzugreifen.

Wenn auch das hochalpine sehr schwierige Gletschergelände einen sofortigen Abstieg größerer Feindverbände nach Verlust der Punta Giumella ins Pejotal wohl sehr erschwert hätte, obwohl dem Gegner hiezu hervorragend ausgebildete hochalpine Verbände und reichlich Material aller Art zur Verfügung standen, so war der Verlust der Gletscherkette in erster Linie aus einem anderen Grunde von ernster Bedeutung:

Unterstände und Drahtverhaue in der Cevedalepaß-Stellung vom südlichen Flügel aus (Ortlergruppe).

Die ganzen Nachschubsorganisationen mit einem weit ins Pejotal hinein sich erstreckenden Lager von Verpflegs-, Munitions- und Materialausrüstung für den ganzen Tonaleabschnitt war aus Sicherheitsgründen und weil für den Gegner nicht einsichtbar schon nach Verlust der Punta San Matteo direkt eingesehen und damit war es dem Feinde überlassen, den ganzen Nachschubdienst des Tonaleabschnittes zu stören oder zu zerstören.

Noch mehr: Ohne Rückeroberung der Matteo-Gletscherkette war ein längeres Halten der isolierten und tieferliegenden Punta Giumella kaum denkbar, und mit Wegnahme dieses letzten Riegels der österreichischen Gletscherverteidigung war dann dem Gegner nicht nur der Abstieg ins Pejotal freigekämpft, sondern er konnte auch auf jeden beliebigen tiefer gelegenen Punkt alle Artilleriepositionen einrichten, die mit direktem Beschuß die ganzen Lager- und Nachschubseinrichtungen der Tonaleverteidigung restlos zerstören konnten.

EIN SCHWERER AUFTRAG

General Rudolf Müller, Kommandant der 22. Schützendivision und des Tonaleabschnittes gab dem unterstehenden Abschnittskommandanten, General v. Merten (beides bekannte Namen aus den Durchbruchskämpfen Tolmein-Flitscherklause) Befehl, die verlorene Gletscherkette mit allen Mitteln wieder in die Hand zu bekommen.

General v. Merten beauftragte die einzige im Abschnitt noch fähige Kampftruppe, Hochgebirgskompagnie 30, bzw. deren Kommandanten Hauptmann Luis Molterer, sofort auf die Punta Giumella abzugehen, diesen letzten Stützpunkt unbedingt zu halten und von dort aus alle Vorbereitungen zur Wiedereroberung der gesamten Gletscherkette zu treffen; Angriffsplan und Vorschläge bezüglich der hiezu nötigen Kampfmittel seien raschest dem Brigadekommando vorzulegen.

Der Befehl war schwer: Die Hochgebirgskompagnie 30 war eben aus den Abwehrkämpfen um die schwer umkämpfte 3000 m hohe Punta Albiola, den nördlichen Eckpfeiler der Tonalesenke, abgezogen worden und bedurfte dringend der Retablierung; die oben am Gletscher verbliebenen Reste der Hochgebirgskompagnie 21 waren zum Großteil beim vorangegangenen Großangriff des Gegners im August schwer angeschlagen. Schwere Artillerie, besonders Steilfeuergeschütze fehlten vollkommen, und ohne diese war ein Angriff in dem schwierigen mit unzähligen Spalten und Abstürzen zerklüfteten Gelände nicht zu denken.

Hauptmann Molterer machte seine Vorbehalte, aber er nahm die Versicherung seines Brigadiers mit hinauf in seinen armen Unterstand hoch oben am Gletscher: „Alles was Sie brauchen, bekommen Sie, aber machen Sie schnell!"

So zermarterte also hoch oben der arme „Gletscherfloh" (Ehrentitel für Hauptmann Molterer) sein Gehirn, immer wieder zwischen Schneesturm und Feindeinwirkung gehemmt, in 14tägiger Planung nach ununterbrochener Beobachtung des gegenüber emsig zu weiterem Angriff sich vorbereitenden Gegners, um alle Möglichkeiten für einen Erfolg durchzustudieren.

Das Ergebnis der Besprechungen über die Angriffsmöglichkeit ergab eine notwendige Teilung in zwei Angriffsgruppen, und zwar eine gegen die Punta San Matteo, die andere gegen den Monte Mantello. Die Einteilung war folgend:

Gruppe I unter Führung von Oberleutnant von Tabarelli, bestehend aus vier Sturmpatrouillen, einem Handmaschinengewehrzug, einem Zug der Hochgebirgskompagnie und einem Zug schwerer Maschinengewehre.

Gruppe II unter Führung von Oberleutnant Licka, bestehend aus einer Bergführerpatrouille, vier Sturmpatrouillen, einem Handmaschinengewehrzug, einem Zug Hochgebirgskompagnie als Infanteriewelle und einem schweren Maschinengewehrzug.

Nach einstündiger Artillerievorbereitung soll die Gruppe I auf dem breiten, mäßig ansteigenden Kamm gegen die Punta San Matteo vorgehen, während Gruppe II der Gruppe I auf demselben Weg folgen, diese jedoch nach Einnahme der Punta San Matteo überholen und gegen den Mantello vorstoßen soll, mit der Absicht diesen zu nehmen.

STURM AUF DIE PUNTA SAN MATTEO

Die Angriffspläne und Vorschläge von Hauptmann Molterer, Oberleutnant von Tabarelli und Oberleutnant Licka wurden gutgeheißen. Der Angriff war bei Anbruch der Dunkelheit vorgesehen.

Am 3. September 1918 vor 7 Uhr abends setzte nun der ganze Angriff aus den ins Eis gehauenen Kavernen für die Sturmtruppen aus dem Passo degli Orsi heraus, seitlich der in starkem Feindfeuer liegenden Punta Giumella gelegen, ein.

Die Gletscherfestung „Madatsch“ (3432 m) mit den Leiteraufstiegen zum Steinhäuschen des Maschinengewehrnestes. Im Vordergrund die „Moltererhütte“. Mitte: Hauptmann Luis Molterer vom III. Kaiserschützenregiment, Hochgebirgskompagnie, der mit dem „Leopoldsorden mit Kriegsdekoration und Schwertern“ ausgezeichnet wurde.

Als erster trat Oberleutnant von Tabarelli zum Sturm gegen die festungsartig nach allen Seiten ausgebaute rund 3700 m hohe Punta San Matteo, den *entscheidendsten Punkt der ganzen Kampfhandlung* an; die mächtige, alles überragende Feindkuppe lag in tiefen schwarzen Rauch der eigenen schweren Batterien gehüllt, solange Oberleutnant von Tabarelli sich mühsam und keuchend mit seinen Schützen durch Spalten und Schnee emporkämpfte; mit einem Schlag aber war das eigene Zerstörungsfeuer zur nächsten Feindstellung Monte Mantello verlegt, als Oberleutnant von Tabarelli fast ganz allein und weit vorne noch die Kraft hatte, gegen die Gipfelstellung anzustürmen, die nun frei und weithin sichtbar mit allen Feindanlagen dalag. Der Großteil seiner Schützen konnte bei dem rasenden Tempo des Aufstieges, das der Angriffsplan aus Zeitgründen vorschrieb, einfach nicht mehr weiter und sie blieben mit Atemnot (3600 m) beim Aufstieg mitten im Gletscher noch vor der Einbruchstelle liegen und konnten erst nach und nach ihrem tapferen Führer folgen; nicht alle, denn einige von ihnen wurden noch am Tage nach dem Angriff auf der Aufstiegsroute gefunden, teils unverwundet, aber über Nacht erfroren.

Im letzten Moment des Aufstieges rührte sich der Gegner aus den Eiskavernen, schon begann ein Maschinengewehr unsicher herumzuknattern. Oberleutnant von Tabarelli rief seinen Leuten mit erhobener Handgranate noch zu „vorwärts, vorwärts" und hatte noch die Kraft, weit voraus in das erste Widerstandsnest ganz oben einzudringen. Atemlos keuchten die ersten seiner Schützen nach, dann flogen Handgranaten bis aller Widerstand gebrochen war und aus allen weitverzweigten Anlagen im Gletschereis dann die Gefangenen herausgeholt werden konnten. Der tapfere Gegner und Kommandant der Punta San Matteo, Alpini-Capitano Berni, der seine Festung bis zum letzten hielt, lag mit fast 30 seiner Alpinisoldaten tief unten in einer Eishöhle am Gipfel, in der die herabstürzenden, durch unser schweres Feuer losgebrochenen Eisblöcke alles Lebende begruben. Durch das Einsetzen des italienischen Artilleriefeuers war es dann überhaupt nicht mehr möglich, die etwaigen Überlebenden in der Eishöhle, darunter den Kommandanten Capitano Aldo Berni, zu bergen, da diese infolge des italienischen äußerst starken Beschusses vollkommen verschüttet wurde. Trotzdem versuchte Oberleutnant von Tabarelli erneut zu den Verschütteten vorzudringen, jedoch blieb alles erfolglos; das von allen Seiten auf die Punta San Matteo konzentrierte Artilleriefeuer löste ununterbrochen weitere mächtige Eisbrocken und deckte die tief in der Eishöhle Begrabenen endgültig zu.

TRAVERSIERUNG ZUM MONTE MANTELLO

Unterdes arbeitete sich die zweite Angriffstruppe des Oberleutnant Licka befehlsgemäß hinüber über die feindbesetzte Felsrippe, 3505 m, zum Gipfel des Monte Mantello, 3536 m. Laut Angriffsbefehl hatte Oberleutnant Wilhelm Licka hinter der Angriffsgruppe Oberleutnants von Tabarelli folgend, auf halbem Weg nach Traversierung zum Angriff auf den 3536 m hohen Monte Mantello anzusetzen.

Hier hatte Hauptmann Molterer noch eine Variante eingeschaltet: Bergführer und Alpenreferenten erklärten, daß eine Traversierung dieses äußerst schwierigen, ungeheuer steil gegen den Val-Piana-Gletscher abstürzenden Hanges, besonders wenn ohne Schneeauflage und vollkommen vereist, nur mit Stufenschlagen möglich sei, und wahrscheinliche Abstürze zur Folge haben werde, ganz besonders, wenn die Traversierung mit unangeseilten und mit schwerem Sturmgepäck, Maschinengewehren usw. beladenen Leuten erfolgen müsse. Zudem mußte mit direktem Beschuß der schweren Feindbatterien vom Monte Ercavallo her gerechnet werden, die direkte Einsicht auf den ganzen Hang hatte.

Österreichische 7,5-cm-Gebirgskanone M 75 auf der Cima Fratta Secca.

Hauptmann Molterer schlug daher als Variante nach Wahl des Führers der Angriffsgruppe gegen Monte Mantello vor, solange das feindliche Sperrfeuer auf der eben eroberten Punta San Matteo sich noch nicht bemerkbar mache, möglichst bis gegen den eroberten Gipfel nachzufolgen und knapp unterhalb desselben dann gegen die Sattelstellung 3505 m, herabzusausen. Oberleutnant Licka geriet aber bald ins feindliche Sperrfeuer und entschloß sich zur Einhaltung der im Angriffsbefehl beschriebenen Route, also Traversierung des schwierigen Südhanges.

Daß diese Traversierung unter den allerschwierigsten Umständen (500—600 m breiter Hang mit 50^0 Neigung) durch Stufenschlagen am vollkommen vereisten Hang (im ganzen ungefähr 600 Stufen) unter den ununterbrochenen von der eroberten Punta San Matteo von den schweren Feindbatterien losgeschossenen mächtigen Eisbrocken — direkt in die traversierende Gruppe hinein — trotzdem gelang, ist wohl eine der kühnsten alpin-militärischen Leistungen des Hochgebirgskrieges, welche Traversierung dann unter dem Schutze des gegen den Monte Mantello halbstündig verlängerten Zerstörungsfeuers, Fortsetzung des Angriffes, die Einnahme des Monte Mantello mit wenig Verlusten ermöglichte. Zwei Offiziere, Oberleutnant Licka und der später gefallene Leutnant Pilz sind hiemit für immer in der Traditionsgeschichte dieser Aktion und des Sieges verankert.

Die traversierende Gruppe des Oberleutnant Licka, der hinter dem stufenhackenden Bergführerzug des gefallenen Fähnrichs Knabls an der Spitze seiner Sturmtruppe führte, geriet wiederholt vollständig ins Stocken. Die unter dem schweren Feindfeuer von der eben eroberten Punta San Matteo herabstürzenden mächtigen Eistrümmer rissen wiederholt Leute der Gruppe hinunter in die Tiefe der ungeheuren Spalten des Val-Piana-Gletschers. Leutnant Pilz war hinter der Sturmtruppe Oberleutnant Lickas angeschlossen an der Spitze seines Sturmzuges der Hochgebirgskompagnie 30, mit der Aufgabe, etwaige Widerstandsnester am Wege zum Monte Mantello, die vorher nicht festgestellt werden und das unaufhaltsame Vordringen Oberleutnant Lickas behindern konnten, aufzuräumen und sodann über den eroberten Monte Mantello hinaus gegen die stark befestigten und mit schwer zu bekämpfender kavernierter Kanonenbatterie versehenen Villa-Corno-Grat-Feindstellungen „vorzufühlen", ob vielleicht auch ein Einbruch in diese Feindstellungen möglich werden könnte. „Vorfühlen" wohl eine besonders schwierige Aufgabe, besonders im Hochgebirge! Ist die feindliche Stellung noch nicht niedergekämpft, bleibt der Angreifer, weithin am Gletscher sichtbar, hilflos liegen — keiner kommt mehr zurück!

HELDENTOD VOR DEM VILLA-CORNO-GRAT

Nur die Villa-Corno-Grat-Feindstellungen konnten nicht mehr artilleristisch niedergekämpft werden. Die ungemein schwierige und leider auch verlustreiche Traversierung der Gruppe Licka erforderte eine mehr als halbstündige Verlängerung des Zerstörungsfeuers gegen den Monte Mantello, eine Zeitspanne, die im Angriffsplan zur Verlegung des Feuers schlagartig gegen den Villa-Corno-Grat vorbestimmt war.

Leutnant Pilz war während der Traversierung in der Mitte der traversierenden Truppe eingeschaltet; er war jener, der die Panik — die durch die in die Tiefe gerissenen, schwer bepackten Männer entstand — immer wieder durch seine anfeuernden Zurufe „vorwärts, vorwärts" bekämpfte und schließlich die ganze mehrmals auseinandergerissene Schlange wieder in Bewegung brachte. Den tief hinunter zum Val-Piana-Gletscher abgestürzten und zum Großteil in tiefe Gletscherspalten verschwundenen Kameraden konnte nicht mehr geholfen werden — der Angriff mußte weiterrollen — und er rollte weiter — trotz aller Hindernisse.

Leutnant Pilz stieß sodann nach restloser Besitznahme des Monte Mantello, 3536 m, befehlsgemäß über die eroberten Stellungen hinaus gegen den bereits von einbrechender Dunkelheit und Nebelfetzen teilweise verschleierten Villa-Corno-Grat vor, konnte aber durch Feindfeuer aus der vorgenannten Stellung nicht weiter und fand am Morgen des 4. September 1918 in der äußersten Stellung die der Gesamtangriff erreichte, mit mehreren Getreuen des Sturmzuges der Hochgebirgskompagnie den Heldentod.

Den Antrag auf Auszeichnung und Beförderung für diesen verdienten, vorbildlichen und tapferen Offizier und mehrere andere Mitkämpfer ging durch die Umstände, die dem nachfolgenden Zusammenbruch der alten Donaumonarchie im November 1918 vorangingen, in Verlust. Doch soll an dieser Stelle Leutnant Pilz und den anderen heldenmütig mit ihm Gefallenen ein bleibendes Gedenken gesetzt werden!

BEDEUTENDER ERFOLG

Groß war damals die Freude im ganzen Ortler-Tonale-Abschnitt über den glänzenden Erfolg, besonders weil er im Vergleich zu den großen Verlusten des Gegners mit relativ geringen Opfern erfochten wurde, womit der ganze Nachschub dieses Abschnittes wieder gesichert war und weil er alle vorherigen großen Anstrengungen des Gegners mit einem Schlage zunichte machte. Mit besonders anerkennenden Worten ehrte der österreichisch-ungarische Heeresbericht vom 3. September 1918 den schönen Erfolg.

Es war der letzte Heeresbericht der alten Donaumonarchie, der eine erfolgreiche Kampfhandlung melden konnte!

Alpini-Major Caffaretti, der hervorragend tüchtige Kommandant der zum Angriff gegen die Giumella bereitgestellten Angriffstruppen, versuchte sofort nach dem Verlust der Punta San Matteo mit hinter dem Villa-Corno-Grat bereitgestellten Reserven mit einem kühnen Gegenstoß gegen den verlorenen Hauptgipfel vorzubrechen, doch wurde sein Vorstoß schon bei Beginn durch unser gutgeleitetes Sperrfeuer zerschlagen.

Der 3. September 1918 wurde gleichzeitig zu einem besonderen Ehrentag unserer Artillerie. Mit schlagartig von Angriffsziel zu Angriffsziel weiter verlegtem Feuer konnte sie die sich mühsam unter hochalpinen Schwierigkeiten durch das ganze Kampfgelände vorwärts drängenden Sturmtruppen bis zu den Einbruchstellen begleiten.

Eine besondere Anerkennung dieser hervorragenden artilleristischen Leistung ist wohl einer italienischen Darstellung dieser Aktion zu entnehmen, in der es fast wörtlich heißt:

„Die Österreicher machten die plötzliche und schlagartige Feuerverlegung so geschickt, daß unsere Reserven noch in den schützenden Eiskavernen lagen, als die ersten österreichischen Sturmtruppen bereits in unsere vordersten Gräben eindrangen."

NACHRUHM DER KAISERSCHÜTZEN

Namen von Klang tauchen neben den führenden Offizieren dieser Kampfhandlung empor: Hofrat Busch, der in der Bergwelt gut bekannte, ehemalige Präsident des Österreichischen Alpenvereins, der von der Punta San Matteo aus mit seinem Maschinengewehr das weitere Vordringen der Gruppe Oberleutnant Lickas unterstützte; Univ.-Prof. Dr. Sauser, als Telefonoffizier zur Brigade, der im Kommandounterstand des Hauptmann Molterer bei Besprechung der Angriffsvorbereitungen bei einem Hochgewitter von einem Blitz gestreift und zu Boden gerissen wurde.

Noch eine Reihe prominenter Namen aus der Bergwelt wären zu nennen, insbesondere aber Bergführer von Ruf und Namen, die Hauptmann Molterer bei allen hochalpinen Unternehmungen auf den Gletschern (Ortler-Gipfel-Einrichtung, Ausbau

Fernkamera auf der Tonale-Spitze in einer Höhe von 2864 m.

der Gletscherfestung Madatsch-Tuckett, Kämpfe um die Eiskögel und Trafoier Eiswand) immer wieder zu alpiner Beratung rief.

Und viele wären noch besonders zu nennen, die in diesem höchsten und letzten Kampf ihr Leben für Ideale gaben, die jedem Bergsoldaten in besonderem Maße eigen sind — und die stolz leuchtende Eispyramide der Punta San Matteo wird auch künftigen Generationen von dem stillen Heldentum und Opfergeist der nur mehr in Tradition lebenden Truppe erzählen können: „Die Kaiserschützen" — „im Lande kannte sie ja jeder, an Edelweiß und Spielhahnfeder."

Anmerkung: Landesschützen - Kaiserschützen.

Seine Majestät Kaiser Karl als Regimentsinhaber hat mit allerhöchstem kaiserlichen Befehl vom *16. Jänner 1917* angeordnet:

„Ich befehle, daß die Landesschützen von nun an *Kaiserschützen* genannt werden. Ich bin überzeugt, diese tapferen Truppen, welche sich bis jetzt unvergängliche Lorbeeren erwarben, werden den neuen Namen im ruhmvollen Glanze erstrahlen lassen, Mir zur Freude, sich zur Ehre und dem Vaterlande zum Wohle."

Karl

Patrouillenkämpfe im Eis

DER STURM AUF DIE HOHE SCHNEID, 3431 m

Im Oktober 1916 taten sich in der Gipfeleishaube der Hohen Schneid, 3431 m, in der Ortlergruppe über Nacht einige Auswurflöcher auf, aus denen italienische Maschinengewehre die österreichischen Stellungen auf dem Großen Nagler, 3274 m, und auf dem Großen Scorluzzo, 3094 m, in der Flanke und im Rücken heftig beschossen.

In höchster Eile mußten diese Stellungen nun auch nach dieser Richtung hin dekkungsfähig ausgebaut werden, um größere Verluste zu vermeiden.

Man hatte vordem nicht damit gerechnet, daß die Italiener diesen gewaltigen Eisberg besetzen würden. Jetzt saßen sie aber wirklich auf dem Gipfel und wurden damit zu einer lästigen und drohenden Gefahr für den ganzen Frontabschnitt.

Das Vordrücken der italienischen Front über die Eisberge in der österreichischen Flanke konnte besonders unheilvoll werden, wenn dort oben eines Tages moderne Schnellfeuergeschütze eingebaut würden, denen die österreichischen Stellungen rettungslos in Flanke und Rücken ausgesetzt gewesen wären.

Trotz der ungeheuren Schwierigkeiten, die sich der Lösung der Aufgabe schon beim ersten Anblick entgegenstellten, mußte sich der Kommandant der Ortlerfront, Generalmajor Freiherr von Lempruch, entschließen, den Befehl für den Angriff und die Eroberung der Hohen Schneid zu geben. Da es unmöglich war, den steilen, teilweise überhängenden Eisberg, auf dessen Eisflanken die stürmenden Truppen auch nicht die geringste Deckungsmöglichkeit gehabt hätten, in direktem Angriff zu nehmen, entschied man sich, den Angriff durch Vortreiben von Eisstollen unter der Gletscheroberfläche durchzuführen. Auch der Ausführung dieses Planes standen Schwierigkeiten entgegen, die als ganz außerordentliche und ungewöhnliche bezeichnet werden müssen.

Die Leitung der Vorarbeiten wurde Hauptmann Kalal von den Tiroler Landesschützen übertragen.

Der Eingang des Angriffsstollens lag etwa 800 m südlich der Naglerspitze an einem Gletscherbruche. Der Zugangsweg war so gewählt, daß dessen letzter, vor dem Eingange außerordentlich steiler und daher mit Stufen und Halteseilen versehener Teil vom Feinde nicht eingesehen werden konnte. Soweit der Zugang sichtbar war, deckte er sich mit dem Weg, der von der Naglerstellung über den Gletscher zur Geisterspitze führte, dem Feinde also schon längst bekannt war und seinen Argwohn deshalb nicht erregen konnte. Das Austreten anderer Spuren außerhalb dieses Weges war strengstens verboten.

Tatsächlich gelang es, die ganzen Angriffsvorbereitungen bis zum letzten Augenblick vor dem Feinde gänzlich geheim zu halten, was ganz wesentlich zum glücklichen Gelingen der Aktion beitrug. Zu- und Abgang und die Ablösung der Tunnel-

Barackenbau im Gipfeleis der Hohen Schneid, 3431 m (Ortlergruppe).

partie erfolgten im Interesse der Geheimhaltung und wegen des Umstandes, daß der Weg zur Geisterspitze von der Hohen Schneid aus oft unter starkem Maschinengewehrfeuer lag, auch Artilleriegeschosse, vereinzelt auch Gasgranaten auf demselben einschlugen, ausschließlich bei Nacht. Um die Aufmerksamkeit des Feindes vom Vorhaben der Österreicher noch mehr abzulenken, wurde in der Südflanke der Naglerstellung ein Gebirgsgeschütz aufgestellt und stark eingebaut, welches die ausschließliche Aufgabe hatte, Treffer in den feindlichen Eisscharten auf der Hohen Schneid zu erzielen. Dem gleichen Zweck dienten zwei daneben eingebaute Maschinengewehre. So oft der Feind aus seiner Stellung auf der Hohen Schneid schoß, oder deren Posten sichtbar wurde, warf man ihm tüchtig die Fenster ein, was ihm sichtlich unangenehm war, den Österreichern aber, da das feindliche Feuer aus dieser Richtung nach gelungenen Schartentreffern regelmäßig und oft auf viele Tage verstummte, sehr gelegen kam.

„Bahnhof" des Seilaufzuges in der Eiskaverne der Hohen Schneid, 3431 m (Ortlergruppe).

Wenige Tage nach dem Entschluß, den Gipfel der Hohen Schneid zu erstürmen, begannen bereits die Tunnelierungsarbeiten, welche ununterbrochen Tag und Nacht fortgesetzt wurden, solange man sich vom Feind noch weit entfernt befand. Man hörte, wie Versuche ergaben, im Eis selbst geringe Geräusche außerordentlich weit und sehr stark. Daher mußte von Sprengarbeiten von Anfang an abgesehen und der Vortrieb des Tunnels mit größter Vorsicht bewirkt werden. Nur Haue, Pickel und Schaufel traten in Verwendung.

Die Arbeit war eine außerordentlich schwierige. Die Einhaltung der genauen Richtung geschah nach der Bussole, bei fortwährender genauer Längenmessung. Dort, wo man nicht tief unter der Oberfläche des Hängegletschers arbeiten mußte, und in den Teilen des Gletschers, die vom Feinde nicht eingesehen waren, wurden stellenweise Löcher nach außen geschlagen, welche von der Naglerspitze und den Scorluzzo aus im feindlichen Feuer genau eingemessen und in einem Arbeitsplan verzeichnet wurden. Als man dann tiefer in das Innere des Gletschers vordrang, war die Einhaltung der Richtung in der Nacht des ewigen Eises eine äußerst schwierige Angelegenheit. Die vorstehende, genaue Überprüfung mußte entfallen und es konnte nur mehr mit der Bussole und mit Längen- und Höhenmessungen gearbeitet werden. Dank des genau durchgeführten Verfahrens ereigneten sich indes zeit- und kraftverschwendende Fehlbohrungen verhältnismäßig selten.

Die andauernd gleichmäßig niedrige Temperatur, durchschnittlich 6 Kältegrade, stellte harte Anforderungen an die Bohrmannschaft, die auch, bis die jenseitige, eine Durchlüftung vermittelnde Öffnung nicht erreicht war, sehr unter der schlechten Luft im Tunnel zu leiden hatte.

Daß das Profil des oft steil nach aufwärts führenden und daher mit rohen Eisstufen versehenen Tunnels aus Gründen der Kraftersparnis nur gerade jene Ausmaße hatte, um den Verkehr zur Not zu ermöglichen, ist selbstverständlich. Größere Leute mußten daher gebückt verkehren und in dieser Körperstellung auch arbeiten, was eine weitere schwere Anstrengung bedeutete, solange man hartes, kompaktes Eis durchfuhr; im lockeren Firneis nahe dem Gipfel ging die Vorarbeit bedeutend leichter.

Eine weitere Schwierigkeit der Arbeiten lag in der unauffälligen Beseitigung des vielen Ausbruchmaterials, das an die 4000 cbm betrug. Hiebei kamen stellenweise durchfahrene Gletscherspalten, in deren Abgrund man das ausgebrochene Eis hinabwarf, sehr zustatten. Diese Spalten mußten jeweils gut überbrückt werden. Nach außen an die Oberfläche durfte wegen der Geheimhaltung der Arbeiten auch nicht das geringste Ausbruchmaterial gelangen.

Wegen der unaufhörlichen Wanderung des Gletschers mußten am Eisstollen oft zeitraubende Nacharbeiten vorgenommen werden, da sich bei Unterlassung derselben das notwendige Profil zu sehr verengt und verdrückt hätte.

Die dünne Luft — der Tunnel verlief in Seehöhe zwischen 3200 und 3500 m — wirkte verzögernd auf die an sich schon schwere und harte Arbeit. So kann man zusammenfassend sagen, daß dieser Angriff durch die Unterwelt des Eises auf die Hohe Schneid, was Leistung und Durchführung anlangt, zu den denkwürdigsten Unternehmungen des Krieges im Hochgebirge zählt.

Wiederholt ereigneten sich während der Arbeit Einbrüche an der überhängenden Nordflanke der Hohen Schneid, die den Stolleneingang verlegten und schleunigst beseitigt werden mußten, um die abgeschnittenen Soldaten im Tunnel möglichst rasch aus ihrer furchtbaren Lage zu befreien.

Der Tod lauerte dort wirklich an allen Ecken.

Die Gesamtlänge dieses ersten Angriffsstollens betrug etwas über 2 km. Diese außerordentliche Länge mußte aus Gründen der nahen Heranziehung der Reserven, der Kraftersparnis, des übersichtlichen Arbeitsbetriebes, der geregelten Verpflegung für die Arbeitsmannschaft, sowie aus Rücksicht auf die zweckmäßige Unterbringung von Werkzeug und Material aller Art in Etappen unterteilt werden. Es gelangten deshalb unweit des unteren Einganges, an der halben Weglänge und endlich unter dem Gipfel der Hohen Schneid, größere Höhlen zur Ausarbeitung, in welchen wanddichte, mit Dachpappe allseitig abgedeckte, feste Baracken zur Aufstellung gelangten. Jede dieser Baracken, die sich in ewiger Nacht inmitten des Eisberges befanden, erhielt eine Anzahl Liegestätten, einen Küchenherd, einen Ofen und ein kleines Lebensmitteldepot. Der Aufenthalt in den Baracken war, den einzigartigen Umständen angemessen, verhältnismäßig behaglich.

Unweit des Gipfels wurde eine prachtvolle, von magischen Lichteffekten erfüllte Eisgrotte aufgeschlossen, eine nicht tagende, riesenhafte Gletscherspalte, welche von

Zugang zu den Stellungen der Hohen Schneid—Monte Cristallo, 3431 m, in der Ortlergruppe, gesehen von der Geisterspitze, 3476 m. Im Hintergrund die Berninagruppe in der Schweiz.

bizarrsten, oft mannsdicken, vielleicht jahrhundertealten Eiszapfen und knollenartigen Eisgebilden erfüllt war. In dieser Wundergrotte fand man auch riesige, seltsam geformte und bisher noch nicht beobachtete Eiskristalle, welche die Gletscherforscher, die im Laufe der Zeit die Hohe Schneid aus diesem Grunde besuchten, nachbildeten und beschrieben. In dieser domartigen Höhle, die wie eine Wundergrotte aus dem Märchenland war, haben später, mitten im Bauche des Eisberges, erbitterte Patrouillenkämpfe stattgefunden.

Von der Wundergrotte stieg der eigentliche Angriffsstand noch steiler empor, bis man endlich Anfang März 1917 unter Meisterung unzähliger Schwierigkeiten direkt unter die italienische Stellung gelangt war. Die Arbeiten hatten bis zur Erreichung dieses Punktes 5 Monate gedauert. Während dieser Zeit tobte in der Außenwelt der schreckliche, hochalpine Winter 1916/17.

Je mehr man sich der italienischen Stellung näherte, desto vorsichtiger mußte wegen vorzeitiger Entdeckungsgefahr gearbeitet werden. In den letzten Wochen wurde nachts überhaupt nicht mehr tunneliert und die Arbeiten nur auf wenige Vormittagsstunden beschränkt, weil zur Nachtarbeit die feindliche Aufmerksamkeit eine erhöhte war, während in den Morgenstunden bei geringerer Aufmerksamkeit größere, schallabsorbierende Unruhe in der italienischen Stellung herrschte. Versuche, mittels eines autogenen Sauerstoffgebläses das Eis geräuschlos zu durchschneiden, erwiesen sich als unwirksam. Die Leitung der eigentlichen Bohrungsarbeiten hatte der tapfere und unverdrossene Leutnant Liendl inne, der sich schon als Kadett bei der Eroberung der Eisgipfel der Madatschgruppe die Goldene Tapferkeitsmedaille geholt hatte. Leutnant Liendl war mit der Durchführung seines großen Werkes derart verwachsen, daß er oft wochenlang aus dem finsteren Innern des Eisberges nicht zum Vorschein kam und sich kaum die allerdürftigste Ruhe gönnte.

Am 17. März 1917 erfolgte gegen das ursprüngliche Programm, das ein regelrechtes, überraschendes Austreten aus dem Tunnelende auf die feindlichen Stellungen vorsah, die Eroberung des Gipfels der Hohen Schneid unter ganz eigenartigen und unvorhergesehenen Verhältnissen. Die Arbeitsmannschaft, welche in den letzten Tagen der Bohrarbeiten ihre Gewehre und Handgranaten immer in Bereitschaft hatte, ruhte eben in der Mittagspause aus. In ihrer Mitte befand sich der diensthabende Kaiserschützenfähnrich Sailer. Die in der Stellung oberhalb befindlichen Italiener, von den Österreichern, wie sich später herausstellte, nur durch eine dünne Eisschicht getrennt, arbeiteten ahnungslos an ihrer Stellung, was deutlich zu hören war. Während dieser Arbeit brach plötzlich ein Alpinisoldat durch das Eis durch und stürzte in den Tunnel hinunter. Er wurde sofort von den österreichischen Handgranaten zerrissen. Durch den entstandenen Gefechtslärm war die italienische Besatzung alarmiert worden und man konnte in kürzester Zeit mit dem Eintreffen erheblicher feindlicher Verstärkung rechnen, welche die Früchte der unsäglich schweren, monatelangen Arbeiten am Eistunnel im letzten Augenblick hätten zunichte machen können. Daher faßte der Kommandant sofort den Entschluß, unter Einsetzung der Reserve aus der Gipfelbaracke, zum rücksichtslosen Angriff überzugehen und führte diesen mit seinen braven Leuten schneidig durch. Das Ausbrechen aus dem engen Stollen war für die Angreifer eine höchst bedenkliche Angelegenheit, da jeder einzelne Mann hätte vom Feind geradezu in Empfang genommen werden können. Die durch das geheimnisvolle Verschwinden im Eis eines ihrer Leute beim Feinde eingetretene Verwirrung kam der ausbrechenden österreichischen Patrouille sehr zustatten und nach kurzem, heftigem Gewehr- und Handgranatenkampf floh die italienische Besatzung teils durch ihren Zugangstunnel, teils über die freie Gipfelfläche. Der letzte Rest der Besatzung, etwa 12 Mann, fand

„Kristallpalast" der Hohen Schneid! Prachtvolle, von magischen Lichteffekten erfüllte Eisgrotte mit bizarrsten Eiszapfen und knollenartigen Eisgebilden, unweit des Gipfels der Hohen Schneid, 3431 m (Ortlergruppe).

größtenteils durch Absturz über den wild zerrissenen Südhang der Hohen Schneid ein grausiges Ende.

So gelang der raschen Entschlußkraft und dem schneidigen Ansturm der Patrouille noch im letzten Augenblick die Eroberung dieser wichtigen Stellung.

Eine nach dem Einbruch in die Gipfelstellung dort zurückgelassene Staffel hatte sofort im tiefen Schnee der Kuppe in aller Eile einen Schützengraben angelegt, diesen besetzt und mit einem Maschinengewehr armiert. Der unter dem Eis mündende alte feindliche Zugangsweg durch eine Sprengung verrammelt.

Es galt nun, den errungenen, großen Erfolg durch fleißige Stellungsarbeit dauernd zu sichern. Zu diesem Zwecke wurde im Eisgipfelmassiv der Hohen Schneid ein ganzes Netz von Eistunnels angelegt, an deren tagenden Enden Beobachtungs- und Maschinengewehrposten aufgestellt wurden. Die gesamte Anlage wurde nach und nach zu einem „untereisigen“ Stützpunkt mit Beobachtungsfenstern und Schießscharten ausgebaut, welche einerseits Ausblick und Ausschuß gegen die westlichen Rückfallskuppen der Hohen Schneid, andererseits gegen das Zebrùtal boten, das nun nahezu vollkommen eingesehen vor der österreichischen Stellung lag und einen klaren Überblick bis in die Gegend westlich von Bormio ermöglichte. Diese Fernsicht war von überwältigender Schönheit.

Durch diese umfassende Beobachtungsmöglichkeit war ein neuer, bedeutungsvoller taktischer Vorteil gewonnen.

Um die Versorgung der Besatzung auf der Hohen Schneid zu erleichtern, wurde eine anfangs mit Handbetrieb eingerichtete, später durch einen Benzinmotor angetriebene Seilbahn zwischen der Naglerspitze und der Gipfelbaracke auf der Hohen Schneid eingerichtet. Zu diesem Zwecke wurde die Eiswand, welche die Baracke nordseitig umschloß, durchbrochen und erhielt ein großes Eisportal.

Viel später erhielt der Zugang zur Hohen-Schneid-Stellung eine wesentliche Verbesserung durch einen Tunnel, der von der Geisterspitze aus längs des Grates direkt in den oberen Teil des Eistunnelsystems mündete. Dadurch wurde der Zugang zur Hohen Schneid auch bei Tag und bei sichtigem Wetter ermöglicht. Der ursprüngliche Eingang blieb trotzdem erhalten, um für alle Fälle zwei Wege zu besitzen. Diese große Notwendigkeit wurde einmal deutlich dadurch bewiesen, daß der alte Zugang einige Tage lang durch einen schweren Eisbruch vollkommen verlegt war.

EROBERUNG UND VERLUST DER TRAFOIER EISWAND, 3563 m

Von außerordentlicher Bedeutung für die österreichische Front in der Ortlergruppe waren die Stellungen der Italiener auf der 3563 m hohen Trafoier Eiswand. Die Besetzung dieses wilden, zerrissenen, ungeheuer steilen und vergletscherten und von der österreichischen Seite fast unzugänglichen Hochgebirgszuges, von dem aus der Gegner wie durch ein Eckfenster in den Rücken der österreichischen Stilfser-Joch-Stellung und durch das Trafoital hinaus bis ins obere Vinschgau sehen konnte, war für die Österreicher wie ein Pfahl im eigenen Fleische. Die sonst geschlossene Eisfront quer über die Gipfel der Ortlergruppe war durch diese Besetzung auf einer beträchtlichen Strecke unterbrochen. So war es denn fast eine dringende Notwendigkeit, in den Besitz dieses zum Himmel strebenden Kammes zu gelangen.

Schon im Jahre 1916 hatte man von österreichischer Seite daran gedacht, die Besetzung der Trafoier Eiswand durchzuführen, mußte den Plan jedoch wegen Mangel an hochalpinen Truppen fallen lassen. Nunmehr, nachdem der Gipfel vom Feinde besetzt worden war, und von diesem mit großem Fleiße sehr fest ausgebaut wurde, und über ein ganzes System von Verteidigungslinien in Fels und Eis, Batterien und Seilbahnen verfügte, schien der Plan, die Trafoier Eiswand mit stürmender Hand zu nehmen, ein fast aussichtsloses Beginnen.

Frontweg am Firngrat der Trafoier Eiswand, 3563 m (Ortlergruppe). ➔

Nur ein Angriff von Westen konnte versucht werden. Hiebei kamen vier Möglichkeiten in Betracht: Ein Vorgehen über den wenig spaltenreichen Campoferner gegen den Passo dei Camosci, 3201 m, und nach Einnahme desselben ein Stoß gegen Norden längs des Grates zum Gipfel; ein Angriff von der österreichischen Schulterstellung auf 3419 m direkt gegen den Gipfel; eine gleichzeitig durchzuführende Kombination dieser beiden Angriffe und endlich ein Vorarbeiten in der längs des Nordfußes der Eiswand sich hinziehenden tiefen Randkluft. Die erste Variante mußte in Anbetracht der geringen vorhandenen Kräfte fallen gelassen werden, weil mit dem Besitze des Passo dei Camosci allein das Schicksal der Trafoier Eiswand durchaus noch nicht besiegelt war. Der Aufstieg von diesem Passe zur Gipfelstellung wäre an sich sehr schwer und unter dem vernichtenden Kreuzfeuer von der Gipfelstellung, vom Beckmanngrat und von der Gegend um Punkt 3046 aus ein sicherlich verlustreiches, ein kaum aussichtsvolles Unternehmen gewesen. Die zweite Variante, den Stier sozusagen bei den Hörnern zu packen, konnte, nur überraschungsweise bei Nacht und Nebel durchgeführt, auf Erfolg hoffen lassen. Dieser Aufstieg war selbst für Alpinisten von hoher Klasse sehr schwierig und bei Nacht undurchführbar. Seine Ausführung unter dem Feuer des Gegners wäre wohl ungemein verlustreich gewesen, zumal der Angriff wegen der Enge des Aufstiegsgeländes nur einzeln, Mann für Mann hintereinander, denkbar gewesen wäre. Mit diesen beiden Möglichkeiten wurde auch die Ausführung der dritten hinfällig. Auch die vierte Variante, sich in der längs des Nordfußes der Eiswand bis zu den Eiskögeln hinziehenden, tiefen Randspalte vorzuarbeiten, erwies sich mit Rücksicht auf den sicher zu gewärtigenden, ungeheuren Arbeits- und Zeitaufwand ebenfalls als undurchführbar.

Wenn jemals eine Nuß hart war, dann war es diese. Und so entschloß man sich mit den gleichen Mitteln wie bei der Eroberung der Hohen Schneid vorzugehen und durch die allerdings langwierigen, aber Erfolg versprechenden Arbeiten an einem Eisstollen ans Ziel zu gelangen. Im Frühjahr 1917 traf Hauptmann Molterer alle Vorbereitungen, welche hier mit noch schwierigeren Verhältnissen als bei der Hohen Schneid verbunden waren.

Der Stolleneingang wurde in dem obersten Teil des Trafoier Ferners, in der tiefen, vom Gegner nicht eingesehenen Einsenkung nördlich unserer Schneeglockenstellung gewählt und ein Transportseilzug dahin angelegt. Der Angriffstunnel zog sich von dort in einigen Serpentinen außerordentlich steil quer durch den stark wandernden, daher fortwährende harte Profilnacharbeiten erfordernden Hängegletscher direkt gegen die Gipfelstellung der Trafoier Eiswand auf 3563 m hinauf.

Öfter noch als beim Eisstollen auf der Hohen Schneid kam der im Bau begriffene Tunnel durch die starke Bewegung des Gletschers an mehreren Stellen zum Einstürzen, so daß die im Tunnel arbeitende Mannschaft verschiedene Male ganz von der Außenwelt abgeschnitten war. Zu allem Glück führte aber keiner der Einstürze zu einer Katastrophe.

Der Ausbruch und die Wegnahme der gegnerischen Stellung wurde für die frühen Morgenstunden des 1. September 1917 in Aussicht genommen und durch die Hochgebirgskompagnie 30 unter dem Kommando des Oberleutnants Bayer durchgeführt.

Als der überraschende Ausbruch gelungen und der schlaftrunkene Gipfelposten in Empfang genommen und die feindliche Alarmleitung abgeschnitten war, zeigte sich,

Geschütz am Pleißhorn, 3754 m, gegen Thurwieserspitze, 3652 m, und Trafoier Eiswand, 3563 m (Ortlergruppe). ➔

Radiostation auf der Eisseespitze in 3230 m Höhe im Ortlergebiet.

Artillerie-Beobachter am Ausgang eines Eisstollens ➔

daß die Stellungsbesatzung in einer Baracke untergebracht war, die südlich der Gipfelstellung auf einer Felsstufe 50 Meter tiefer lag. Kurz entschlossen seilte sich Oberleutnant Bayer mit einem seiner Leute über die steile Felswand ab, um den Feind, der durch den Lärm schon aufmerksam geworden war und zu schießen begann, wenn möglich in seiner Unterkunft dingfest zu machen. Die in den Fels- und Eiszacken nächst der Ausbruchstelle eingenisteten Leute der österreichischen Patrouille unterstützten das Vorgehen der kühnen Seilpartie, die in heftiges Feuer gekommen war, durch wohlgezielte Schüsse. Eine Anzahl Italiener war nur notdürftig gekleidet aus der Baracke herausgelaufen, ein Teil befand sich noch in derselben. Es kam zu einem erbitterten Handgemenge, und schließlich mußte sich die italienische Besatzung ergeben. Zwei Offiziere und 30 Mann wurden gefangen, reiche Verpflegungs- und Waffenvorräte und eine ganze Kompagniekanzlei mit wertvollen Aufzeichnungen, Befehlen, Fotografien und Karten erbeutet. Der Gegner hatte durch Absturz, Gewehr- und Handgranatenfeuer schwere Verluste erlitten.

Die neue Besatzung richtete sich in den feindlichen Linien sofort ein. Schon einige Stunden später versuchte der Gegner durch eiligst herangebrachte Reserven mit einem Gegenangriff den Gipfel wieder zu erobern, was ihm jedoch mißlang.

Der weitere Plan ging zunächst dahin, die Besatzung der neu eroberten Stellung erst ordentlich zu basieren und alle Vorbereitungen zur überaus schwierigen Weiterführung dieser Aktion, das Vorarbeiten gegen die von den Italienern besetzte Thurwieserspitze, 3652 m, und den Ortlerpaß, 3353 m, damit die restliche Besitznahme dieser so ausschlaggebend wichtigen Frontlücke zu treffen. Der hochalpine Winter stand vor der Tür, man mußte also rasch handeln.

In diesen Vorbereitungstagen wurde die Gipfelbesatzung durch das konzentrische, sich oft zu großer Heftigkeit steigernde Artilleriefeuer der feindlichen Batterien bei der Capanna Milano, 2877 m, bei der Baita del Pastore, 2212 m, vom Monte Forcellino, sowie der weittragenden Geschütze auf dem Monte Braulio, 2986 m, westlich des Stilfser Joches, empfindlich gestört. Überdies ereignete sich gerade in diesen kritischen Tagen wieder ein schwerer Einsturz im Eistunnel, dessen Behebung nahezu einen ganzen Tag in Anspruch nahm. Während dieser Zeit konnte nichts in die schwer beschossene Stellung gebracht werden. Die ungewöhnlich scharfe Artillerietätigkeit ließ vermuten, daß der Gegner eine größere Unternehmung zur Wiedereroberung der für ihn so außerordentlich wertvollen Stellung plane. Es stand nun die schwerwiegende Frage zur Entscheidung, ob man sich mit dem erreichten, großen Erfolg dieses denkwürdigen Kampfes in den höchsten Hochgebirgsregionen zufrieden geben, und die Stellung wieder räumen, oder ob man es auf den voraussichtlich schweren Kampf ankommen lassen solle. Die hervorragende taktische Bedeutung der Gipfelstellung auf der Trafoier Eiswand, sowie das Vertrauen in die Tüchtigkeit und in den Opfermut der glänzenden Hochgebirgstruppen, die sie besetzt hielten, ließen trotz aller Bedenken den letzteren Entschluß reifen.

Drei Tage später, am 3. September 1917, an einem klaren und sichtigen Vormittage erfolgte der erwartete feindliche Gegenangriff unter rücksichtsloser Einsetzung von Menschen.

Heftiges konzentrisches Artilleriefeuer lag seit dem Morgengrauen auf der Gipfelstellung, so daß der an diesem Tage das Stellungskommando führende Kaiserjägerleutnant Kurzbauer alle Mühe hatte, durch geschicktes Decken unnötige Verluste bei seiner Mannschaft zu vermeiden. Dann griff der Feind in drei starken Kolonnen die Stellung

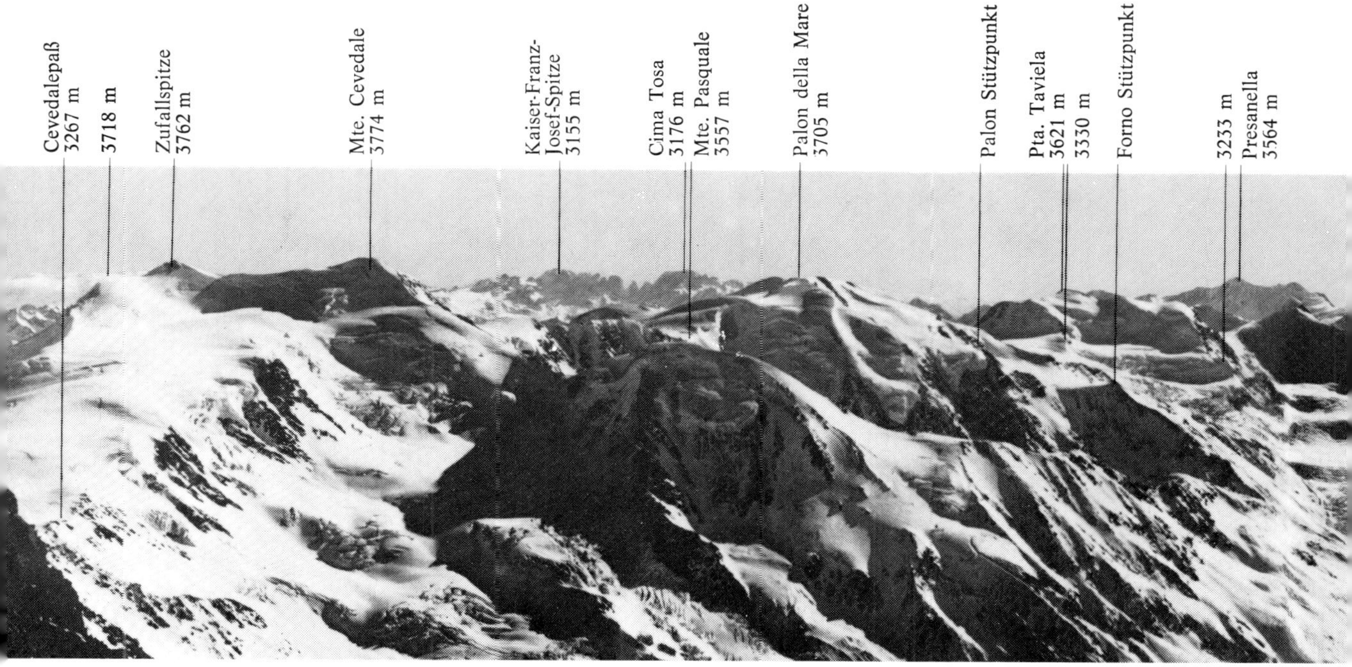

Kriegsgebiet vom Cevedale bis zum Pizzo Tresero, aufgenommen von der Schulter der Königsspitze.

an: Eine Staffel stieg vom Passo dei Camosci empor, eine zweite vom Camoscigletscher, eine dritte kletterte längs des Beckmanngrates von der Thurwieserspitze her. Ein zehnfach überlegener Feind rannte gegen das lächerlich kleine Häuflein der Gipfelbesatzung an. Die ganze österreichische Artillerie des Abschnittes, die Batterien vom Ortler, 3902 m, und vom Pleißhorn, 3154 m, die Geschütze der Madatschstellung, 3432 m, die Kanone am Nashorn, 2917 m, und die zwei Feldhaubitzen am Monte Livrio, 3117 m, vereinigten ihr Feuer in den kleinen Angriffsraum. Von allen Gipfeln ringsum konnte man beobachten, daß der Feind schwerste Verluste erlitt. Zahlreich sah man die Alpini vom Beckmann- und Camoscigrat in die furchtbaren Tiefen auf österreichischer und auf italienischer Seite abstürzen. Heldenmütig bewährte sich die kleine Schar der Gipfelverteidiger unter ihrem schneidigen Anführer, der mehrfach verwundet wurde. Ihre Maschinengewehre räumten unter den vorwärtsstürmenden Feinden furchtbar auf. Aber bald war durch eine Umgehungsbewegung des Gegners, die den Eistunnel blokkierte, der kleinen Schar der Rückzug abgeschnitten. Der Feind drang in die Stellung ein und besetzte sie. Von den 15 Mann der österreichischen Besatzung waren 8 gefallen, der Rest mehr oder weniger schwer verwundet. Mit letzter Kraft vernichteten sie noch ihre Maschinengewehre, dann wurden sie gefangengenommen. Die Verteidigung der Trafoier Eiswand zählt zu den schneidigsten Heldentaten, die das Hochgebirge im Weltkrieg gesehen hat.

Ein einziger Mann der Besatzung entging durch eine abenteuerliche und halsbrecherische Flucht über den Gletscher zur Schneeglocke der Gefangennahme. Seine Meldung über den letzten Kampf auf der Spitze war ein echtes Heldenlied.

Das zerschossene Hotel auf dem Stilfser Joch, 2756 m, gesehen von der Dreisprachenspitze. Darüber die Stellungen einer Kanonenbatterie. Rechts der Monte Scorluzzo, 3094 m, die vorderste Linie.

40 STUNDEN AUF GLETSCHERN

Es galt, die Erstürmung der italienischen Zebrùstellung in der Ortlergruppe vorzubereiten. Zu diesem Zwecke mußten in den Rücken der feindlichen Stellungen im Raume Capanna Cedeh, 2700 m, und Passo dello Zebrù, 3020 m, Aufklärungspatrouillen vorgeschickt werden. Das Heranarbeiten an den Gegner, der in diesem Abschnitt bis zu 3 und 4 km, durch Gletscher getrennt, von unseren Linien entfernt war, war für Patrouillen eine besonders schwierige und gefährliche hochalpine Aufgabe.

Drei Gendarmerieunteroffiziere, welche die Gegend kannten, wurden für dieses Unternehmen ausgesucht. Wachtmeister Schober mit 40 Mann und einer Musketenpatrouille hatte die eigentliche Aufgabe durchzuführen. Zwei starke Patrouillen sollten durch Vorgehen in der Flanke die Sicherung der Hauptpatrouille übernehmen.

Unterstände und Artilleriestellungen am Cevedale, 3778 m. Links Königsspitze, 3860 m, und Königsjoch, 3295 m.

Es war bei Tag nicht möglich, aus der österreichischen Stellung auf den Cevedalepaß, 3267 m, über den steilen Cedehgletscher gegen die italienischen Vorstellungen abzusteigen, da die Patrouillen auf den deckungslosen, weiten Gletscherfeldern zu dankbare Ziele für die Maschinengewehre und Scharfschützen des Gegners gewesen wären. So wurde unter ungeheuren Beschwernissen der Abstieg in der Nacht begonnen. Schritt für Schritt kämpfte sich die Patrouille, vorsichtig tastend, durch die Spalten des Gletschers. Zu den tausend Gefahren des Gletschers kam aber noch jene der feindlichen Feldwachen, von denen man nicht wußte, wo sie lagen, und denen die Patrouille geradewegs in die Gewehre rennen konnte.

Mit wunderbarem Spürsinn führte der Patrouillenkommandant seine Leute über den Gletscher, über die steilen ins Tal abstürzenden Felshänge und schließlich lautlos

Im Hintergrund: Bildmitte Punta San Matteo, 3692 m, ganz rechts Pizzo Tresero, 3620 m, gesehen von den österreichischen Stellungen auf dem Monte Vioz, 3650 m. Die Erstürmung der Punta San Matteo durch die Italiener und ihre Wiedereroberung durch österreichische Hochgebirgskompagnien waren die höchsten Kämpfe des Weltkrieges.

schleichend zwischen den italienischen Feldwachen durch gegen die feindliche Hauptstellung. Dort begann die Patrouille ihre Arbeit. Rastlos streifte sie Stunde auf Stunde die ganze Nacht durch das Gelände, stöberte die Telefonlinien der Feldwachen auf und durchschnitt sie, wo sie konnte. Dann gelang es dem Wachtmeister und seinen Leuten, von rückwärts an eine Feldwache anzuschleichen und diese im erbitterten Handgemenge niederzumachen. Die Nacht war gestört, von allen Felswänden scholl der Kampflärm zurück, die übrigen Feldwachen und die Truppen der Hauptstellung griffen in den wirren, nächtlichen Kampf ein. Von allen Seiten beschossen, war die Patrouille gezwungen, sich auf den Rückweg zu machen. Starke feindliche Kräfte gingen aus der Hauptstellung vor.

Die Lage der Patrouille war nun äußerst kritisch geworden. Ein Zurückgehen über die steilen Felshänge aufwärts war nicht mehr möglich, weil es inzwischen Tag geworden war. So blieb dem Patrouillenkommandanten kein anderer Entschluß, als sich in dem wilden Felsgehänge möglichst günstig zu postieren und den verzweifelten Kampf gegen die feindliche Übermacht aufzunehmen. Alles hing davon ab, daß es der Patrouille gelang, die Angriffe tagsüber abzuwehren, um mit dem Einbruch der Dunkelheit über die Gletscher zurückgehen zu können.

Die höchste Feldwache des Krieges, aufgenommen vom südlichen Flügel des Cevedale (Ortlergruppe).

Siebzehn Stunden lag nun die kleine Abteilung in härtestem Abwehrkampf und wies alle Angriffe des Gegners ab.

Endlich brach die heißersehnte Nacht herein und die zu Tode erschöpfte Patrouille konnte sich vom Feinde loslösen und den Aufstieg über die Gletscher beginnen. Die Schwierigkeiten dieses Rückmarsches wuchsen ins Ungemessene. Seit 30 Stunden waren die Leute marschierend, kriechend und kämpfend in Fels und Eis und mußten nun wieder in stockdunkler Nacht den gefährlichen Weg zum Cevedalepaß hinauf. Und diese müden Menschen, die selbst kaum mehr imstande waren, sich auf den Beinen zu halten, trugen fast jeder zweite noch einen verwundeten Kameraden auf den Schultern.

Nach vierzigstündiger Abwesenheit rückte die Patrouille in ihre Stellung auf dem Cevedalepaß ein.

Oberstlt. W. Schaumann

Wege zwischen Stacheldraht und Kavernen

Die Südwestfront heute

Das Kampfgeschehen der Jahre 1915—18 an der alpinen Südwestfront gehört heute bereits der Vergangenheit an. In den Tälern sind die Spuren fast zur Gänze gelöscht. Die Berge jedoch tragen nach wie vor tief eingeschnittene Laufgräben in ihren Flanken. Langsam in sich zusammensinkende Barackensiedlungen klammern sich an schmale Felsbänder an. Lange Stollensysteme winden sich durch den Fels. Leblose Kaverneneingänge und Schießscharten zeigen ihre dunklen Öffnungen hoch über den Tälern. In Kaminen hängen die Reste von Leiteranlagen, die schlaffen, rostenden Seilversicherungen. Geröllhalden sind bis tief hinab bedeckt mit Pfosten, alten Schuhen, verbogenem Blech und Konservendosen. Es scheint, als ob die Berge selbst diese Spuren auf ihren Höhen löschen wollten, die jedoch unwandelbar in sie eingegraben sind. Die Schritte der Soldaten auf den Höhen sind verklungen, doch die Front hat sich selbst ein historisches Erinnerungsmal gesetzt.

Zwischen den Sextner Dolomiten und dem Dreizinnenplateau

Die langsam versinkenden Spuren des alten Frontweges ziehen als noch immer erkennbares Band die Schutthalde aufwärts. In den ersten Schroffen öffnet sich der Eingang zu einer Kaverne. An der Felsdecke im Innern hängen Hunderte Tropfen. Langsam lösen sie sich von der Decke, neue bilden sich. Am Boden das dunkle, modernde Holz einer Baracke.

Weiter führt der Weg aufwärts. In den Felsen die Reste von Seilversicherungen. Sie markieren mit rostfarbenen Spuren den weißen Fels. Ab und zu ragen Stücke von Drahtseilen, zu Fragezeichen geformt, aus dem losen Schutt.

Am Fuß der Felswände zieht der Steig entlang, verzweigt sich auf die Felsbänder, die weiter hinaufführen. Knapp oberhalb sind Flacheisen montiert, die noch die weißen Köpfe von Isolatoren tragen. Der Draht, der hier einst die Verbindung vom Gipfel hinab in das Tal vermittelte — in den langen Wochen der Kriegswinter oft die einzige Verbindung einsamer Feldwachen und Höhenstellungen — ist längst verschwunden.

Unvermittelt zeigt sich in der Wand eine tiefe Öffnung, schräg führt ein Gang mit schuttbedeckten Treppen aufwärts. Zur Linken bricht ein Schacht in die Tiefe ab. Eine zerborstene Leiter vermittelte einst den Zugang in die tiefer gelegene Galerie. Unter dem eigenen Schritt rollt ein Stein herab, fällt zunächst lautlos und schlägt dann auf. Langsam verklingt sein Poltern in der Tiefe der Stollenanlage. Weiter zieht der Gang hinauf. Das Licht der Taschenlampe gleitet über zerrissene Bergschuhe, hoch sind ihre eisenbeschlagenen Sohlen aufgebogen. Gekrümmte Eisenteile liegen, scheinbar sinnlos verstreut, am Boden; in einer Ecke die Kisten einstiger Munitionsverschläge.

◆ Ortler-Vorgipfel. Unterstand in einer Eishöhle

Dann fällt ein schwacher Lichtschimmer in den Gang. Eine Galerie zweigt hier ab, die schmalen Schlitze der alten Schießscharten sind eisenarmiert. Daneben die größeren Öffnungen, aus denen einst die Maschinengewehre ihre flankierende Wirkung auf das Vorfeld streuten.

Plötzlich endet der Stollen. Seine Wand trägt noch die Spuren der Preßlufthämmer, die einst die militärische Planung noch weiter in den Berg vorantreiben wollte.

Aus dem Stollen zurückgekehrt führt der Steig weiter hinan. Wo er mit Brücken über exponierte Stellen hinwegsetzte, sind heute nur mehr vermorschte Reste der tragenden Balken auf den einstigen Widerlagern sichtbar. Tief unten am Fuß der Wand liegen die Trümmer von Stegen und Baracken hingestreut. Heute ein fast sinnloser Anblick, früher beabsichtigte Verbindung und Schutz vor den Kräften der Natur.

Dann ist das kleine Gipfelplateau erreicht. Schützend umgibt es jetzt noch ein Ring von Schanzgräben, engmaschige Drahtnetze, schottergefüllt, bilden auch jetzt noch eine Wallburg, an deren Rand das Balkengewirr einer in sich zusammengesunkenen Baracke liegt. Die einst schützende Schicht der Dachpappe hat sich zu einem schwarz-weißen Mosaik mit dem feinen Schotter vermengt. Nebel steigen die Wand herauf, der einsame Ruf einer Bergdohle verklingt.

Ein einst tief in naturgewachsenen Fels gehauener Schützengraben zieht von hier hinab auf die Hochfläche. Sein Zickzacklauf, mit den wie Erker vorspringenden Sappen, mündet in ein ganzes System von Lauf- und Schützengräben. Die unförmigen Betonklötze einstiger Bunker, jetzt schrägliegend, sind durch das eigene Gewicht eingesunken. Die Narben zahlreicher Geschoßeinschläge in ihrem Betonmantel sprechen von dem erbitterten Ringen um diese Höhen. Oft stößt der Fuß klirrend gegen Geschoßsplitter, die in bizarr zerrissenen Formen zwischen den spärlichen Gräsern aus dem Schutt ragen.

Im Beton eines Stolleneinganges eine kaum noch lesbare Tafel. Sie berichtet von den einstigen Erbauern, einem Innsbrucker Landsturm-Bataillon. Gewunden führt eine Wendeltreppe hinab. An den Wänden wechseln dunkle Streifen von Moos mit Resten von stützenden Balken ab. Dann glitzert im Licht der Lampe ein Wasserspiegel auf dem Grund der Stollenanlage. Der Weiterweg ist verwehrt. Ganz vorne wird noch die sich verjüngende, breite Betonöffnung sichtbar, durch die einmal ein Geschützrohr auf die gegnerischen Stellungen drohend hinausragte.

Allmählich führt der Steig zurück zur Schutzhütte, vorbei an den Resten von Drahtverhauen.

Ungezählt sind diese Wege zwischen den Sextner Dolomiten und dem Dreizinnenplateau, die zu den ehemaligen italienischen und österreichischen Stellungen führten. Heute sind sie zu einem gemeinsamen Wegnetz verbunden. Den Kletterer und den Bergwanderer leiten sie durch das ganze Gebiet, von der Sentinellascharte über den berühmten Alpiniweg bis zur Zsigmondyhütte. Den Wanderer bringt der Höhenweg von dieser Hütte mitten durch die Reste der Stellungen bis zum Paternsattel. Artilleriestellungen, Schützengräben, Barackenreste sind die Wegbegleiter entlang der ganzen Wanderung. Der Normalanstieg auf den Paternkofel ist jener Weg, den die Alpini von der Gamsscharte hinabführten bis zu einem fast endlosen Gang, der am Sextenstein mündet.

Monte Piano

— schwer umkämpfter Eckpfeiler der Dolomitenfront. Einst begehrtes Durchbruchsziel zur wichtigen Nachschubverbindung der Österreicher im Pustertal, heute bequem auf der alten italienischen Militärstraße mit dem Auto erreichbar. Seine beiden Kuppen tragen heute noch die Narben der schweren Kämpfe. Auf ihnen stehen noch vereinzelt alte Steine, die einst die Grenze zwischen der Republik Venedig und Österreich-Ungarn bezeichneten.

Warm liegt die Herbstsonne auf dem Berg. Ganz leise bewegt sich das herbstlich braune Gras im Luftzug. Auf der Südkuppe Gedenksteine zur Erinnerung an die hier gefallenen Alpinioffiziere. Neben dem österreichischen Laufgraben auf der Nordkuppe blickt ein aus ehemaligen Barackenholz gezimmertes Kreuz herüber.

Jäh brechen die Wände des Monte Piano zum Höhlensteintal ab. Einst stand hier an die Felsen geduckt eine Stadt von Baracken der österreichischen Verteidiger. Ein Stollen mit zahlreichen Treppen führt auch heute noch zu ihr hinab. Ein ganzes Trümmerfeld bedeckt die Felsbänder und Schutthalden, feste steinerne Sockel bezeichnen die Standpunkte der Baracken. Gewaltige Betonquadern markieren die Seilbahnstation.

Drüben auf der Nordostseite dasselbe Bild. Halb in der Luft hängende Bretterwege sind die Spuren einstiger Verbindung. Über ihnen in der Wand ein betoniertes Oval. Soldatenhände hatten hier ein kleines Votivbild angebracht. Ein riesiger Haufen dunklen Blechs zeigt sich beim Herankommen als ein wahrer Berg von Konservendosen. Er bezeichnet den Standort der ehemaligen Küchenbaracke. Meine Hand hebt eine dieser zahlreichen Konservendosen auf. An ihrem Boden eine eingeprägte Schrift. Nach einigen Reinigungsversuchen wird sie wieder lesbar: K. u. k. Konservenfabrik Bozen 1915. Scheinbar längst unbrauchbar gewordene Konservendosen können so manchmal dem Suchenden Aufschluß geben über die Herkunft einer Stellungsbesatzung: Vom Deutschen Alpenkorps über die Honved bis zu den italienischen Verbänden führt dieser Weg der einfachen Entschlüsselung.

Ein verfallener Frontweg windet sich das Felsband entlang. Teile von Leiteranlagen hängen in den Kaminen, sie führten zu Feldwachen oder Kuppenstellungen. Auf Felsabsätzen ruhen schief die Reste von Baracken. Dann wird ein Eingang in der Felswand sichtbar. Verzweigte Stollen leiteten von hier zum Stellungssystem auf der Kuppe. Über dem Haupteingang in Beton gegossen der Adler der Tiroler Kaiserjäger.

Einsam verklingt auch auf diesem Weg der eigene Schritt. Tief unten das dunkle Band der Autostraße, das freundliche Grün des Dürrensees.

Monte Cristallo - Forame

Eine Kabinenbahn führt mühelos hinauf zur Scharte, die sich tief in den Kamm einschneidet. Unter der Seilbahntrasse zieht das gewundene Band des alten Frontweges in gleicher Richtung empor. In beschwerlichem Marsch strebten auf ihm einst die Soldaten ihren Stellungen zu. Zahlreiche Eisenleitern bezwingen die Felsabsätze des Kammverlaufes. Eine kühne Seilbrücke schwingt sich viele Meter hoch über dem Abgrund. Entlang des ganzen Weges die Ruinen von Baracken, teilweise noch sehr gut erhalten. Reste von Feldwachen schmiegen sich in Felsnischen, Sockel und Fundamente von Seilbahnen ragen wuchtig auf ihren Standplätzen empor. Von ihnen führten einst die Zug- und Tragseile als Lebensader der Front hinab ins Tal. Von Wind und Regen zernarbte Brücken leiten über exponierte Stellen der Wand.

Stundenlang zieht der Steig entlang des Kammverlaufes, vorbei an den Spuren der alten Front. Weit reicht die Sicht über das Talbecken hinüber zu den Bergen der Dolomiten.

Dann nimmt einen die Waldregion auf. Vorüber an alten Artilleriestellungen und Resten von Magazinen erreicht man nach der Stille des Höhenweges die Strada d'Alemagna.

In den Bergen der Fanes

Gleich unterhalb der einsamen Almhütte entspringen kräftige Quellen, deren kurzer Lauf im klaren Wasser des kleinen Sees mündet. Bald hinter diesem beginnt die österreichische Kriegsstraße, von der ein Gewirr von Frontsteigen abzweigt, die sich wieder im Gelände verlieren. In steter Steigung führt der alte Saumweg unter den Wänden aufwärts. Auf Felsbändern und am Kamm werden überall die Spuren der Verteidigung sichtbar. Die Arme von Seilbahnstützen ragen, sich klar abhebend, empor, frei von der Last der Seile. Oben knapp unterhalb des Kammes das Gewirr eingestürzter Baracken, die dunklen Augen der Kavernen. In steilen Serpentinen gewinnt der Frontweg die Höhe einer Steilstufe. Die gemauerten Kehren sind teilweise in sich zusammengesunken. Geradlinig zieht hier die neue Wegspur empor, wo früher weit ausholende Serpentinen den Hang bezwangen. Laut plätschernd springt die Quelle aus der Felsspalte oberhalb des Weges, auf dem die Reste einer einstigen Quellfassung liegen. Für die Soldaten der Höhenstellungen war es die einzige Möglichkeit der Trinkwasserversorgung. Ungezählte Träger marschierten hier mit ihren gefüllten Wasserbehältern hinauf zu der Höhenstellung.

Dann öffnet sich ein schuttbedecktes, weites Kar. Wie Kulissen steht das Oval der Felswände. An ihrem Fuß liegen die Reste von Baracken, als dunkle Flecken auf weißem Gestein verstreut. Türstöcke ohne Türen stehen einsam aufrecht, beraubt der anschließenden Wände. Vom Fels hängt ein Barackendach herab, sich auf einen einzigen Pfosten stützend. Künstlich gestufter Fels führt zu den Stellungen am Kamm. Durch Schießscharten leuchtet das Blau des Himmels herab auf den Weg.

Um eine Felsnase herum folgt der ständig steigende Weg weiter dem Kammverlauf. Tief eingerissene Schluchten übersetzt er mit kühnen, weitgespannten Brücken. Wie auf müden Stelzen verspreizen sich die schweren Pfosten der tragenden Balken gegen die Widerlager. Vor über 50 Jahren schleppten die Soldaten Stück für Stück dieser schweren Lasten auf der in Entstehung begriffenen Weganlage empor. Ebenso viele Winter sind über die Berge gezogen. Sie nagten an der Kraft des Holzes, brüchig und morsch ist es geworden, schwammig und aufgequollen der Holzbelag. Bei jedem Schritt schwingt die Brücke, deren Mittelpunkt sich von Jahr zu Jahr mit steigendem Verfall tiefer senkt.

Dann ist der Gipfelaufbau erreicht. Breite Stützmauern tragen die künstlich ebenen Flächen, die dem Fels abgerungen wurden. Zahlreiche Eingänge führen in das Innere des Felsens, sie verbinden sich dort zu einem ganzen System von Gängen, die wieder in Kavernen münden. Von den Schießscharten geht der Blick über senkrechte Felswände hinab in das einsame Dolomiten-Hochtal, hinüber zu den hoch aufragenden Flanken der Berge, auf denen einst die Alpini ihre Stellungen hatten. Auch drüben die dunklen Augen der Ausschußöffnungen. Heute liegt die große Stille und Einsamkeit der Berge wieder über der Landschaft.

Lagazuoi

Fast unmittelbar über dem verkehrsreichen Paß ragen die Felswände jenes Berges auf, um dessen Besitz sich einst erbitterte Kämpfe abspielten. Heute verbinden die stählernen Seile der Drahtseilbahn den Paß mit dem Gipfel. Sie durchschneiden jenen Raum, der in den Kriegsjahren erfüllt war von der Detonation der Geschosse. Die tastenden Finger der Scheinwerfer glitten hier Nacht für Nacht, jede kleinste Spur menschlichen Lebens suchend, über diese Felsen.

Gleich unter dem Schutzhaus schmiegen sich die kärglichen Reste der österreichischen Gipfelstellung an die Felsen. Nicht weit davon mündet ein Stollen, den uner-

Baons-Kommando und alpine Weganlage zu den Stellungen auf der N-Kuppe, Mte. Piano.

müdliche italienische Sappeure vom Fuß der Wand bis zum höchsten Punkt emporbohrten. Nun wieder gangbar gemacht, leiten in seinem Inneren Drahtversicherungen und Treppen sicher hinab. Schießscharten öffnen sich zum Ausblick auf die umkämpften Felsbänder und die umliegenden, einst kampfumbrandeten Berge. Aus ihnen ragten früher die Läufe der Maschinengewehre, heute sind es die Objektive der Fotografen.

Gewaltige Sprengungen erschütterten den Berg. Beide Gegner versuchten, damit die Stellungen an ihren exponiertesten Bändern und Graten zu zertrümmern. Zwei gewaltige Schuttströme erstrecken sich vom Fuß der Wand noch weit hinab, alles Grün der Wiesen und Latschenfelder hinwegwischend. Die Wucht der Minen riß sie aus dem Fels des Berges, der heute noch nicht zur endgültigen Ruhe gelangt ist. Immer wieder poltert Steinschlag, stürzen große Felsstücke aus der aufgerissenen Wand.

Col di Lana

Fast unvermittelt endet die schmale italienische Kriegsstraße im Grün der letzten Almflächen. Kriegswege ziehen die steilen Bergflanken empor, über die italienische Soldaten so lange vergebens anstürmten, bis man sich entschloß, der zähen Verteidigung durch eine große Minensprengung ein Ende zu bereiten. Halb verschüttete Schützengräben kennzeichnen die ehemalige Riegel- oder Schulterstellung, die Standschützen und Kaiserjäger so lange verteidigten, bis sie Mann für Mann von der Übermacht niedergerungen wurden. Leise nicken die Glockenblumen heute im Wind, der über den Grabenrand hinwegstreicht.

Steiler werdend führt der Pfad zum Gipfel. Dort mahnt eine schlichte Holzkapelle an vergangene Opfer. Sie ruhen heute noch zum Teil unter dem von der Gewalt der Mine zerrissenen Grat.

Bilder vom Tag nach der Explosion der Mine zeigen den Berg übersät mit Gesteinstrümmern und beraubt seiner Schneedecke. An deren Stelle klafft ein großer, schwarzer Krater.

Die Zeit hat hier die Wunden des Krieges vernarben lassen. Schütterer Graswuchs hat sich über dem Minentrichter ausgebreitet. Entlang des Gratverlaufes zum Monte Sief werden die Spuren alter Frontwege sichtbar und die Eingänge halb verschütteter Kavernen. In ihnen suchten einst die Soldaten Schutz vor dem Trommelfeuer und vor den unerbittlichen Schneestürmen, die über sie hinwegfegten.

Auf der Pralongia befinden sich die Endpunkte der Schilifte. Sie befördern im Winter Tausende Erholungsuchende schnell zur Höhe, die sich in weiter Runde jenseits der Steilabfälle von Monte Sief und Col di Lana ausbreitet. Über dem Tal steht abschließend und krönend ein großes Gletscherfeld.

Marmolata

Unermüdlich summen am kühn gespannten Tragseil die Wagen der Seilbahn zur Höhe. Hoch über dem Gletscher ragt ein gezackter Kammverlauf auf, der die Hauptkampflinie der Italiener trug. Verfallene Frontwege ziehen an ihm entlang. Tief unten das Grün der Malga Ciapela. Schon damals führte von hier eine Seilbahn herauf. Dahinter die mächtige Kulisse der Civetta. Verbogene Eisenstützen stehen schräg entlang des Weges empor, sie trugen einst das sichernde Seil. Zahlreiche Kavernen öffnen ihre Scharten auf dem Gletscher und geben den Blick frei auf die Serracs und hinüber

Ehem. Bergstation der k. u. k. Seilbahn Landro—Mt. Piano.

bis zum Sellajoch, auf den Langkofel und die Roßzähne. Die österreichischen Stellungen, die sich kilometerweit tief unter dem Gletschereis dahinzogen, sind heute verschwunden. Das wandernde Eis hat sich über ihnen geschlossen.

Am unteren Gletscherrand beginnen nach wie vor die Spuren des Krieges. Auf den beiden steil aufragenden Felsklötzen ziehen auf schmalen Felsbändern verfallene Frontsteige zur Höhe. Neben ihnen in den Felsspalten und Rissen hängt das zerborstene Holz von Baracken. Am Grat werden Brustwehren und rostende Eisenträger sichtbar.

Wandert man über die weiten Karrenflächen, so kommt man an den Resten von Baracken und Batteriestellungen der österreichischen Verteidiger vorüber. Dann steht man vor einem weit verstreuten Trümmerfeld. Halb in sich zusammengesunkene Barackensockel, bis tief hinabgeschleuderte Pfosten und Bretter sind die letzten Spuren einer ganzen Barackenstadt. In Sekundenschnelle brausten über sie eine Million Kubikmeter Schnee hinweg, fast 300 Menschenleben unter ihrer weißen Decke begrabend und auslöschend.

Von Süden führt ein grünes Hochtal in die Marmolatagruppe, umschlossen von steilen Felswänden. Die einst dem Krieg zum Opfer gefallene Schutzhütte ist neu entstanden. Zur Rechten ragt ein einsamer Felszahn auf, einst Stützpunkt der österreichischen Verteidigung. Über seine steilste Flanke bauten Bergführer eine Weganlage. Zweifache Eisenleitern hängen noch heute in der Wand. Sie ermöglichten gleichzeitig einen doppelten Verkehr. Seile der Drahtversicherungen schlängeln sich schlaff auf steilen Schuttfeldern. Luftig und elegant zogen die Bergführer ihren Weg über die Wände, den Soldaten zu jeder Jahreszeit in ihre Höhenstellung einen sicheren Zugang erbauend. Ihre Tritte sind verklungen, einsam und verlassen ist wieder die Wand. Oben am Grat spielt der Wind mit einer Kavernentür. Einst schützte sie das Innere vor den Einflüssen der Witterung. Das Knarren der rostenden Türangeln unterbricht die Stille.

Unten am Soldatenfriedhof in Vigo di Fassa, ganz am Rand, dort wo die Wiesen beginnen, ragt ein einsamer Stein auf: Die Bergführer-Abteilung ihren gefallenen Kameraden.

Le Selle

Weit ausholend sinkt der gezackte Kamm aus brüchigem Gestein zu der sattelförmigen Ausbuchtung des Passes herab. Ein Bild aus dem Jahr 1916 zeigt hier eine ganze Barackenstadt, die sich in mehreren Etagen gestaffelt an den Hang schmiegt. Oben entlang des Kammes die Sandsackburgen der Verteidigung. Am tiefsten Punkt eine starke, von Schießscharten durchbrochene Mauer, wie der innere Ring einer Feste des Mittelalters, scheinbar unerschütterlich fest und dauernd.

Blickt man über die Brustwehr der obersten Feldwache hinab, so erstreckt sich, soweit man talwärts blicken kann, das gewaltige Trümmerfeld jener Barackenstadt, die das Frontbild zeigt. Dort, wo einst die Mauer den Paß sperrte, zieht nun der markierte Touristenweg herüber. Steinsockel und Holztrümmer haben sich zu einem einzigen Torso gefügt. Knapp unter dem Kamm führen aus den Trümmern noch Eingänge in das Innere. Querstehende Stützbalken, Gesteinstrümmer am Boden und schwingendes, rostendes Blech unter den Schritten verstärken hier noch den Eindruck des Ruinenhaften. Dann schimmert Licht aus einer Ecke. Ein stark betonierter Beobachtungsstand ist erreicht. Warm flutet das Sonnenlicht durch den schmalen Sehschlitz herein. Der Blick geht über die Bocche und Lusia hinüber bis zur sonnenüberfluteten Pala-Gruppe. Sie beschließt den Horizont.

Fleimstaler Alpen

Leuchtendes Rot der in Blüte stehenden Almrosen umschließt den kleinen See. Der schreitende Fuß verläßt die schwingenden Moospolster der Cavallazza. Im Anstieg knirscht nun der Schutt steiler Halden. Immer mehr weitet sich der Blick über den Rollepaß hinweg zur Pala-Gruppe. Auf der nahen Schuttrinne mehren sich die Anzeichen früheren Kampfes. Pfosten, Eisenteile und leere Konservendosen, dort ein alter Schuh — sie alle kommen scheinbar dem einsamen Wanderer entgegen, als wollten

Feldwachstellung am Kamm Passo Le Selle-Costabella ➔

sie von jenen kampferfüllten Zeiten berichten, in denen die Angriffe bis zu fünf Mal am Tag die Flanken emporbrandeten. Bersaglieri stürmten, die österreichische Gipfelbesatzung verteidigte verbissen jeden Felsvorsprung.

Drüben an der kleinen Felsnase hängen die Reste einer Leiteranlage schräg herab. Ungezählte Male sind hier die Träger mit all den Dingen des täglichen Lebensbedarfes hinaufgestiegen in die Gipfelstellung.

Steiler bäumt sich der Grat auf, einzelne Kavernen öffnen sich. In einer von ihnen noch die Doppelstockbetten, ein schiefer Tisch. In der Ecke umgestürzt der kleine Eisenofen, am Boden eine emaillierte Feldflasche. Der Gipfel ist umgeben von den Resten der Stellungen, er ist von Blockwerk bedeckt. Über ein Dutzend Soldaten ruhen unter diesen Felsen, durch die Wucht einer italienischen Mine von dem Berg begraben, den sie verteidigten. Warm streicht der Wind von Süden aus dem Cismontal herauf. —

Sieben Gemeinden

Der Lärm der Ausflügler auf den Almmatten ist verstummt. Jene Stunde bricht herein, in der man auch auf diesen Bergen allein für sich ist. Der Gipfel trägt einen Mantel aus zerhauenem Beton. Vernarbt ist die glatte Decke. Rostige Eisenträger ragen aus der Wand. Sie trugen einst die Eisenleitern, die von außen der österreichischen Werksbesatzung den Zugang zu den einzelnen Stockwerken ermöglichte. Spärliche Reste der Dachrinnen ziehen splitterdurchsetzt bruchstückhaft herab. Aus manchen Fensterhöhlen quillt ein breiter Schuttstrom.

Vom alten Verdeck blickt man hinab in einen mauerlosen Raum. Fensterhöhlen geben die Sicht auf der einen Seite frei. Sie reicht mehrere hundert Meter über die senkrechte Felswand hinab in die Valsugana mit den Wasserflächen der schimmernden Seen. Um deren Ufer gleiten bereits die Lichtkegel der Autos, helle Streifen auf die Wasserfläche zaubernd. Immer mehr Lichter von den Ortschaften blitzen herauf. Sie vereinigen sich schließlich zu großen flimmernden Punkten: Levico, Caldonazzo, Calceranica. Dort unten herrschte einst bei Nacht der rastlose Verkehr des Frontnachschubes. Italienisches Störfeuer lag auf den Verbindungen und Straßen. Verdunkelt rollten Züge und Fahrzeuge in den frontnahen Raum.

Ein Jahr lang lag die Kette der österreichischen Sperrforts auf der Hochfläche im schweren italienischen Vernichtungsfeuer. Immer wieder stürmten die Wellen angreifender italienischer Infanterie gegen sie vor. Die Werke spien Tod und Verderben hinaus ins Vorfeld.

Heute liegt das ruhige Licht des Mondes über der Hochfläche, auf ihr das helle Rechteck des nächsten Werkes. Früher verlieh ein Werk dem anderen mit seinen Waffen Schutz. Die zerrissene Rückfront des Forts steht als dunkle Kulisse vor dem nächtlichen Himmel. Über den leeren Trinkwasserbehälter des Forts hinweg zieht der Schatten einer Wolke. Verlassen liegt die alte Armierungsstraße als weiß schimmerndes Band am Hang, ehe sie der Wald aufnimmt.

Ortigara

Karstartig, mit Dolinen durchsetzt, zieht die Hochfläche dahin, bevor sie mit jähen Felswänden zum Tal abbricht, in dem die Brenta nach Süden den Durchbruch erzwingt. Im Juni 1917 traten hier italienische Eliteverbände an, um über die Höhen hinweg den Durchbruch nach Trient zu erzwingen und Rückenfreiheit für die Isonzoarmee zu erkämpfen.

Kavernen-Haupteingang Passo Le Selle.

Drei Wochen tobte der Nahkampf um einzelne Dolinen, um schüttere, aus Steinen aufgerichtete Brustwehren. Als die Kämpfe allmählich endeten, bedeckten das begrenzte Schlachtfeld über 20 000 Tote. Die Front verlief aber unverändert weiter.

Plötzlich mündet die alte Kriegsstraße in einer Senke. Sie führt an eingesunkenen Barackenstädten vorüber, an großen Trinkwasserbehältern, verlassenen Seilbahnstationen. Je höher sich die schlecht erhaltene Straße schraubt, um so mehr sind die Hänge von Granattrichtern durchsetzt. Die Straße endet mit einer kurzen Kehrschleife, als Wendepunkt zwischen unmittelbarer Front und Etappe. Ein hoher, steinerner Wall schützte den weiteren Frontweg vor gegnerischer Sicht und Granatsplittern.

Zahllose Steigspuren zweigen in die Dolinen ab. In ihrem Rund überall die Reste armseliger Unterkünfte, lose Steinmauern mit eingesunkenen, primitiven Bretterdächern. Dann endet auch dieser Weg. Eine Markierung führt jetzt zu der einst schwer umkämpften Höhe. Damals konnte man sich hier nur bei Nacht bewegen. Aber auch da lag das Störfeuer über dem Gelände. Rostende Eisenteile, Kochgeschirrdeckel und eine steigende Anzahl von Konservendosen zeigt die Nähe der Stellung an. Noch heute tief in den Fels hineingesprengt führt der Graben knapp unter dem Kammverlauf dahin. Gegenüber erheben sich die von Schützengräben durchfurchten Hänge der Cima Maora. Über sie fluteten einst die Schwarmlinien der anstürmenden Italiener heran, hinauf gegen Ortigara und Lepozze, gehetzt und gejagt von den Garben des Mg-Feuers. Sie stürmten gegen die österreichischen Stellungen, die unter dem Vorhang des italienischen Trommelfeuers verschwanden. Hier lagen hinter einzelnen Felsbrocken geduckt Kaiserjäger und Infanteristen, sich bis zum letzten Schuß verteidigend. Heute herrscht eine vollkommene Stille über der Landschaft, nur die Luft flimmert in der sommerlichen Hitze.

Am rückwärtigen Hang die Eingänge in Kavernen. Auf beiden Kuppen je ein Denkmal, ein italienisches und ein österreichisches. Stacheldraht und Granatsplitter umgeben sie. Vom Wandabbruch kann man das Stellungssystem verfolgen, wie es gewunden dem Tal zustrebt. Dort liegt auch jenes Grabenstück, in das einst die Alpini einbrachen und den Abschnitt aufrollten. Tief unten strebt auf breiter Straße die nicht endende Kolonne der Urlauberautos dem Süden zu.

Pasubio

Verkarstete, langgestreckte Kuppen erheben sich über einer gewellten, kahlen Hochfläche. Steil brechen die Felsen zum Vallarsa ab. Über zwei Jahre brandeten hier mit unverminderter Heftigkeit geführte Angriffe und Gegenangriffe von Felsburg zu Felsburg. Fast jeder größere Steinklotz wurde zum Schauplatz erbittertster Nahkämpfe. Selbst im Winter ließ hier das Ringen nur für kurze Zeitabschnitte nach.

Drunten im Vallarsa sind die Spuren dieser Jahre fast zur Gänze gelöscht, die kleinen Dörfer wieder aufgebaut, das Grün der Wiesen liegt ohne Granattrichter über den Hängen. Nur vereinzelte Kaverneneingänge entlang der Straße erinnern an jene Zeit. Ist die Höhe des Pian delle Fugazze erreicht, so ändert sich das friedliche Bild des Tales.

In zahllosen Kehren schraubt sich die alte italienische Kriegsstraße den steilen Hang hinauf. Steinsockel, die einst Baracken trugen, wechseln mit einfachen Steinhütten ab, die heute als Almen dienen. Früher boten sie den Alpini und Bersaglieri Obdach, ehe sie zu den schwer umkämpften Bergen weiter hinaufmarschierten. Dann nimmt ein Tunnelportal die Straße auf und führt hinüber in die Felsabstürze, durch die mit Sprengungen die Trasse mühsam gebahnt wurde. Schmale Galerien und Tunnels wechseln einander ab. Dazwischen der Tiefblick in das Tal, durch das große

Seilbahnstation und Unterkünfte am Monte Castello.

Seilbahnen bis knapp unter die italienische Platte führten. Die Sockel der Seilbahnstützen sind ihre letzten Spuren. Im obersten Drittel des Hanges überall die Ruinen militärischer Bauten. Aus einer alten Baracke entstand ein Schutzhaus, hinter dem man die Hochfläche erreicht. Von hier wandert der Blick zurück zu den allmählich in die Ebene absinkenden Höhenzüge. Über ihnen erhebt sich dieser Berg wie ein Eckpfeiler, gleich einer Bastion liegt er schützend vor diesem Panorama.

Weiter führt die Straße noch ein Stück aufwärts, an aufgelassenen Friedhöfen vorbei. Sie geht dann in einen Frontsteig über, der in Serpentinen zum Kamm hinaufzieht. Halb verschüttete Laufgräben vereinigen sich zu einem weitmaschigen System, das immer wieder von kleinen und großen Kaverneneingängen unterbrochen wird. Oben, direkt am Kamm verläuft ein Schützengraben. In ihm ein verschütteter Haupteingang, aus dessen Schuttstrom eine Marmortafel herausragt. Daneben liegt ein betonierter Beobachtungsstand, von dem Eisensprossen in die Tiefe führen. Nach einigen Metern ist die Sohle der Galerie erreicht. Vorbei an gewaltigen, leeren, zerborstenen Trinkwasserbehältern, in die man einst vom Tal herauf das Wasser pumpte, leitet der Hauptstollen weiter in das Innere. Zahlreich sind seine Abzweigungen zu Kavernen, in denen Gebirgsgeschütze und Maschinengewehre ihre Positionen hatten.

Ein Nebeneingang führt wieder an das Tageslicht einer kleinen Schartenstellung. Gleich daneben ein neuer Kaverneneingang. Darüber in einer kleinen Nische die zernarbte Gestalt einer Madonnenfigur, darunter die Tafeln jener Bataillone, die durch diesen Stollen nach vorne marschierten. Weit verzweigte Systeme von Gängen nehmen einen auch hier auf. Sie führen schräg abfallend zu dem vordersten Teil der Stellung. Doch dann ist der Weiterweg verwehrt. Geknickte Pölzungen, wirr durcheinander geworfen, und breite Schuttströme sperren ihn. Verrostete Eisenteile ragen aus dem Gestein empor. Die Wucht der großen österreichischen Minensprengung des Jahres 1918 zerstörte hier das Innere des Berges auf der italienischen Platte.

Dann umfängt einen wieder das Tageslicht. Ein kleiner Steig führt zur Platte hinauf. Oben wieder Lauf- und Schützengräben, die sich wie schützend um die kahle Fläche legen. Im vorderen Teil der italienischen Platte verschwinden sie in einem Gewirr von Blockwerk, das sich zu einem gewaltigen Trümmerfeld riesiger Felsklötze steigert und wie ein Bergsturz zum Eselsrücken hinabreicht. Dieser leitet als flache Einsattelung hinüber zur österreichischen Platte. Die Wucht der österreichischen Minensprengung hat hier die ganze Vorderfront der italienischen Platte auch an der Oberfläche zerrissen und in ein riesiges Trümmerfeld verwandelt.

Von der österreichischen Platte blicken auch heute noch in dem weißen und hellen Gestein fast drohend die nun stummen, schwarzen Schießschartenöffnungen herüber.

Am vordersten Punkt der österreichischen Platte ruhen die wuchtigen Betonklötze von Maschinengewehr-Ständen. Neben ihnen weist ein schmaler Eingang, flankiert von zerborstenen Pfosten in die Tiefe des Berges. Das Licht der Taschenlampe sucht sich zunächst nur mühsam durch das Gewirr einen Weg. Steile, oft senkrechte Seitenschächte, heute ihrer Leitern beraubt, münden gefahrdrohend im Hauptstollen. Dieser führt stark abfallend in die Tiefe. Immer wieder zweigen Seitenstollen ab, sie führen zu Kavernen mit den Positionen von Gebirgsgeschützen, Maschinengewehren und Scheinwerferständen. Drohend hängen lose Klemmblöcke an der Decke, mühsam von vermorschten Stützhölzern getragen. Dann ist die Sohle der stocktiefen Anlage erreicht. Fast waagrecht zieht sie nun dahin. An ihren Wänden noch die Eisenträger und Ringeisen, in denen sich die dicken Bündel der Telefon- und Stromkabel entlangzogen. In gleichmäßigen Abständen folgen die Öffnungen der Belüftungsanlagen, die ehemals die von Pulverschleim und Explosionsgasen erfüllte Luft absaugten und erneuerten.

Immer wieder öffnen sich tiefe Felsnischen, fast phosphoreszierend leuchtet dunkles, vermoderndes Holz, in wirren Haufen zusammengesunken, auf. Einzelne Stützen stemmen sich noch gegen die Decke. Ein paar Bretter mit Dachpappe hängen, von rostigen Nägeln gehalten, an ihnen — Baracken der einstigen Verteidiger. Schuhe, Flaschen, Eisenteile, alte Munitionskisten wechseln mit undefinierbaren rostenden Eisenteilen ab. Dann wieder eine Seitenkaverne. Im Licht der Lampe glitzern wassertropfenbehängte Steine von der Decke herab. Weiße und grüne Farben spiegeln auf ihnen im Kontrast zum Dunkel der Holztrümmer am Boden.

Eine betonierte Treppe führt durch einen Seitengang einen Stock aufwärts. Zwei große Kavernen nehmen einen auf. In der Mitte mehrere große Betonsockel, aus denen schwere, verrostete Schrauben herausragen. Auf ihnen lagerten die großen Motoren, die mit ihrer Kraft die Lichtmaschinen und Kompressoren betrieben. An den Wänden zahlreiche zersprungene Isolatoren, die Befestigung der Stromkabel, die sich aus der Tiefe des ganzen Berges in dem Zentrum der Schaltzentrale vereinigten. Beide Räume mußten die Kriegsjahre hindurch von fast unerträglichem Lärm der dröhnenden Motoren erfüllt gewesen sein. Ihr gleichmäßiges Pochen war bis in entfernte Teile des Stollens hörbar. An weniger von Kampflärm erfüllten Tagen drang es durch den Berg hindurch bis hinüber zur gegnerischen Stellung. Heute herrscht tiefste Ruhe. Nur das Fallen von Wassertropfen auf die Stollensohle ist zu vernehmen.

An die beiden Maschinenkavernen schließt ein kurzer Stollen an, der sich neuerlich zu einer Kaverne erweitert. Hier lagern noch hoch aufgeschichtet die Zementsäcke in Reih und Glied, so wie man sie für die Betonierung einsturzgefährdeter Stollen oder durch Treffer beschädigter Kavernen vorbereitet hatte. Fest liegt die starke, schützende Papierhülle der Säcke noch um den Zement. Doch jeder Sack ist so hart wie das Gestein in der Kaverne selbst. Die in steter Monotonie von der Decke herabfallenden Wassertropfen haben im Verlauf der Jahrzehnte den Zement zu Beton verwandelt, zu einem nun sinnlosen Relikt der Kriegstage.

Wohltuend warm umfängt einen dann wieder das Sonnenlicht. Höhenzug reiht sich an Höhenzug. Sie alle zeigen auch heute noch die Kriegsspuren in ihrem Gestein. Tief unten das karge Grün der einst heiß umkämpften Malga Cosmagon. Auf ihr sind als einziges Lebenszeichen die weißen Flecken einer weidenden Schafherde verstreut. Von Süden aus der Ebene ziehen einzelne weiße Sommerwolken. Sie gleiten, dunkle Schatten werfend, über die Felsen.

Passo Paradiso

Gewunden schmiegt sich das Band der Tonalestraße an den Hang. Zur Rechten überragt es an einer Stelle die Ruine eines alten Forts. Leere Fensterhöhlen und Schießscharten blicken hinaus in Richtung des Passes, dem sie einst Schutz vor Angriffen boten. Die beiden anderen österreichischen Forts auf dieser Hangseite sind hier vom Wald verdeckt und nicht sichtbar. Gegenüber zieht die überwucherte Linienführung einer Armierungsstraße hinauf. Sie endet neben einem weißen Rechteck. Dies ist alles, was von dem ehemaligen Panzerwerk Presanella übrigblieb. Seine Geschütze richteten sich schützend über die Paßhöhe, auf die Hänge des Tonale und hinüber bis zu den Gletschern um die Presena.

Am Tonalepaß moderne Hotels, Kioske mit bunten Ansichtskarten, die wuchtigen Quadern eines Ossariums. Eilig schnurrt die Kabine der Seilbahn zur Höhe. Für das kundige Auge erkennbar am Paß und auf den umliegenden Berghängen die leichte, dunkle Vertiefung einzelner Schützengräben, die in gewundener Linienführung der Höhe zustreben.

Ein bizarr gezackter Grat bäumt sich in einem Felsoval auf. In seiner Mitte der tiefe Einschnitt eines Passes. Weiß glitzert das Gletscherfeld, darunter das freundliche Grün eines kleinen Bergsees. Über die Karrenböden hinweg ziehen Steinmauern, teilweise umgestürzt. Die Brustwehren sind aufgeschichtet aus dem Material, das die Berge so reichlich jenen anboten, die sie verteidigten. In den ersten Wochen des Krieges bildeten sie den einzigen Schutz der wenigen Standschützen und Kaiserschützen, die hier in Stellung lagen. Erst allmählich entstanden einige Kavernen. Drüben am Fuß des Grates Sockel von Baracken, das Trümmergewirr einstiger Unterkünfte. Verstümmelt ragen die Seilbahnstützen empor. Verfallene Frontsteige führen zu einsamen Postenständen und Felsnadeln. Abseits der Wege die Holzfragmente spanischer Reiter, die Bündel rostigen Drahtes. Über das ganze Gelände verstreut die reichste Saat des Krieges: Geschoßsplitter und leere Patronenhülsen.

Alpini stürmten von dem Paß herab, über die freie Fläche des Gletschers. Die österreichischen Verteidiger stellten sich ihnen am Gletscherrand ohne Deckung entgegen. Lange währte das Ringen, dann wurden die Alpini über den Gletscher und über den Paß zurückgeschlagen.

Pausenlos zieht heute der Schlepplift seine Last über den Gletscher hinauf, auf dem überall die Schiläufer als gleitende Punkte sichtbar sind. Der Presenagletscher, einst Schauplatz erbitterter Kämpfe — noch jahrelang gab er nach dem Krieg die Gefallenen frei — ist heute beliebtes Ziel des Sommerschilaufes geworden. Tief unten liegt das grüne Val di Sole. Die Dächer des Dorfes Vermiglio blicken herauf. Sie sanken unter dem italienischen Artilleriefeuer in Schutt und Asche. Bis zum Horizont reiht sich Höhenzug um Höhenzug, der weiße Grat der Punta San Matteo glitzert im Sonnenlicht.

Ausklang

Die Gletscherfelder und Eisflanken haben sich über den Stellungen wieder geschlossen. In den Tälern löscht die menschliche Hand fast zur Gänze die Spuren des Krieges. Die Felsregion trägt aber die Reste jener Front, an der sich die Soldaten beider Seiten in einem harten, unerbittlichen, trotzdem aber ritterlich fairen Kampf gegenüberstanden. Man kann über den Sinn jeder kriegerischen Auseinandersetzung geteilter Meinung sein. Eines bleibt jedoch unverändert bestehen: Die Leistungen und Opfer, die vom einzelnen abverlangt und von ihm in der Gemeinschaft seiner Truppe erbracht wurden.

Die Front in Fels und Eis zwischen Ortler und Isonzo ist inzwischen als einzigartiges und in dieser Form nie wiederkehrendes Kapitel in die Kriegsgeschichte eingegangen. In diesem Raum verbinden sich gleichermaßen Natur und Geschichte zu dem heutigen Bild des Landes, wie es die schicksalsschweren Jahre bestimmten und prägten.

Generaloberst

VIKTOR GRAF DANKL,
1854—1941
der Sieger von Krasnik

Landesverteidigungskommandant von Tirol
Kommandant der XI. Armee
Kommandeur des Militär-Theresien-Ordens

Besonders ausgezeichnet mit dem Großkreuz des Bayrischen Militärdienstordens.

General der Artillerie

KONRAD KRAFFT von DELLMENSINGEN
1862—1953
Kommandeur des Deutschen Alpenkorps

Fronteinsatz d. Deutschen Alpenkorps: Dolomiten (Travenanzes, Tre Sassi, Sief, Col di Lana, Monte Piano, Sexten) und Karnischer Kamm.

Er wurde unter anderem mit dem Pour le Mérite und dem Orden der Eisernen Krone I. Klasse ausgezeichnet.

Leutnant des VIII. Gebirgsartillerie-Regimentes

GUNTHER LANGES
1899—1972

Front: Dolomiten, Marmolata, Monte Grappa, Karnischer Kamm, Sieben Gemeinden, Westfront

Auszeichnungen: Große Silberne, Kleine Silberne und Bronzene Tapferkeitsmedaille, Karl-Truppenkreuz

Er war einer der berühmtesten Bergsteiger seiner Zeit, Journalist und Schriftsteller (Verfasser des vorliegenden Buches)

Oberleutnant des IV. Tiroler Kaiserjägerregimentes

HUBERT MUMELTER
geb. 1896
Vom Okt. 1915 bis Sept. 1917 Kaiserjägerstreifkompagnie 6 dann Bergführerkompagnie 11

Front: Roveretoabschnitt, Arabba, Schluderbach, Travenanzes, Tofanen („Fanesturm"), Südl. Ortlerfront (Punta San Matteo - Giumella).

Auszeichnungen: Silberne und Bronzene Tapferkeitsmedaille, Bronzenes und Silbernes Signum Laudis mit Schwertern, Karl-Truppenkreuz.

EHRENTAFEL

Hauptmann des II. Tiroler Kaiserjägerregimentes

TONI von TSCHURTSCHENTHALER-HELMHEIM
1888—1967

Front: Ostgalizien, Hujcze-Dunajeg (wo der größte Teil des Reg. den Heldentod starb), Sexten, Col di Lana

Auszeichnungen: Orden der Eisernen Krone III. Kl. mit Kriegsdekoration und Schwertern Bronzene Militärmedaille am Bande des Militärverdienstkreuzes.

Hauptmann des III. Tiroler Kaiserschützen-Regimentes

LUIS MOLTERER
1886—1966
Kommandant der Hochgebirgskompagnie

Front: Ortler, Trafoier Eiswand, Hohe Schneid, Punta San Matteo, Monte Mantello, Giumella.

Auszeichnungen: Leopoldsorden, Orden der Eisernen Krone, Militär-Verdienstkreuz, Signum Laudis in Silber mit Spange.

(Alle fünf Orden mit Kriegsdekoration und Schwertern)

Bergführer und Standschützenoberjäger

SEPP INNERKOFLER
1865—1915

Kommandant der Bergführerkompagnie „Fliegende Patrouille"

Fronteinsatz: Sextener Dolomiten und Paternkofel. Gefallen am Gipfelgrat des Paternkofels am 4. 7. 1915.

Er wurde nach seinem Tode mit der Goldenen Tapferkeitsmedaille geehrt.

Hauptmann der 77. Alpini-Kompagnie

PIERO PIERI
geb. 1893

Front: Dolomiten (Tofanen, Castelletto, Col di Lana)

Auszeichnung: Silberne Tapferkeitsmedaille

Piero Pieri war später Oberst im Generalstab und im Zivilberuf Universitätsprofessor in Turin. Er ist der Verfasser des Beitrages von S. 104.

Benützte Literatur

Hermann Czant: Alpinismus und Weltkrieg

C. Fettarappa-Sandri: La guerra sotto le stelle

Valentin Feurstein: Dolomitenkämpfe

von Lembruch: Der König der deutschen Alpen und seine Helden (Der Tunnelsturm auf die Hohe Schneid. Eroberung und Verlust der Trafoier Eiswand)

Cletus Pichler: Der Krieg in Tirol 1915/16 (Die Mine des Monte Cimone d'Arsiero)

Victor Schemfil: Das k. u. k. 3. Regiment der Tiroler Kaiserjäger im Weltkrieg (Der Minenkrieg in der Lagazuoiwand)

Verzeichnis der Bildstellen und Fotografen

Baehrendt L., Meran: Seite 193*

Berti Antonio, Venezia: Seite 40

Biehler B.: Seite 79

Dapino V.: Seite 31

Dusini Eugen, Bozen: Seite 103*, 144*

Finke Heinz, Konstanz (Kriegsgräberfürsorge): Seite 145*

Ghedina, Foto, Cortina: Seite 55*, 117*

Handl Leo, Innsbruck: Seite 24, 35, 159, 174

Homa Adalbert, St. Anton a. Arlberg: Seite 48, 51, 58, 59, 63, 66, 136/137

Jöchler R.: Seite 141*

Jori M., Canazei: Seite 35, 156

Archiv Langes Gunther, Bozen: Seite 38, 119, 133, 152/53, 201, 225

Molterer Luis, Bozen: Seite 205

Österr. Kriegsarchiv, Wien (1932): Seite 8, 10, 23, 25, 28, 29, 41, 43, 45, 49, 71, 73, 76, 77, 127, 151, 155, 159, 162, 163, 165, 169, 171, 175, 176, 185, 191, 195, 199, 203, 207, 215, 226, 228, 230

Österr. Nationalbibliothek, Wien (Bildarchiv 1972): Seite 17, 19, 21, 27, 50, 61, 69, 86, 87, 93, 95, 99, 114, 130, 134, 167, 173, 181, 183, 197, 198, 203, 207, 219, 221, 222, 223, 227, 229

Raschin A., Innsbruck: Seite 102, 139

Schaumann Walther, Wien (Archiv): Seite 30, 57, 179, 187, 189, 200, 212, 213, 235*, 237*, 239*, 241*, 243*

Trevisan Ing. Celso, Vicenza: Seite 107, 111, 122

Zardini A., Cortina: Seite 83*

Die mit einem Sternchen versehenen Bilder stammen aus der Nachkriegszeit, alle anderen Aufnahmen wurden im Kriege gemacht.

Das Bild Sepp Innerkoflers ist von Antonio Berti aufgenommen; das Foto Konrad Kraffts von Dellmensingen und jenes von Viktor Dankl stammen aus dem Bildarchiv der Österr. Nationalbibliothek. — Alle übrigen Bilder stammen aus Privatarchiven bzw. dem Familiennachlaß.

Personen- und Ortsregister

Inhalt

Alle Beiträge ohne besondere Autorenangabe stammen vom Verfasser des Gesamtwerkes Dr. Gunther Langes

LAGE der HEERESGRUPPE FM. v. CONRAD am 11.9.1917.

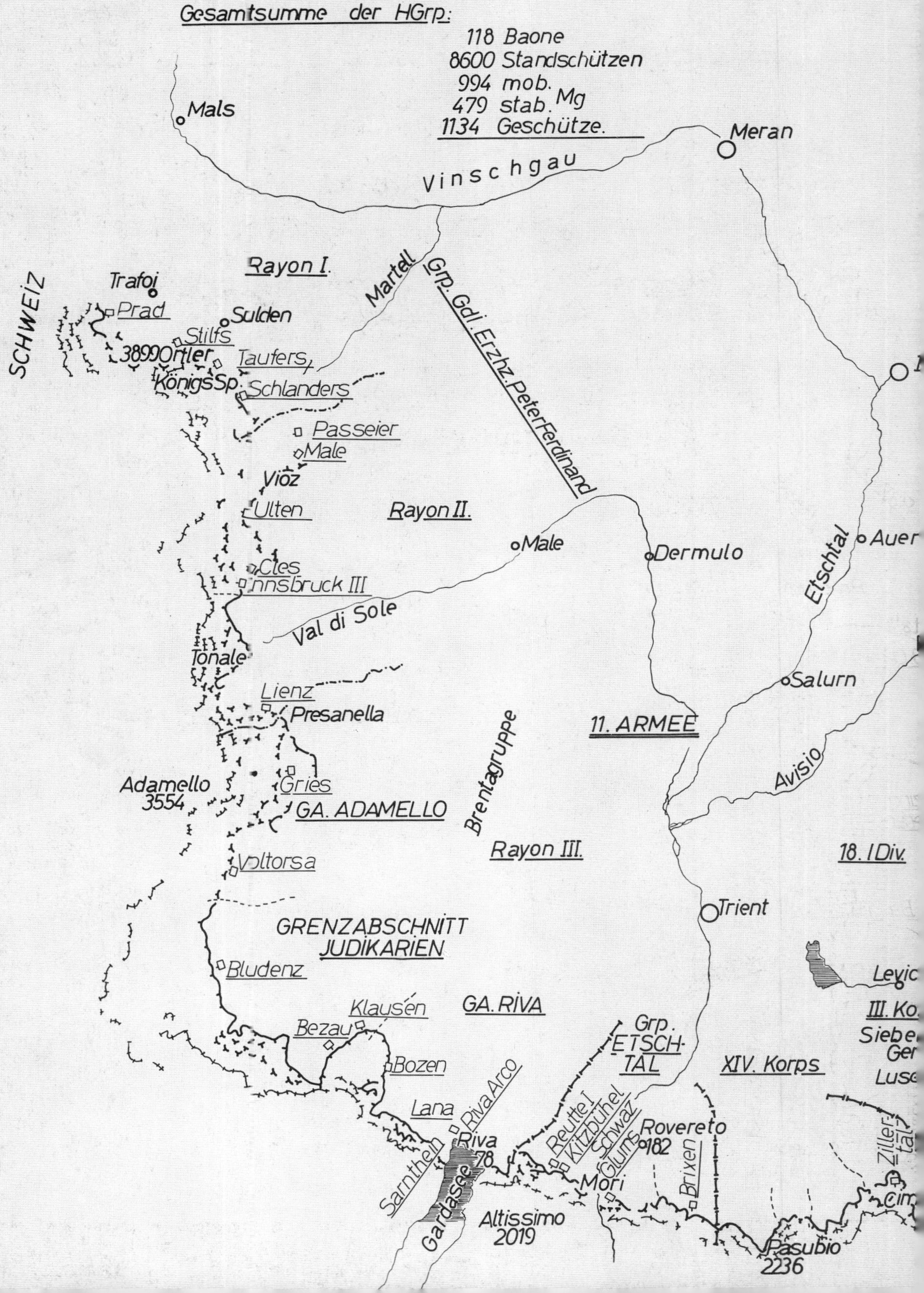